Maximisez

votre capital

retraite

Les Éditions Transcontinental inc.
1100, boul. René-Lévesque Ouest
24ᵉ étage
Montréal (Québec) H3B 4X9
Tél. : (514) 392-9000
1 800 361-5479

Pour connaître nos autres titres, tapez **www.livres.transcontinental.ca.** Vous voulez
bénéficier de nos tarifs spéciaux s'appliquant aux bibliothèques d'entreprise ou aux
achats en gros ? Informez-vous au **1 866 800-2500.**

Distribution au Canada
Les messageries ADP
1261A, rue Shearer, Montréal (Québec) H3K 3G4
Tél. : (514) 939-0180 ou 1 800 771-3022
adpcommercial@sogides.com

Données de catalogage avant publication (Canada)
Gagné, Hélène, 1957-
Maximisez votre capital retraite
(Coll. Affaires Plus)
Comprend des réf. bibliogr.

ISBN 2-89472-200-1

1. Régimes de retraite - Québec (Province). 2. Épargne-retraite - Québec (Province).
3. Planification financière personnelle - Québec (Province). 4. Revenu de retraite - Québec
(Province). 5. Investissements. 6. Planification fiscale - Québec (Province). I. Titre
II. Collection.

HD7105.45.C3G33 2002   332,024'01'09714   C2002-941834-8

Révision : Lyne Roy
Correction : Bianca Côté
Mise en pages et conception graphique
de la couverture : Studio Andrée Robillard
Photographie de l'auteure : Véro Boncompagni

La forme masculine non marquée désigne les femmes et les hommes.

Imprimé au Canada
© Les Éditions Transcontinental, 2002
Dépôt légal — 4ᵉ trimestre 2002
3ᵉ impression mise à jour, octobre 2004
Bibliothèque nationale du Québec
Bibliothèque nationale du Canada

ISBN 2-89472-200-1

Nous reconnaissons, pour nos activités d'édition, l'aide financière du gouvernement du
Canada, par l'entremise du Programme d'aide au développement de l'industrie de
l'édition (PADIÉ), ainsi que celle du gouvernement du Québec (SODEC), par l'entremise
du programme Aide à la promotion.

Hélène Gagné

Maximisez
votre capital
retraite

Les Éditions
Transcontinental

En hommage à mes parents, qui m'ont
appris les vraies valeurs de la vie

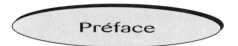

Préface

*de **Michèle Thibodeau-DeGuire***
Présidente et directrice générale
Centraide du Grand Montréal

C'est avec grand plaisir que j'ai accepté l'invitation d'Hélène Gagné de préfacer son livre sur la planification, d'autant plus que nous avions collaboré étroitement au sein de l'équipe de la Délégation générale du Québec à Boston, il y a bien une vingtaine d'années. Alors attachée culturelle, Hélène créait des ponts entre le milieu culturel de la Nouvelle-Angleterre et les créateurs et artistes du Québec. J'étais moi-même responsable de la Délégation, si bien que notre vocabulaire commun se conjuguait avec le verbe « collaborer ».

Nous nous retrouvons aujourd'hui dans des milieux tout à fait différents : celui de la planification fiscale, financière et successorale et celui de la philanthropie. À première vue, ces deux mondes semblent loin l'un de l'autre. Et pourtant, nous voulons tous bâtir un monde meilleur, favoriser la cohésion personnelle et sociale, inviter au dialogue et à l'engagement, aider.

Mais attention ! Le fossé entre les mieux nantis de la société et les plus pauvres se creuse de plus en plus. Les statistiques le démontrent. Ce fossé serait-il devenu infranchissable ? Je ne le pense pas. Je suis un témoin privilégié de combien de grands gestes de générosité et d'entraide dans nos communautés ! Des gestes qui intègrent au don d'argent le souci de changer les choses, la volonté de trouver des moyens innovateurs pour faire de nos quartiers et de nos villages des lieux de vie, et non pas seulement de survie.

J'ai le privilège de côtoyer des travailleurs de rue, des chefs d'entreprise, de futures mères à qui l'on apprend à bien manger pour éviter que leur enfant ne rejoigne le rang des bébés de petit poids, des travailleurs d'usine mobilisés pour transformer, en quelques heures, un terrain abandonné en un terrain de jeu pour les enfants du quartier. Je vois dans les yeux de ces personnes, comme dans ceux des enfants, l'éclat de l'espoir, du goût de vivre, du besoin d'aimer, d'être aimé et de partager.

Il y a une nouvelle philanthropie qui a pour nom la responsabilité sociale et communautaire dans laquelle chacun et chacune a sa place et son rôle à jouer pour favoriser le changement de nos communautés. Au-delà de l'argent, il y a cette volonté de travailler ensemble au changement des valeurs et des comportements pour insuffler à notre grand village non seulement une nouvelle vie, mais aussi un nouveau cœur.

Quelle belle occasion Hélène Gagné nous offre de revoir nos priorités du cœur tout en révisant nos objectifs de vie et nos priorités financières !

Remerciements

J e souhaite que cette lecture que vous êtes sur le point d'entreprendre marque un tournant dans votre vie, rien de moins! Comment puis-je avoir cette ambition, voire cette prétention? C'est simple : je crois qu'une seule décision prise au moment opportun a le pouvoir d'influencer une vie. C'est pourquoi j'ai voulu que cet ouvrage reflète non seulement mon expérience, mais aussi le vécu de ces hommes et de ces femmes que j'ai le privilège de conseiller depuis 19 ans déjà. Merci à chacun d'entre vous. Grâce à vous, la femme de tête que j'étais est devenue une femme de cœur.

La planification financière se veut un travail d'équipe. Les compétences de plusieurs professionnels sont mises à contribution pour vous permettre d'atteindre vos objectifs. Je tiens à remercier ceux qui ont collaboré à ce livre. Leur apport me permet de vous présenter un ouvrage plus complet, plus nuancé. Merci à :

- Louise Brochu, CHRA, et Danielle Labre, CHRA, de Brochu et Labre inc. stratégie de carrière, Montréal ;

- Me Jean Soucy, notaire et planificateur financier, Côté & Soucy notaires, Rivière-du-Loup ;

- Mario Sylvestre, CGA et planificateur financier, PWL Conseil inc., Montréal.

Je tiens aussi à exprimer ma reconnaissance à ceux et celles qui, par leur appui et leurs idées, ont enrichi mes propos et m'ont fait persévérer. Merci à :

- mes collaborateurs immédiats, soit Evans Savard et Louise Gagné (oui, c'est ma grande sœur !) ;

- et autres collègues de PWL Capital inc. et de PWL Conseil inc., soit Raymond Kerzérho, Richard Lalongé, Keith Matthews, André Morin (mon associé de la première heure), Aurelio Palermo et Laurent Wermenlinger (mon plus exigeant critique !).

Merci également à Joanne Bourcier et à Guylaine Larouche pour leurs sages conseils.

Je tiens finalement à remercier trois femmes qui m'ont marquée :

- Nicole Blouin qui, alors directrice de programme à l'Université Laval, a refusé mon admission à un certificat en relations publiques... et exigé que je fasse un baccalauréat ;

- Michèle Thibodeau-DeGuire, ingénieure, présidente et directrice générale de Centraide du Grand Montréal, qui préface ce livre. Les convictions, la rigueur et l'équilibre qui animent cette femme en font un modèle pour moi ;

- Florence P. Gagné, c'est ainsi que ma mère signait son nom. Femme de famille et femme d'affaires, elle demeure encore aujourd'hui, 22 ans après son décès, une source d'inspiration quotidienne.

La rédaction de ce livre est certes un des défis professionnels les plus exigeants que je me suis imposé. Sa réalisation marque un tournant pour moi ; puisse sa lecture en être un pour vous.

Hélène Gagné

Table des matières

Chapitre 2
L'accumulation par le REER 57

Chapitre 5
Les régimes de retraite publics 119

Chapitre 6
Un second début professionnel à 50 ans 127

Chapitre 7
Des stratégies pour vos placements non enregistrés

Chapitre 8
Bâtir un portefeuille efficace

Chapitre 11
L'assurance: ne rien laisser au hasard

Liste des acronymes

ARC   Agence du revenu du Canada
CPG   Certificat de placement garanti
CRI   Compte de retraite immobilisé
FE   Facteur d'équivalence
FER   Facteur d'équivalence rectifié
FERR   Fonds enregistré de revenu de retraite
FESP   Facteur d'équivalence pour services passés
FNB   Fonds négocié en Bourse
FRV   Fonds de revenu viager
MGA   Maximum des gains admissibles (établi par la RRQ chaque année)
PSV   Pension de la Sécurité de la vieillesse
RCR   Régime complémentaire de retraite
REAQ   Régime d'épargne action du Québec
REER   Régime enregistré d'épargne retraite
REIT   Real Estate Investment Trust (fiducie de placement immobilier)
RPA   Régime de pension agréé
RPDB   Régime de participation différée aux bénéfices
RRI   Régime de retraite individuel
RRQ   Régie des rentes du Québec
RSA   Répartition stratégique de l'actif

La route à parcourir
pour créer votre patrimoine

À l'approche de la retraite, chacun se pose une question dont la solution demande courage, ténacité et patience : de quoi vivra-t-on quand on sera vieux ? Selon Statistique Canada, plus du tiers des familles gagnant 40 000 $ et plus par année seront incapables de générer un revenu à la retraite équivalant aux deux tiers du revenu gagné.

Nous vivons à l'ère de la gratification immédiate. Or, la réponse n'est ni dans la facilité, ni dans la technologie, ni dans le préfabriqué. Il n'existe pas de recette miracle, il n'y a pas deux situations pareilles.

Cependant, comme point de départ commun à tous, déterminons les quatre sources d'où pourront provenir nos revenus à la retraite :

- **Les prestations de régimes publics, comme la pension de la Sécurité de la vieillesse (PSV) et le Régime des rentes du Québec (RRQ).** En fait, 53 % des Canadiens disent compter sur les prestations gouvernementales pour leur retraite[1]. Peut-on se fier à ce point aux régimes publics qui, s'ils continuent de verser des prestations, risquent de limiter le nombre de prestataires en imposant de nouvelles contraintes ? Déjà, de nombreux Canadiens doivent rembourser une partie ou la totalité de leur prestation de la Sécurité de la vieillesse en raison des autres revenus qu'ils touchent. Au surplus, les États-Unis et le Japon ont annoncé qu'ils augmenteront l'âge d'admissibilité à une pension gouvernementale. Le Canada suivra-t-il ?

• **Les prestations versées par un fonds de pension.** Pourtant, 1,5 million de familles canadiennes n'en avaient pas en 1999. Qui plus est, le nombre de participants à un fonds de pension ne cesse de diminuer au Canada. Quant aux personnes qui en ont un, la rente versée sera-t-elle suffisante ?

• **Un capital qui tombe du ciel, comme un héritage.** Ceux qui comptent là-dessus risquent d'être déçus. L'espérance de vie augmente si bien que plusieurs de vos parents risquent d'utiliser la majeure partie de leurs actifs, sinon la totalité, pour se loger et recevoir les soins appropriés durant leurs longues années de retraite.

• **Le patrimoine accumulé pendant la vie active.**

Trois de ces quatre sources sont indépendantes de votre volonté. Une seule est sûre : l'accumulation de votre propre capital de retraite. Les régimes publics, si vous y avez droit, joueront tout au plus un rôle de complément à vos autres revenus. Ne commettez pas l'erreur de trop vous y fier. Si vous n'avez pas ou n'avez plus de fonds de pension, il faut vous en créer un dès maintenant. L'assurance d'avoir une vie confortable à la retraite, personne ne vous l'offrira sur un plateau d'argent. Ne comptez que sur vous-même... ou presque.

L'idée de prendre un jour sa retraite est récente, selon les standards européens... Son invention revient à l'Allemand Bismarck, homme d'État prussien, qui, il y a 140 ans, a ainsi trouvé le moyen de remplacer ses généraux. C'est dans les années 50 que les Nord-Américains ont pensé qu'ils pourraient s'offrir un peu de bon temps durant leurs dernières années au lieu de travailler jusqu'à leur mort. D'ailleurs, lorsque les premiers régimes de pension gouvernementaux ont promis une prestation à 65 ans, l'espérance de vie n'atteignait pas 50 ans !

Conseil éclair

Si le concept de la retraite est récent, la profession de planificateur financier l'est encore plus ! Le rôle du planificateur financier est de vous guider dans les décisions financières qui feront de votre retraite un succès. Sa valeur ajoutée, c'est son expertise. Grâce au planificateur financier, vous envisagerez votre retraite sous plusieurs angles, avec de nouvelles perspectives. Avec empathie, il trouvera la bonne direction. Vous ne prendrez votre retraite qu'une seule fois, votre planificateur le sait aussi, car il a constamment des clients qui franchissent cette étape. Au fil des ans, j'ai constaté que, lorsque l'individu et son conseiller font équipe et travaillent bien ensemble, cela contribue grandement aux résultats positifs de la planification.

Tout au long du livre, notez les sujets dont vous auriez avantage à discuter avec un planificateur financier.

C'est habituellement vers le milieu de la quarantaine que les gens commencent à planifier leur retraite. Avant cela, il y a, le cas échéant, les enfants, qui coûtent cher, et lorsqu'ils finissent par quitter la maison, c'est souvent pour y revenir ! L'hypothèque n'est pas réglée. On se démène pour bâtir sa carrière. Et on veut « vivre » : autos, voyages, vêtements griffés, restos, porto, etc. « On le mérite bien, la vie est si courte », se dit-on pour se justifier...

Aussi, la notion de la retraite est-elle dynamique. Vos priorités ou les circonstances, peut-être les deux, peuvent vous amener à la concevoir et à la vivre différemment. La retraite que vous vivrez à 60 ans sera bien différente de celle que vous aurez à 85 ans. En fait, le style de vie que vous souhaitez avoir durant les diverses phases de votre retraite dictera l'effort financier à fournir pour y arriver. Il faut aussi considérer que la retraite est souvent une période où les parents sont appelés à donner un coup de main aux enfants, notamment sur le plan financier. Dans certains cas, une partie du patrimoine commencera à être transférée du vivant, plutôt qu'au décès seulement.

Ceux qui n'auront pas pris le soin de planifier cette étape de leur vie risquent de trouver le temps bien long durant les 20, 30, voire 40 années que durera leur retraite. On ne prend plus sa retraite pour se bercer devant le téléviseur : on veut être actif. En fait, on souhaite avoir des semaines remplies de loisirs et d'activités. Pensez-y : 50 heures de temps libre de plus par semaine ! Planifier sa retraite signifie aussi planifier sa nouvelle vie après le travail. Le capital nécessaire sera substantiel, vous n'avez plus de temps à perdre.

UNE RETRAITE DE PLUS EN PLUS LONGUE

L'espérance de vie qui augmente a de quoi réjouir et préoccuper à la fois. Pensons seulement à l'impact que cela aura sur le capital requis durant votre retraite. Par exemple, l'espérance de vie d'une femme née au Québec en 2002 est de 82 ans ; si elle prend sa retraite à 60 ans, son espérance de survie sera de 27 ans[2]. Dans le cas d'un couple de conjoints non fumeurs de 60 ans, il y a une chance sur deux que l'un d'entre eux dépasse 90 ans. Ainsi, il faut non seulement disposer d'un capital important à la retraite, mais également pouvoir compter sur ces fonds pendant de nombreuses années.

Vos chances en % d'atteindre un âge vénérable

ESPÉRANCE DE VIE	80	85	90	95
Âge actuel (hommes)				
40	42 %	25 %	11 %	3 %
50	44 %	26 %	11 %	3 %
60	47 %	28 %	12 %	4 %
65	51 %	30 %	13 %	4 %

ESPÉRANCE DE VIE	80	85	90	95
Âge actuel (femmes)				
40	62 %	45 %	26 %	10 %
50	64 %	46 %	27 %	11 %
60	66 %	48 %	28 %	11 %
65	69 %	50 %	29 %	12 %

(Source : Cohen, Bruce, and Brian FitzGerald. *The Pension Puzzle: Your Complete Guide to Government Benefits RRSPs and Employer Plans*. Etobicoke: John Wiley & Sons, 2001, p. 7.)

 **Conseil éclair**

Jusqu'à quel âge vivrez-vous ? Amusez-vous en consultant le site Web américain www.livingto100.com. Il semble bien que les adeptes de thé vert augmentent leur espérance de vie !

En 1900, l'espérance de vie moyenne était de 49 ans. Selon *Fortune* (en 2001), la plus vieille personne a été la Française Jeanne Calment décédée en 1997 à 122 ans ! La planification financière de la retraite de cette dame mérite une médaille d'or. En effet, elle avait depuis longtemps vendu sa maison à son notaire qui a accepté de la lui payer par une rente aussi longtemps qu'elle vivrait. Si seulement le pauvre homme avait su...

La plupart de mes clients n'espèrent pas vivre aussi longtemps que madame Calment. Quant aux Américains, ils veulent vivre en moyenne jusqu'à 91 ans. Seulement 25 % d'entre eux souhaitent atteindre 100 ans. Quant aux 40 % qui ne font pas d'activité physique, on les encourage à dépenser plus vite !

On sait que l'espérance de vie des femmes est supérieure à celle des hommes. Déjà, 80 % des 3 800 centenaires canadiens sont des femmes. Certains chercheurs estiment que 50 % des filles venant au monde aujourd'hui vivront jusqu'à 100 ans.

L'augmentation de l'espérance de vie fait aussi en sorte que bientôt la « crise de la quarantaine » commencera à 64 ans[3] ! L'espérance de vie à la naissance au Québec est maintenant de 75 ans pour un homme et de 82 ans pour une femme. Ces chiffres augmentent si vous ne fumez pas, si vous êtes fortuné ou encore si vous êtes en meilleure santé que la moyenne[4] : imaginez si vous combinez les trois ! Une étude de la Clinique Mayo, située aux États-Unis, a aussi démontré que les optimistes vivent en moyenne 20 % plus longtemps que les pessimistes[5]. Votre attitude par rapport à la vie aurait un impact encore plus grand sur votre espérance de vie qu'une diète équilibrée et l'exercice. Voyez le verre à moitié plein plutôt qu'à moitié vide !

Aux États-Unis, 80 % des baby-boomers s'attendent à continuer une certaine forme de travail durant leur retraite. Cela peut s'expliquer en partie par le fait que 46 % d'entre eux estiment qu'un capital de 1 000 000 $ US est insuffisant pour prendre sa retraite et que 19 % n'ont pas encore mis un sou de côté[6]...

Selon Statistique Canada, l'âge moyen de la retraite au Québec est passé de 62 ans en 1992 à 58 ans en 1998 et se situe autour de 60 ans maintenant[7]. La plus grande proportion des retraités « précoces » provient des secteurs de l'éducation, des services publics et de la fonction publique[8].

Selon William Sharpe, Prix Nobel d'économie en 1990, une manière simple de réduire la « pression » sur le capital requis pour financer la retraite consiste à la retarder. « L'âge de retraite à 65 ans, établi par Bismarck au XIXᵉ siècle en Allemagne, n'était que rarement atteint : les gens mouraient avant. Aujourd'hui, ils vivent plus longtemps[9]. »

Sharpe considère que, même en combinant obligations et actions (pour augmenter le rendement de leur caisse de retraite), les gouvernements n'auront pas les liquidités nécessaires au respect de leurs engagements envers les retraités[10]. Le ratio des retraités au Canada par rapport aux 15-64 ans est de 18 % maintenant ; il sera de 25 % dans 20 ans et atteindra 32 % en 2031[11].

Déjà, 47 % des retraités américains reçoivent un revenu d'emploi, selon l'American Association of Retired People. Qui plus est, l'âge de retraite passera de 65 à 67 ans aux États-Unis en 2022. Pensez-vous que le Canada suivra ? Je crois que oui. Sans compter que de plus en plus d'individus qui aiment leur travail ont envie de continuer plus longtemps. Alors qu'on craint une pénurie de travailleurs dans de nombreux domaines au cours des années à venir, plusieurs personnes seront réceptives à l'idée d'une retraite progressive, quand elle ne sera pas simplement décalée.

COMMENT VOUS PRÉPARER FINANCIÈREMENT À LA RETRAITE... ET AIMER CELA !

Une planification de retraite efficace est à l'image d'une vie équilibrée : elle vous procurera des bénéfices à long terme et des bienfaits à court terme. Soyons clair : je n'adhère pas aux concepts qui requièrent l'abnégation des petites douceurs durant notre vie active au profit d'une retraite aisée. Je vous proposerai plutôt des stratégies accessibles, basées sur le vécu de centaines d'individus que j'ai eu le privilège de rencontrer et de conseiller au cours des 19 dernières années. Ces hommes et ces femmes de tous les milieux et aux caractéristiques diverses ont partagé avec moi leurs angoisses et leurs espoirs ; j'ai partagé avec eux mon expertise. La plus grande richesse que m'apporte ma profession réside dans cette relation privilégiée qu'il m'est donné de cultiver avec tous ceux que je conseille assidûment. Puissent leur expérience et la mienne vous profiter à vous aussi !

Les objectifs de votre planification

Planifier. N'avez-vous pas l'impression que vous passez votre vie à planifier ? Vous avez planifié vos études, votre (vos) mariage (s !), l'achat de votre maison, la naissance de vos enfants, vous planifiez vos vacances… Sans compter tout ce que vous devez planifier au travail. On en est rendu au point où les couples doivent même planifier leurs tête-à-tête ! Tout cela vous a sans doute laissé bien peu de temps pour planifier votre retraite, mais au moins nous savons que vous êtes capable de planifier ! Allons-y !

Votre planification financière visera à :

- vous protéger contre les coups durs ;

- préparer votre vie après le travail ;

- assurer la sécurité financière de votre famille en cas de décès.

Il ne faut pas vous attendre à ce qu'on vous fasse de cadeaux. Vous devez bâtir votre indépendance financière par vos propres moyens. Comment ? En épargnant, en faisant fructifier votre capital, en évitant de le perdre, en le mettant à l'abri de l'impôt, puis en vous en servant intelligemment. Au boulot !

Le fonds d'urgence pour vos besoins à court terme

Même si vous songez à votre retraite et que vous avez déjà accumulé un certain capital, il est bon de revoir quelques notions de base.

Le fonds d'urgence vous permet de réparer le toit qui coule ou de changer la transmission de l'auto sans vivre un drame. Il sert aussi à faire face à un congé de maladie de courte durée ou à attendre un chèque d'assurance emploi sans bousculer votre style de vie. Même retraités, plusieurs parents conservent des liquidités au cas où les enfants en auraient besoin.

Votre fonds d'urgence devrait être constitué de sommes facilement accessibles pour couvrir les dépenses de trois mois. C'est un minimum pour le salarié qui jouit d'une sécurité d'emploi. Le travailleur autonome, par contre, surtout celui dont les affaires sont cycliques ou imprévisibles, devrait conserver un fonds d'urgence pour six mois. Et souvenez-vous que le fonds d'urgence n'est pas une réserve qui permet de se payer une croisière... Conservez votre fonds d'urgence sous l'une des trois formes suivantes :

- compte d'épargne accessible par guichet automatique, procurant un rendement d'intérêt décent ;

- obligations d'épargne ;

- fonds du marché monétaire pour lequel vous avez un livret de chèques ou qui offre un service de retraits par téléphone.

Conseil éclair

Les fonds du marché monétaire, liquides en tout temps, vous procurent en général un rendement semblable à celui d'un certificat de dépôt échéant dans un an. Leur capital ne varie pas ; seul le rendement fluctue. Ce véhicule efficace pour le fonds d'urgence vous procure un rendement raisonnable.

Vous pouvez aussi utiliser votre fonds du marché monétaire pour « stationner » de l'argent dont vous aurez besoin plus tard. Par exemple, un travailleur autonome peut y accumuler les sommes nécessaires à ses paiements d'acomptes provisionnels.

Comme les taux d'intérêt sont faibles, n'immobilisez pas un capital important dans un véhicule qui rapporte peu : négociez plutôt une marge de crédit avec votre établissement financier. Les banquiers se montrent toujours plus réceptifs à vous l'accorder quand vos affaires vont bien ; n'attendez donc pas que votre situation se détériore. Au besoin, vous l'utiliserez sagement en attendant la disponibilité d'autres placements.

L'autre élément essentiel à mettre en place à court terme est une assurance invalidité. Ce type d'assurance est relativement peu coûteux dans le cadre de régimes collectifs. Aujourd'hui, même de petites entreprises peuvent mettre sur pied des régimes collectifs, en participant par exemple à des plans élargis comme ceux que proposent les chambres de commerce à leurs membres. Certaines associations ou ordres professionnels offrent aussi de tels programmes à leurs membres.

Les travailleurs autonomes et les professionnels doivent absolument souscrire une assurance invalidité. Si vous en payez vous-même les primes, celles-ci ne sont pas déductibles d'impôt, mais les prestations ne seront pas imposables. C'est pourquoi on vise souvent une prestation remplaçant 60 % du revenu brut, car elle équivaut environ au salaire net.

Conseil éclair

Selon l'assureur Great-West Life, la durée moyenne d'une invalidité dépassant 90 jours est de 2,9 années. Les probabilités que vous subissiez durant votre vie professionnelle au moins une invalidité supérieure à trois mois sont de une sur trois… Vos actifs les plus importants sont votre santé et votre capacité de générer des revenus à long terme. Vous pouvez protéger le second avec une assurance invalidité.

Vos épargnes à long terme en vue de la retraite

Les régimes de retraite (privés et publics combinés) visent à fournir en général un revenu équivalant à 70 % du salaire. Naturellement, cela demande des années de cotisations auprès d'un même employeur. Même si vous avez un fonds de pension, et encore plus si vous n'en avez pas, le Régime enregistré d'épargne-retraite (REER) est l'outil de base de la planification de votre retraite.

À l'aide du tableau suivant, évaluez quels seront vos revenus à la retraite en fonction de leur provenance.

VOS REVENUS À LA RETRAITE	REVENU ANNUEL ($)
Prestations d'un régime de retraite d'employeur	
Régime de retraite à prestations déterminées	
Régime de retraite à cotisations déterminées (approximation)	
REER collectif (approximation)	
Prestations des régimes de retraite publics	
Régime des rentes du Québec	
Pension de la sécurité de la vieillesse (PSV)	
Revenus provenant de vos épargnes personnelles	
Placements non enregistrés	
Placements enregistrés (REER, CRI, RPDB…)	
Rente viagère souscrite auprès d'une compagnie d'assurances	
Revenus de location (nets de dépenses)	
Revenus d'entreprise, d'emploi, ou provenant de contrats	
Revenu total prévu à la retraite (avant impôts)	
Moins les impôts annuels estimés (voir tableau page 33)	
Revenu total prévu à la retraite (après impôts)	

Maintenant que vous avez estimé vos revenus de diverses sources à la retraite, voyons quel capital vous devrez avoir accumulé. Supposons que vous avez 55 ans et que votre espérance de vie se situe à 85 ans. À votre retraite, vous désirez avoir un revenu avant impôt de 40 000 $ par année, indexé à 3 %. Vous prévoyez recevoir des rentes (fonds de pension de votre employeur et régimes gouvernementaux) pour un montant de 30 000 $. L'écart à combler sera de 10 000 $ par année.

Au moment de prendre votre retraite, vous aurez besoin d'un capital approximatif de 182 200 $ (soit 10 000 $ x 18,22) si vous obtenez un rendement de 7 % sur vos placements.

Outil pour estimer le capital requis pour générer 1 $ de revenu à la retraite indexé

Pour estimer le capital dont vous devrez disposer au moment de prendre votre retraite, multipliez le facteur à l'âge de la retraite désiré par le revenu requis (avant impôt).

ÂGE À LA RETRAITE	ESPÉRANCE DE VIE				
	70	75	80	85	90
55	11,64	14,26	16,43	18,22	19,70
56	11,06	13,78	16,03	17,89	19,43
57	10,45	13,28	15,61	17,55	19,14
58	9,82	12,75	15,18	17,19	18,85
59	9,16	12,21	14,73	16,82	18,54
60	8,47	11,64	14,26	16,43	18,22
61	7,77	11,06	13,78	16,03	17,89
62	7,03	10,45	13,28	15,61	17,55
63	6,26	9,82	12,75	15,18	17,19
64	5,47	9,16	12,21	14,73	16,82
65	4,64	8,47	11,64	14,26	16,43

Hypothèses :	Rendement brut		Inflation	Rendement réel	
	7,0 %		3,0 %	4,0 %	

Le tableau suivant vous aidera à évaluer combien il vous restera après impôt, selon le revenu imposable.

REVENU IMPOSABLE	IMPÔT À PAYER		TOTAL	TAUX EFFECTIF
	CANADA	QUÉBEC		
10 000 $	266 $	345 $	611 $	6,11 %
20 000 $	1 602 $	1 945 $	3 547 $	17,73 %
30 000 $	2 938 $	3 640 $	6 578 $	21,93 %
40 000 $	4 524 $	5 640 $	10 164 $	25,41 %
50 000 $	6 361 $	7 640 $	14 001 $	28,00 %
60 000 $	8 198 $	9 829 $	18 027 $	30,05 %
70 000 $	10 035 $	12 229 $	22 264 $	31,81 %
80 000 $	12 206 $	14 629 $	26 835 $	33,54 %
90 000 $	14 377 $	17 029 $	31 406 $	34,90 %
100 000 $	16 548 $	19 429 $	35 977 $	35,98 %
110 000 $	18 719 $	21 829 $	40 548 $	36,86 %
113 804 $	19 545 $	22 742 $	42 287 $	37,16 %

En 2004, pour chaque dollar gagné au-delà de 113 804 $, l'impôt à payer sera de 48,2 %, soit le taux marginal maximum pour cette année.

Assez, c'est combien ?

Deux de mes passions sont la planification de la retraite et les voyages. Vous me permettrez d'établir à l'occasion des parallèles entre les deux. Tant que vous rêvez d'une destination sans avoir établi le genre de voyage que vous comptez faire, il vous est impossible de savoir combien il vous en coûtera. C'est pareil pour la planification de votre retraite.

« Notre longévité accrue et l'intérêt croissant pour un mode de vie actif requièrent d'apporter une nouvelle définition à ce que sera la retraite, selon Paul Carney, vice-président d'AGF. On s'éloigne de la retraite "traditionnelle" passée à la plage et dans l'oisiveté. Qui veut aujourd'hui envisager ses 30 prochaines années à se faire brûler sous le soleil? Les retraités veulent plutôt jouir de leur autonomie, peut-être même travailler... mais à leurs conditions. La planification de notre vie à la retraite doit permettre de remplacer les besoins auparavant remplis au travail, de combler les aspects non financiers du bonheur et d'utiliser nos compétences transférables[12]. »

Quand on s'éloigne de la passivité pour développer ses passions, cela a un prix. Pour le quantifier, vous devrez d'abord préciser le style de vie que vous souhaitez avoir durant votre retraite. En déterminant votre but, votre destination, nous pourrons bâtir un plan pour vous permettre d'y arriver. Il s'agira ensuite de déterminer quel revenu de retraite vous visez et combien vous devrez épargner pour y arriver.

En règle générale, on s'attend à ce qu'il en coûte moins cher à la retraite que durant la vie professionnelle active. C'est pourquoi on vise souvent 70 % du revenu antérieur, car une fois retraité vous ne cotisez plus au RRQ, ni à l'assurance-emploi, ni au REER, etc. Les dépenses reliées à l'habillement et aux déplacements devraient être moindres. Aussi, visez à éliminer toute dette avant la retraite.

Conseil éclair

Seulement pour rembourser votre hypothèque à raison de 500 $ par mois (soit 6 000 $ nets par an), vous utilisez environ 12 000 $ de votre revenu avant impôt. En éliminant vos dettes avant la retraite, vous pourrez viser un revenu moins élevé sans diminuer votre qualité de vie.

QUAND LA « RÈGLE DU POUCE » S'APPLIQUE AUX AUTRES

La « règle du pouce », voulant qu'un retraité qui touche 70 % de son revenu antérieur ne subisse pas une baisse de niveau de vie, ne s'applique peut-être pas à vous. Encore faut-il que cela corresponde au style de vie que vous envisagez pour votre retraite.

Par exemple, plus de temps libre peut signifier plus de voyages, plus de sports, plus de loisirs... Si tel est votre cas, vous devrez nécessairement prévoir des revenus qui s'approcheront le plus possible de ceux d'avant la retraite. Vous êtes-vous demandé ce que vous souhaitez faire durant votre retraite ? Je vous suggère de mettre sur papier vos intentions quant à l'habitation, aux voyages, aux loisirs culturels, aux sports et autres activités. Évaluez combien il vous en coûtera chaque année pour réaliser vos aspirations.

Une fois que vous aurez précisé ce que vous comptez faire durant votre retraite, il sera plus facile d'en ébaucher le budget de l'an 1. N'oubliez pas de tenir compte des éléments suivants :

- Si vous avez eu vos enfants tardivement, en aurez-vous encore la charge ?

- Devrez-vous subvenir aux besoins financiers de vos parents ?

- L'hypothèque sera-t-elle entièrement réglée ?

- Prévoyez-vous un achat important pour réaliser vos projets (par exemple, un véhicule récréatif ou un chalet) ?

- Entrevoyez-vous la création d'une entreprise ou le travail à temps partiel pour encore quelques années ?

Si vous n'avez plus de dettes, que vos enfants ont quitté la maison et que vous comptez maintenir le même style de vie, peut-être que 60 % ou même 50 % de votre revenu antérieur vous suffira. C'est du moins l'opinion de l'actuaire Malcolm Hamilton, associé de William M. Mercer Ltd au Canada. « Selon leur style de vie, les retraités ne remarqueront pas beaucoup de changement s'ils reçoivent 50 % du revenu brut qu'ils gagnaient lorsqu'ils travaillaient[13] » Le magazine américain *Fortune* suggère plutôt un revenu de remplacement entre 65 % et 85 %[14].

On le constate, les écarts sont importants entre les proportions recommandées. Il n'y a qu'une seule façon d'y voir clair : établir combien *vous* aurez besoin à la retraite en fonction de *vos choix* de vie. Voici un tableau pour vous aider à le déterminer.

Budget de dépenses annuel

Logement	Aujourd'hui	À la retraite
Loyer ou hypothèque	_____ $	_____ $
Taxes foncières	_____ $	_____ $
Chauffage/électricité	_____ $	_____ $
Téléphone, câble, Internet	_____ $	_____ $
Assurance-habitation	_____ $	_____ $
Meubles et appareils ménagers	_____ $	_____ $
Entretien du logement	_____ $	_____ $
Entretien des meubles et appareils	_____ $	_____ $
Transport		
Essence	_____ $	_____ $
Versement d'achat ou de location	_____ $	_____ $
Entretien, réparations	_____ $	_____ $
Assurances automobiles	_____ $	_____ $
Stationnement, permis, immatriculations, contraventions…	_____ $	_____ $
Taxis, autobus, métro…	_____ $	_____ $
Alimentation		
Épicerie, nourriture	_____ $	_____ $
Restaurants	_____ $	_____ $
Boisson, tabac, nourriture pour animaux…	_____ $	_____ $
Pension alimentaire	_____ $	_____ $

Vêtements/habillement	**Aujourd'hui**	**À la retraite**
Achat	_____ $	_____ $
Entretien, nettoyage	_____ $	_____ $

Santé et beauté

Soins de beauté (esthétique, coiffure, maquillage…)	_____ $	_____ $
Médicaments, soins médicaux, soins dentaires, médecines douces, lunettes	_____ $	_____ $

Divertissement

Journaux, revues, livres, CD, vidéos…	_____ $	_____ $
Versements pour objets de loisir (appareils électroniques, motoneige, véhicules récréatifs)	_____ $	_____ $
Voyages	_____ $	_____ $
Abonnements à des clubs sociaux ou sportifs	_____ $	_____ $
Sorties (spectacles, passe-temps, festivals)	_____ $	_____ $
Cadeaux et dons	_____ $	_____ $
Argent de poche	_____ $	_____ $
Cours, frais de scolarité et inscription à des activités culturelles et de formation	_____ $	_____ $

Dépenses de protection

Assurance collective (généralement retenue directement sur la paie)	_____ $	_____ $
Assurance maladie ou invalidité individuelle	_____ $	_____ $
Assurance vie	_____ $	_____ $
Assurance-emploi (retenue directement sur la paie)	_____ $	_____ $
Cotisations professionnelles et syndicales	_____ $	_____ $

Épargne

Cotisations au Régime de rentes du Québec ou au Régime de pensions du Canada	_____ $	_____ $
Cotisation à un régime de retraite (fonds de pension ou régime complémentaire, REER collectif, régime de participation différée aux bénéfices…)	_____ $	_____ $

Épargne *(suite)*	Aujourd'hui	À la retraite
Cotisation au REER personnel	_____ $	_____ $
Économies personnelles (CPG, comptes d'épargne, obligations, fonds communs, actions, achat de rentes individuelles)	_____ $	_____ $
SOUS-TOTAL	_____ $	_____ $
Autres dépenses courantes, frais financiers et imprévus (Estimez généralement de 3 % à 5 % de votre sous-total)	_____ $	_____ $
TOTAL	_____ $	_____ $

(Source : site de la RRQ – www.rrq.gouv.qc.ca)

Dans son livre *The Cooper Files*[15], l'économiste Sherry Cooper propose une règle du pouce pour qui veut déterminer la valeur du capital dont il devra disposer au moment de la retraite. Elle suppose que :

- vous avez 65 ans et vous vivrez jusqu'à 90 ans, donc vous passerez 25 années à la retraite ;

- l'inflation sera de 3 % ;

- vous obtiendrez un rendement annuel de 8 % sur vos placements.

Si votre revenu brut annuel d'avant votre retraite est de 60 000 $ et que vous ne pourrez compter que sur des prestations de RRQ et de PSV (supposons 12 000 $ au total), voici comment estimer le capital qu'il vous faudra pour générer les 48 000 $ manquants.

- Si vous êtes prêt à mourir sans le sou, vous aurez besoin d'un capital égal à 15 fois ce montant, excluant la valeur de votre maison, soit 720 000 $.

- Si vous ne voulez pas toucher à votre capital et protéger votre patrimoine, multipliez le revenu annuel manquant, soit 48 000 $, par 22. Il vous faut donc un capital de 1 056 000 $ le jour où vous prendrez votre retraite.

L'INFLATION, CE VISAGE À DEUX FACES

Équivalent de votre revenu actuel (inflation de 3 %)				
Revenu annuel actuel	Dans 10 ans	Dans 20 ans	Dans 25 ans	Dans 30 ans
35 000 $	47 037 $	63 214 $	73 282 $	84 954 $
50 000 $	67 196 $	90 306 $	104 689 $	121 363 $
75 000 $	100 794 $	135 458 $	157 033 $	182 045 $
100 000 $	134 392 $	180 611 $	209 378 $	242 726 $
200 000 $	268 783 $	361 222 $	418 756 $	485 452 $

L'inflation joue un rôle prépondérant dans le calcul du revenu dont vous aurez besoin à la retraite pour maintenir votre pouvoir d'achat. Les effets de l'inflation sont difficiles à prévoir à court terme, mais rappelez-vous que, après 25 ans d'inflation à 3 %, votre coût de vie aura doublé. Il s'agit d'un facteur clé dont il faut tenir compte. Ainsi, ce qui vous coûte aujourd'hui 100 $ vous en coûtera 200 $, alors si vos revenus de retraite ne sont pas indexés, les 50 000 $ que vous toucherez dans 25 ans vous procureront le même pouvoir d'achat que 25 000 $ aujourd'hui...

Au cours des 25 dernières années, la moyenne annuelle de l'augmentation du coût de la vie au Canada a été de 4,5 %. Il est aujourd'hui prudent de planifier en prévoyant un taux moyen annuel de 3 %. Utilisez la feuille de calcul de l'inflation mise à votre disposition par la Banque du Canada au www.bank-banque-Canada.ca/fr/inflation_calc-f.htm. Vous serez à même de constater les effets néfastes de l'inflation depuis 1914.

Table des taux d'inflation

PÉRIODE (ANS)	1 %	2 %	3 %	4 %	5 %	6 %
1	1,010	1,020	1,030	1,040	1,050	1,060
2	1,020	1,040	1,061	1,082	1,102	1,124
3	1,030	1,061	1,093	1,125	1,158	1,191
4	1,041	1,082	1,126	1,170	1,216	1,262
5	1,051	1,104	1,159	1,217	1,276	1,338
6	1,062	1,126	1,194	1,265	1,340	1,419
7	1,072	1,149	1,230	1,316	1,407	1,504
8	1,083	1,172	1,267	1,369	1,477	1,594
9	1,094	1,195	1,305	1,423	1,551	1,689
10	1,105	1,219	1,344	1,480	1,629	1,791
11	1,116	1,243	1,384	1,539	1,710	1,898
12	1,127	1,268	1,426	1,601	1,796	2,012
13	1,138	1,294	1,469	1,665	1,886	2,133
14	1,149	1,319	1,513	1,732	1,980	2,261
15	1,161	1,346	1,558	1,801	2,079	2,397
16	1,173	1,373	1,605	1,873	2,183	2,540
17	1,184	1,400	1,653	1,948	2,292	2,693
18	1,196	1,428	1,702	2,026	2,407	2,854
19	1,208	1,457	1,754	2,107	2,527	3,026
20	1,220	1,486	1,806	2,191	2,653	3,207
25	1,282	1,641	2,094	2,666	3,386	4,292
30	1,348	1,811	2,427	3,243	4,322	5,743

Comment utiliser cette table :

1. Déterminez la période visée. Par exemple, 8 ans.
2. Choisissez un taux d'inflation. Par exemple, 5 %.
3. Repérez le facteur correspondant. Ici, c'est 1,477.
4. Multipliez le prix actuel de votre produit par le facteur. Par exemple, 500 $ X 1,477 = 738,50 $.

Conclusion : dans 8 ans, une marchandise qui se vend aujourd'hui 500 $ coûtera 738,50 $ si le taux d'inflation annuel moyen est de 5 %.

(Source : Protégez-vous, février 2000, p. 7)

La dévaluation du dollar est aussi une forme d'inflation qui a réduit le pouvoir d'achat des Canadiens depuis 25 ans. On paie aujourd'hui beaucoup plus cher pour des services et des biens qu'on achète à l'étranger. Pis encore, nous sommes de grands voyageurs, particulièrement les retraités. Vous êtes-vous déjà rendu compte que la principale dépense de nombreux voyages est la perte sur la devise ? Comparé au dollar américain et à l'euro, le dollar canadien voyage bien mal...

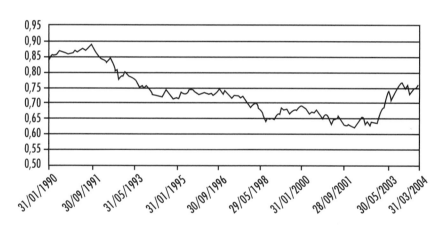

Le dollar canadien par rapport au dollar américain

(Source : Banque du Canada)

41

Conseil éclair

Un moyen efficace de vous protéger contre la baisse du dollar canadien est de regarder de plus près vos habitudes de consommation. Par exemple, si vous vous rendez fréquemment aux États-Unis, pourquoi ne pas détenir une portion de vos investissements en dollars américains?

Enfin, il faut prévoir un autre facteur qui créera de l'inflation pour les retraités : les coûts pour les soins de santé. On a vu ces dernières années de grands changements dans ce domaine. Cela s'est traduit par une réduction des services souvent devenus insuffisants. Le secteur privé commence donc à prendre la relève. Soyons réalistes : prévoyez que vous devrez payer davantage au fil des ans pour vos soins de santé. Et c'est justement en vieillissant que vous en aurez le plus besoin.

Le chroniqueur financier Nick Murray estime que le vrai risque de la retraite n'est pas de perdre votre capital, mais plutôt d'en manquer pendant ces années. C'est pourquoi il faut transformer *dès maintenant* vos bonnes intentions en un plan d'action.

Mon défi comme planificateur financier consiste à trouver pour mes clients un équilibre entre la satisfaction de leurs besoins au début de la retraite et le maintien de leur sécurité financière à long terme. J'ai observé auprès d'un grand nombre d'entre eux que les premières années de la retraite sont celles qui coûtent le plus cher. En effet, jusqu'à 70 ans au moins, plusieurs retraités demeurent vifs et alertes, si bien que leur quotidien bouillonne d'activités. Puis, graduellement, ils adoptent un rythme moins soutenu. Il est donc raisonnable de planifier des revenus supérieurs durant la phase active de la retraite.

VOTRE BILAN : UN PORTRAIT RÉVÉLATEUR

Afin de connaître le chemin à parcourir pour que vous viviez une retraite confortable, il est temps de faire votre bilan. Il se révèle primordial de le réviser annuellement pour apprécier ce que vous avez déjà accompli et adapter votre stratégie.

Votre bilan est très révélateur. Il permet de savoir instantanément si la proportion de vos actifs sous forme de biens personnels (maison, chalet, voiture, biens meubles) est raisonnable par rapport à vos actifs investis en vue de la retraite (valeur actualisée de votre fonds de pension, REER, placements non enregistrés). Un ratio d'environ 20 % de vos actifs totaux consacré à vos biens personnels, soit ceux qui vous procurent votre niveau de vie, démontre que vous vivez en fonction de vos moyens. Ce ratio devient encore plus important une fois que vous êtes retraité, car il permet de supposer que vous n'épuiserez pas votre capital.

Pour faire votre bilan et vérifier votre ratio de biens personnels par rapport à vos actifs totaux, utilisez le modèle proposé par PWL Conseil inc.

BILAN AU _____

ACTIF	Monsieur	Madame	Total
Biens à usage personnel			
Résidence principale	_____ $	_____ $	_____ $
Résidence secondaire	_____ $	_____ $	_____ $
Voiture(s)	_____ $	_____ $	_____ $
Biens meubles	_____ $	_____ $	_____ $
(A) sous-total	_____ $	_____ $	_____ $
Épargnes et investissements			
Comptes bancaires	_____ $	_____ $	_____ $
Comptes à recevoir	_____ $	_____ $	_____ $
Placements à court terme	_____ $	_____ $	_____ $
Placements non enregistrés	_____ $	_____ $	_____ $
Placements enregistrés	_____ $	_____ $	_____ $
Fonds de pension (valeur actuelle)	_____ $	_____ $	_____ $
Immeuble(s) à revenu	_____ $	_____ $	_____ $
(B) sous-total	_____ $	_____ $	_____ $
(C) TOTAL DE L'ACTIF = (A + B)	_____ $	_____ $	_____ $
PASSIF			
Carte(s) de crédit	_____ $	_____ $	_____ $
Marge de crédit personnelle	_____ $	_____ $	_____ $
Prêt personnel	_____ $	_____ $	_____ $
Hypothèque résidence principale	_____ $	_____ $	_____ $
Hypothèque résidence secondaire	_____ $	_____ $	_____ $
Hypothèque(s) immeuble(s) à revenu	_____ $	_____ $	_____ $
(D) TOTAL DU PASSIF	_____ $	_____ $	_____ $
AVOIR NET = (C - D)	_____ $	_____ $	_____ $

Conseil éclair

Lorsque je planifie l'utilisation du capital au cours de la retraite de mes clients, je leur suggère de faire abstraction de la valeur de leur propriété. D'abord, parce que même s'ils la vendent, il leur faut utiliser le rendement et une partie du capital pour payer un loyer. Ensuite, tant que le capital est immobilisé dans la maison, il sert de réserve pour le moment où ils devront se loger dans une résidence offrant sécurité et soins, si nécessaire. À cette étape de la vie, cette source de capital fait toute la différence. À moins de prévoir acquérir une propriété moins chère et de disposer du capital excédentaire, évitez de compter sur la valeur de votre maison durant les 15 à 20 premières années de votre retraite.

ÉPARGNER DEMANDE DE LA DISCIPLINE

Une fois établi le capital qu'il vous faudra pour respecter le style de vie que vous envisagez à la retraite, il reste à savoir à quel rythme vous devrez épargner. Pour cela, il faut commencer par le commencement, c'est-à-dire déterminer combien vous êtes capable d'épargner. Épargner demande de la discipline, un mot qui n'est pas à la mode. À certains égards, l'épargne est un sacrifice : vous choisissez de vous « priver » d'avantages immédiats pour accumuler des avantages futurs. Ce futur qui semble bien trop loin pour qu'on s'en soucie vraiment... ou bien un futur qui semble si proche qu'on craint de manquer de temps.

Une façon de rendre moins douloureuse l'épargne est d'éviter de céder aux besoins que l'on se crée... Votre téléviseur et votre auto vous livrent ce que vous en attendez ? Alors, pourquoi les changer ? *Upgrader* signifie transformer un souhait en un nouveau besoin. Alors, faites le tour de votre logis et calculez combien le remplacement inutile de vos biens vous a coûté véritablement. Additionnez le tout, multipliez par deux (car il vous a fallu en gagner le double avant impôt) et calculez un taux de rendement composé de 8 % par année durant autant d'années qu'il vous reste avant votre retraite. Je suis convaincue que le résultat aurait pu constituer une portion appréciable du capital que vous aurez à épargner en vue de votre retraite.

Pour vous discipliner à épargner, considérez-vous comme votre plus important créancier. Décrétez que le capital dont vous aurez besoin durant votre retraite est une dette que vous avez envers vous-même. Ne méritez-vous pas autant de respect que vous en accordez à votre banquier ?

Conseil éclair

Aux jeunes qui commencent à épargner, je suggère de mettre de côté 10 % de leur revenu net. Puis, une fois l'habitude prise, de mettre 10 % de leur salaire brut, et ensuite de passer à 15 %, toujours du revenu brut. Ce n'est pas facile d'épargner 15 % de son revenu annuel, mais c'est encore plus difficile de dépendre financièrement des autres lorsqu'on vieillit...

L'épargne en vue de la retraite ne doit pas être une contrainte qui vous est imposée de l'extérieur. Vous devez vous-même en établir les paramètres selon votre capacité d'épargne. Il faut ensuite réévaluer votre revenu cible de retraite et voir dans quelle mesure les proba-bilités d'atteindre l'objectif sont réalistes. Il se peut que vous décidiez de travailler quelques années de plus pour moins vous serrer la ceinture maintenant, ou bien que vous réduisiez le revenu que vous ciblez à la retraite. Dans ce dernier cas, cela implique que vous modi-fierez vos projets. Une autre piste de solution peut se trouver dans une retraite progressive. Une chose est certaine : plus vous tardez à planifier, plus vos efforts devront être importants.

Dans le livre *The Millionaire Next Door*[16], j'ai reconnu le profil de plusieurs de mes clients et de personnes de mon entourage. Leur dénominateur commun : la frugalité. Ces gens ont toujours eu un niveau de vie inférieur à leurs moyens. Cela ne signifie pas qu'ils se refusent tout plaisir, mais plutôt qu'ils mettent d'abord de l'argent de côté puis qu'ils établissent leurs priorités avec le reste.

Dans cet ouvrage, les auteurs partagent les résultats d'une étude qu'ils ont menée aux États-Unis pour savoir comment des gens ordi-naires ont pu devenir millionnaires. Voici leurs traits communs :

- Leur taux de divorce est deux fois moins élevé que la moyenne. Cela explique en partie qu'ils habitent souvent la même maison depuis plus de 20 ans !

- Ils ne recherchent ni les quartiers chics ni les voitures de luxe.

- La plupart investissent de 15 à 20 % de leur revenu familial par année. Ils n'ont pas compté sur un héritage, sur la chance, ni même sur des études avancées pour devenir riches.

Le succès financier de ces millionnaires est plutôt le fruit de beau-coup de travail, de planification et surtout de discipline. L'habitude de planifier se retrouve chez les gens qui ont le mieux réussi à accu-muler des actifs. Ainsi, les auteurs ont découvert que 62 % des mil-lionnaires interrogés savent où va leur argent. Ils ont un budget sur papier et ne possèdent en général que trois cartes de crédit dont ils règlent le solde religieusement pour ne pas payer d'intérêt.

ÊTES-VOUS RICHE ?

À ceux qui veulent savoir s'ils sont riches, les auteurs du livre *The Millionaire Next Door* proposent une règle du pouce : multipliez votre âge par votre revenu annuel avant impôt (excluez les revenus générés par un héritage) et divisez ensuite par 10. Le résultat, moins les héritages reçus, représente ce que votre actif devrait être. Par exemple, Pierre a 55 ans et gagne 75 000 $ brut par année : 55 x 75 000 $ = 4 125 000 $ ÷ 10 = 412 500 $.

Si en faisant cet exercice vous constatez que vos actifs sont le double de ce qu'ils devraient être, vous faites partie de l'élite parmi les accumulateurs d'actifs ! Bravo !

Conseil éclair

Si vous n'êtes pas encore riche – selon les critères mentionnés précédemment – mais que vous voulez le devenir un jour, n'achetez jamais une maison dont l'hypothèque sera supérieure à deux fois votre revenu familial annuel total. Sans compter que tout suit : les taxes, l'entretien… même la voiture que vous voudrez comparable à celle de vos voisins !

L'ABC DE L'ACCUMULATION DU CAPITAL

Évitez le piège de l'endettement

Auparavant, une majorité de gens se disaient : « Quand j'aurai l'argent, je l'achèterai » ; maintenant, c'est plutôt : « Quand j'aurai le crédit, je l'achèterai. »

Le nombre de Canadiens endettés, dont le revenu est considéré moyen ou élevé, a augmenté de façon préoccupante depuis 20 ans. Des statistiques ont démontré que les professionnels et ceux occupant des postes de gestion représentaient 9,5 % des faillites en 1977, comparativement à 17 % 20 ans plus tard. La proportion des dettes relatives aux cartes de crédit a pratiquement doublé pendant cette période[17].

Les offres des institutions financières pullulent : taux d'intérêt réduit, aucuns frais annuels, des milles et des milles de points privilèges ! Le crédit peut être utile, encore faut-il l'utiliser intelligemment. Voici donc 14 règles qui valent leur pesant d'or pour éviter que le passif n'augmente plus vite que l'actif.

1. **Achetez maintenant, payez maintenant.**

2. **Ne demandez jamais d'avances de fonds sur vos cartes de crédit, car les intérêts commencent à courir dès le retrait.**

3. **Oubliez votre carte de crédit à la maison : n'apportez que de l'argent liquide et votre carte de débit.**

4. **N'encaissez jamais vos REER pour rembourser vos dettes ou pour consommer.**

5. **Ignorez les publicités ou les offres d'abonnement.**

6. **Payez moins d'impôt… le 30 avril venu !** Pourquoi remettre des sommes aux gouvernements lorsque vous produisez vos déclarations de revenu ? Contribuez plutôt à votre REER, quitte à contracter un prêt que vous rembourserez dans l'année.

7. **Diminuez vos emprunts avec l'économie d'impôt générée par votre REER.** Avec votre remboursement d'impôt, payez vos dettes à taux d'intérêt élevé. Le solde de vos cartes de crédit, dont le taux est de 18 %, vous coûte en réalité 36 % avant impôt.

Réduisez également l'amortissement de vos prêts en renégo- ciant vos emprunts à un taux inférieur, mais en maintenant les remboursements actuels ou en les augmentant.

8. **Dressez une liste de vos dépenses inutiles de la dernière semaine, des derniers mois, voire de la dernière année.** Sabrez dans ces dépenses et, si nécessaire, vendez certains biens que vous n'avez pas les moyens de conserver.

9. **Ne conservez jamais un solde sur une carte de crédit à taux régulier.** Si vous devez maintenir un solde, au moins assurez- vous qu'il est sur une carte ou une marge à un taux inférieur ; vous réduirez ainsi presque de moitié les intérêts facturés.

10. **Renégociez votre prêt personnel si les taux ont baissé.** Rappelez-vous que les banques sont plus riches que vous.

11. **Optez pour une hypothèque ayant de la souplesse dans les modalités de remboursements.** On ne connaît pas l'avenir et l'hypothèque est souvent le plus gros emprunt d'une vie. Prenez les précautions suivantes.

- Assurez-vous que vous pourrez faire des rembourse- ments toutes les deux semaines plutôt qu'une fois par mois : cela fait passer une hypothèque de 25 ans à 18 ans. Les résultats seront encore meilleurs si vous pouvez rembourser chaque semaine.

- Assurez-vous que vous pourrez rembourser des sommes forfaitaires par anticipation, souvent de 10 à 20 % par année, ou augmenter vos paiements réguliers sans pénalité.

- Assurez-vous que vous pourrez profiter des bas taux d'in- térêt et réduire l'amortissement du prêt au lieu de réduire vos remboursements.

- N'optez jamais pour une hypothèque amortie sur 25 ans : l'écart de remboursement mensuel par rapport à un prêt sur 20 ans est minime, surtout lorsque vous calculez combien vous coûteraient les 60 versements supplémentaires. Si vous n'êtes pas encore convaincu, multipliez le résultat par deux : après tout, vous payez votre hypothèque avec des dollars après impôt !

- Lorsque vous renégociez votre hypothèque avant échéance, assurez-vous que cela en vaut la peine malgré la pénalité qu'imposera le prêteur.

Pour calculer ou comparer les périodes d'amortissement, les taux ou les paiements sur une hypothèque, tapez www.lesaffaires.com. Le calculateur fourni par la Société canadienne d'hypothèques et de logement au www.schl.ca/calculator/mortgage_calcf. cfm vous aidera à déterminer la somme maximale que vous pouvez consacrer à l'achat d'une maison.

12. **Ne vous entêtez pas à conserver un placement sur lequel vous recevez 3 % d'intérêt par année, imposable en plus, lorsque vous avez un prêt à rembourser : remboursez votre prêt au plus vite !**

13. **Lorsque vous devez emprunter, ne basez jamais vos calculs en fonction de ce qu'il vous en coûtera par mois.** Les faibles taux d'intérêt actuels, qui encouragent les consommateurs à emprunter des montants plus élevés, deviendront vite un casse-tête lorsque les taux reprendront leur ascension. Avant d'acheter une maison ou une voiture à un prix plus élevé parce que les taux d'intérêt sur les emprunts sont bas, demandez-vous si vous aurez les moyens de conserver ces biens si vous perdez votre emploi ou lorsque les taux augmenteront.

14. **Sachez différencier une « bonne dette » d'une « mauvaise dette ».** C'est simple : si la valeur de ce pour quoi vous empruntez est susceptible d'augmenter par rapport au prix payé (par exemple : une maison, des études), voilà une bonne dette. Par contre, je n'ai pas encore trouvé de voitures, de vêtements, de

vacances ou de repas au restaurant dont la valeur s'est appréciée avec le temps. Le remboursement de toutes vos dettes avant la retraite est un objectif que vous ne devez pas perdre de vue.

Faites travailler vos placements

Ne soyez plus seul à travailler fort pour épargner ; faites travailler votre capital aussi. Rappelez-vous la règle du 72. En divisant 72 par le rendement que vous obtenez, vous saurez dans combien d'années votre capital doublera. Par exemple, 1 000 $ placés à 4 % mettront 18 ans à doubler ; investis à 8 %, ils doubleront en 9 ans.

Temps requis pour que le capital initial double selon le taux de rendement

RENDEMENT	NOMBRE D'ANNÉES POUR DOUBLER
4 %	18 ans
6 %	12 ans
8 %	9 ans
10 %	7 ans
12 %	6 ans

Voyons l'impact de la règle du 72 en dollars maintenant pour un **investissement de 10 000 $ selon un rendement à 4 % et à 8 % :**

	4 %	8 %
9 ans	14 233 $	19 990 $
18 ans	20 258 $	39 960 $
27 ans	28 834 $	79 881 $

Réduisez vos impôts

L'impôt est votre plus importante dépense. Chaque fois que vous diminuez votre fardeau fiscal, c'est comme si vous vous votiez une augmentation de salaire !

Les Québécois sont les citoyens les plus taxés en Amérique du Nord ; cela n'a rien de réjouissant. Comme plusieurs sont sédentaires et réfractaires à changer leur milieu de vie, peu considèrent déménager dans une autre province pour payer moins d'impôt. Et pourtant...

Les impôts d'une province à l'autre

IMPÔTS SUR LE REVENU DES PARTICULIERS, 2004			
REVENU IMPOSABLE	50 000 $	75 000 $	100 000 $
Colombie-Britannique	10 670 $	18 922 $	28 942 $
Alberta	11 184 $	19 384 $	28 384 $
Saskatchewan	12 485 $	21 436 $	31 186 $
Manitoba	12 847 $	22 387 $	33 237 $
Ontario	10 671 $	19 386 $	30 239 $
Québec	14 000 $	24 548 $	35 976 $
Nouveau-Brunswick	12 623 $	22 209 $	32 839 $
Nouvelle-Écosse	12 440 $	21 786 $	32 300 $
Île-du-Prince-Édouard	12 562 $	22 461 $	33 554 $
Terre-Neuve	13 261 $	23 560 $	34 970 $
Territoires du Nord-Ouest	10 849 $	19 177 $	28 602 $
Yukon	10 970 $	19 178 $	28 673 $
Nunavut	9 251 $	16 801 $	25 551 $
(Source : Ernst & Young Canada, www.ey.com)			

MYTHES ET RÉALITÉS

Une des qualités d'un planificateur financier d'expérience consiste à savoir reconnaître les mythes auxquels s'accrochent de nombreux futurs retraités. En voici quelques-uns que j'ai fréquemment dû réfuter au cours de mes 19 années de pratique.

Mythe : « Des revenus pour 15 ans de retraite, c'est suffisant. »

Réalité : Les plus récentes données fournies par Statistique Canada indiquent qu'un des segments de la population qui croît le plus rapidement est celui... des 80 ans et plus ! Le nombre de Canadiens centenaires a augmenté de 21 % depuis 1996[18].

Mythe : « Il n'y a plus d'inflation. Ce n'est pas grave si mes revenus ne sont pas indexés durant ma retraite. »

Réalité : L'inflation n'est pas morte ; au contraire, elle se porte très bien. Elle prend en plus la forme de nouvelles dépenses : frais d'achat et d'entretien d'un ordinateur (les retraités sont de grands utilisateurs d'Internet), téléphone cellulaire, etc. Sans oublier les frais relatifs à la santé : traitements, produits naturels et homéopathiques, etc.

Mythe : « Les prestations de mon fonds de pension me protégeront contre l'inflation. »

Réalité : La majorité des prestations de fonds de pension ne sont que partiellement indexées à l'inflation, et souvent elles ne le sont pas du tout.

Mythe : « Ça ne donne rien de mettre de l'argent dans un REER, car l'impôt le ramassera plus tard. »

Réalité : Le REER sert à reporter à plus tard l'impôt qu'on ne paie pas maintenant. Certes, vous paierez de l'impôt, mais à choisir entre le payer maintenant ou plus tard, je vous recommande de le payer plus tard.

EN RÉSUMÉ

Si vous ne songez pas à bâtir votre sécurité financière pour profiter de votre retraite, personne ne le fera à votre place. Cette sécurité financière, elle ne s'acquiert pas par magie. Elle se planifie à court et à long terme. À court terme, vous avez besoin d'un fonds d'urgence pour parer à l'imprévu. L'assurance invalidité fait partie de ce plan d'urgence, car votre actif le plus important, c'est votre capacité à générer des revenus par votre travail.

Pour le long terme, il s'agit de prévoir de quoi vous vivrez quand sonnera l'heure de la retraite. Il faut donc calculer ce revenu dont vous aurez besoin pour vivre comme vous y aspirez. L'étape suivante consiste à déterminer combien vous devrez épargner pour accumuler le capital de retraite nécessaire.

Épargner demande de la discipline. Il faut souvent modifier son comportement de consommateur. Établissez des priorités parmi vos dépenses et éliminez votre endettement. Ceux qui atteignent l'indépendance financière possèdent tous un trait en commun : ils vivent au-dessous de leurs moyens.

Pour planifier efficacement, pour respecter votre plan, pour réussir à accumuler votre capital de retraite, ayez une attitude positive. La route vers la retraite n'est pas une ligne droite. Elle est parsemée d'écueils, de crises et de dangers. Un itinéraire rempli de défis vous attend, laissez-moi vous accompagner.

NOTES

[1] CHEVREAU, Jonathan. « Retirement isn't a worry for some », *Financial Post*, 11 juin 2002.

[2] LAVERDIÈRE, Daniel. « L'espérance de vie, un indicateur souvent trompeur », *Objectif conseiller*, juillet-août 2002.

[3] CHEN, Christine Y. « Everything you always wanted to know about retirement », *Fortune*, 13 août 2001.

[4] LAVERDIÈRE, Daniel. « L'espérance de vie, un indicateur souvent trompeur », *Objectif conseiller*, juillet-août 2002.

[5] HENSRUD, Donald D. « How to live longer, healthier and love it ! », *Fortune*, 13 août 2001, p. 210.

[6] CHEN, Christine Y. « Everything you always wanted to know about retirement », *Fortune*, 13 août 2001.

[7] QUINTY, Marie. « La retraite progressive : la voie royale », *Affaires plus*, juin 2002, p. 66.

[8] HARRIS, Catherine. « Age brackets », *IE: Money*, mars-avril 2002, p. 56.

[9] HANLEY, William. « An issue of risk and return », *Financial Post,* 4 avril 2002, p. IN-1.

[10] *Loc. cit.*

[11] HARRIS, Catherine. « Age brackets », *IE: Money*, mars-avril 2002, p. 56.

[12] CARNEY, Paul. « Que font vos clients après le travail ? », conférence AGF, 5 juin 2001.

[13] COOPER, Sherry. *The Cooper Files*, Key Porter Books Ltd, Toronto, 1999, p. 326.

[14] VINZANT, Carol, « Born to retire », *Retire rich guide*, *Fortune,* août 1999.

[15] COOPER, Sherry. *The Cooper Files*, Key Porter Books Ltd, Toronto, 1999, p. 329.

[16] DANKO, William D. et Thomas J. Stanley, *The Millionaire Next Door,* Marietta (Georgia), Longstreet Press, 1996.

[17] VAZ-OXLADE, Gail. « I'll gladly pay you Tuesday... », *Investment Executive,* juin 2001, p. 8-10.

[18] SCHMIDT, Sarah. « More Canadians living to 100 and over », *National Post,* 17 juillet 2002, p. A-8.

Chapitre 2

L'accumulation par le REER

L e régime enregistré d'épargne-retraite, le REER, a été créé en 1957 sous le gouvernement de Louis Saint-Laurent. Beaucoup de Canadiens n'y contribuent que depuis peu d'années, sans compter qu'ils y cotisent rarement le maximum permis. Bien qu'en avançant en âge les gens soient plus enclins à investir dans leur REER, le revenu demeure toujours le facteur déterminant dans la décision de cotiser ou non[1].

L'Enquête sur la sécurité financière[2] menée en 2001 par Statistique Canada a cependant révélé que plus le revenu d'emploi des familles est élevé, plus elles sont susceptibles de n'avoir pas épargné suffisamment pour remplacer à la retraite les deux tiers de leurs revenus antérieurs. C'est le cas pour 33 % des familles dont le revenu se situe entre 40 000 $ et 75 000 $ et pour 41 % de celles gagnant 75 000 $ et plus.

L'étude révèle que 70 % des unités familiales (c'est-à-dire les familles et les personnes seules) détiennent une forme ou une autre d'épargne-retraite privée : un fonds de pension (qui en constitue la plus grande composante), un REER ou un FERR (utilisé après la conversion du REER).

Toutes catégories d'âge confondues, la valeur médiane de l'épargne-retraite privée était de 50 000 $ en 1999, soit 29 % des avoirs des familles, comparativement à 32 % pour la maison. Par contre, cette valeur médiane augmentait à 160 300 $ pour les 55-64 ans, soit 40 % de leurs avoirs. Cette somme demeure bien maigre quand vient le temps de la retraite.

En prenant connaissance de tels résultats, on comprend mieux pourquoi les dirigeants politiques limitent constamment la hausse du plafond de contribution au REER. « Pourquoi augmenter la limite alors que la majorité des contribuables ne l'atteignent pas ? » doivent-ils penser.

Aussi, l'étude a permis de constater que près de 60 % de ceux qui ne sont pas propriétaires de leur résidence n'ont probablement pas suffisamment épargné pour remplacer, à la retraite, les deux tiers de leurs revenus d'avant retraite.

Devant les résultats de cette étude exhaustive de Statistique Canada qui démontrent clairement qu'un grand nombre d'individus n'épargnent pas assez pour leur retraite, il faut se demander « pourquoi ? ». La réponse est facile à trouver : ils n'ont pas l'argent pour le faire. Une fois tous les impôts directs et indirects payés, l'hypothèque, le panier d'épicerie, l'éducation des enfants et j'en passe, il ne leur reste rien pour l'épargne. On a beau nous dire que nous jouissons d'une qualité de vie exceptionnelle au Canada, notre niveau d'imposition demeure scandaleux.

LE REER : UN RETOUR SUR LES NOTIONS DE BASE… ET QUELQUES PRÉJUGÉS À DISSIPER

Le REER doit servir de pierre angulaire à la planification de votre retraite, non seulement à cause des économies d'impôt dont vous bénéficiez à court terme, mais surtout pour l'appréciation qu'il gagnera au fil des ans compte tenu du rendement qui croît à l'abri de l'impôt. La majorité de ceux qui cotisent à un REER le font avec l'objectif de réduire leurs impôts *maintenant*. Il faut voir plus loin pour déceler tout le potentiel que votre REER vous apportera éventuellement.

- Le REER est un régime de report d'impôt, c'est-à-dire qu'il vous accorde une économie d'impôt lorsque vous y cotisez, mais vous devrez ajouter à vos autres revenus les montants que vous en retirerez durant votre retraite. Préférez-vous payer de l'impôt maintenant ou plus tard ?

- Le REER a été créé pour vous aider à bâtir votre indépendance financière en vue de la retraite. Certains programmes permettent toutefois une utilisation du REER à d'autres fins, notamment pour acquérir une propriété (le RAP, régime d'accession à la propriété) ou pour financer un retour aux études (le régime d'encouragement à l'éducation permanente).

- L'adjectif *enregistré* confère au REER un caractère contractuel. Vous placez de l'argent dans votre REER, et le gouvernement vous accorde une déduction d'impôt immédiate. Il permet aussi que le rendement généré par ce capital fructifie à l'abri de l'impôt tant et aussi longtemps que vous ne retirerez rien de votre REER.

- Contribuez à votre REER le plus possible, le plus tôt possible dans l'année. À la limite, faites-le dans les 60 premiers jours de l'année suivante. Par exemple, la date limite de cotisation à un REER que vous pourrez déduire en 2004 est le 1er mars 2005 ; celle pour 2005 est le 1er mars 2006.

- Si vous versez une contribution annuelle de 13 500 $ à votre REER au début de l'année plutôt qu'à la fin, vous aurez...

  - dans 10 ans : 15 600 $ de plus ;

  - dans 20 ans : 49 400 $ de plus ;

  - dans 30 ans : 122 000 $ de plus.

- Consultez l'avis de cotisation que le gouvernement fédéral vous a expédié à la suite de votre dernière déclaration de revenus pour savoir combien vous pourrez cotiser durant l'année. Ce montant est réduit du «facteur d'équivalence» (FE) si vous accumulez des droits dans le régime de retraite de votre employeur ou si vous profitez d'un régime de participation différée aux bénéfices (RPDB). Votre contribution de l'année peut aussi être réduite si vous avez un facteur d'équivalence pour services passés parce que vous avez racheté des années de service dans votre fonds de pension. Votre contribution peut être augmentée par un facteur d'équivalence rectifié si vous avez transféré un fonds de pension alors que vous êtes à un certain nombre d'années de la retraite.

Conseil éclair

Pour connaître votre plafond de cotisation au REER, vous pouvez téléphoner à l'Agence du revenu du Canada (ARC) au 1 800 267-6999. Grâce au système électronique de renseignements par téléphone, vous obtiendrez ces informations après avoir fourni votre numéro d'assurance sociale et quelques renseignements figurant dans votre déclaration de revenus de l'année précédente : ayez-les en mains !

- Depuis 1991, les cotisations inutilisées sont cumulatives. Cette mesure permet à l'individu d'adapter ses épargnes aux circonstances de sa vie financière. Par exemple, de nombreux travailleurs autonomes subissent des fluctuations importantes dans leurs revenus d'une année à l'autre : ils peuvent maintenant se rattraper et cotiser pour les années où ils n'ont pu le faire.

- Plutôt que de ne pas cotiser à votre REER lorsque vos liquidités sont restreintes, transférez un placement de votre compte non enregistré vers votre REER et ce, à sa valeur marchande. Au point de vue fiscal, vous serez réputé avoir disposé du placement au moment du transfert dans le REER. S'il en résulte un gain en capital, vous devrez le déclarer. Si, au contraire, le placement a perdu de sa valeur, vous pourrez réclamer la perte en capital en vendant véritablement le titre, quitte à le racheter ensuite dans le REER.

- Vos droits de cotisation au REER sont établis en fonction de votre « revenu gagné » de l'année précédente. Il comprend entre autres vos revenus d'emploi ou d'entreprise, vos revenus nets de location, une pension alimentaire et les prestations d'invalidité du Régime de rentes du Québec ou du Canada. Il exclut les revenus de placement ou de société en commandite, une allocation de retraite, une indemnité de licenciement, les revenus de retraite et les gains en capital imposables.

- La cotisation annuelle sera basée sur 18 % de votre revenu gagné de l'année précédente, pour un maximum 15 500 $ en 2004, moins votre facteur d'équivalence, si vous avez un régime de retraite.

Le plafond de cotisation en 2004 de 15 500 $ par année vous pénalise dès que votre revenu gagné excède 86 111 $ (86 111 $ X 18 % = 15 500 $). En effet, tout revenu supplémentaire ne vous accorde pas de droits de cotisation. Cela explique en partie pourquoi une grande partie des Canadiens dont les revenus sont élevés ne pourront pas atteindre, durant leur retraite, un revenu de remplacement de l'ordre de 70 %. Une augmentation des plafonds de cotisation au REER portera le maximum à 16 500 $ en 2005, à 18 000 $ en 2006 et sera indexé dès 2007.

Notre régime fiscal pénalise de deux façons la faible proportion de Canadiens qui touchent des revenus supérieurs. D'abord, en les empêchant d'accumuler des fonds dans un REER en fonction de leurs revenus réels. Ensuite, en les contraignant à payer plus d'impôt maintenant, ce qui fait obstacle à leur désir de bâtir leur indépendance financière et d'éviter de compter sur les régimes publics durant leur retraite.

LE REER : UN PUISSANT OUTIL D'ACCUMULATION

Jean a investi annuellement 5 000 $ dans son REER pendant 30 ans. Compte tenu de son économie d'impôt (48 %), sa sortie de fonds réelle était de 2 600 $ chaque année. Ne croyant pas aux avantages du REER, Jacques a investi le même montant après impôt, soit 2 600 $, pendant la même période. Il a obtenu le même taux de rendement... sauf qu'il a dû payer l'impôt sur les intérêts chaque année. Une fois retraité, même si Jean décidait d'encaisser son REER d'un seul coup et de payer 48 % en impôt reporté, il serait encore en meilleure position que Jacques. Le tableau suivant montre l'écart entre le REER et le placement hors REER.

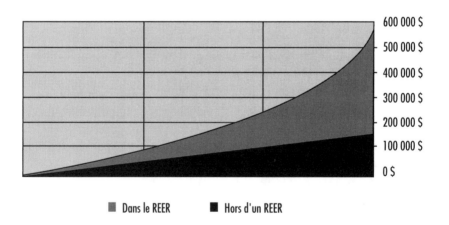

■ Dans le REER   ■ Hors d'un REER

Un des principaux avantages du REER est l'accumulation à l'abri de l'impôt, qui permet à votre capital de croître plus rapidement. Rappelez-vous la règle du 72 : un placement dans le REER double après neuf ans s'il capitalise à 8 % par année. Détenu à l'extérieur du REER, il mettra 18 ans à doubler, en supposant que le rendement est diminué de moitié à cause de l'impôt à payer chaque année.

Valeur d'un REER
selon divers taux de rendement annuels

COTISATION ANNUELLE DE 10 000 $ À UN REER	6 %	8 %	10 %
5 ans	59 753 $	63 359 $	67 156 $
10 ans	139 716 $	156 455 $	175 312 $
20 ans	389 927 $	494 229 $	630 025 $

Devez-vous emprunter pour cotiser à votre REER ?

Si nécessaire, oui, empruntez pour cotiser à votre REER, mais seulement si vous êtes en mesure de rembourser le prêt en entier dans l'année. Déjà, votre économie d'impôt vous procurera environ la moitié du solde à rembourser ; la différence devra être éliminée rapidement. Notez que les intérêts sur un prêt REER ne sont pas déductibles d'impôt.

Méfiez-vous de ceux qui vous recommandent d'emprunter une somme substantielle, par exemple 40 000 $, pour profiter de toutes ces cotisations inutilisées que vous avez accumulées. Il est possible que votre économie d'impôt ne soit pas maximisée, à moins que votre revenu imposable, après votre REER déduit, se situe encore dans les tranches supérieures. Il est en général préférable de répartir les cotisations inutilisées sur quelques années pour maximiser vos économies d'impôt... et vous donner la chance d'épargner plutôt que d'emprunter.

Conseil éclair

Il vous faut chaque année gratter vos fonds de tiroirs (ou ceux de votre banquier) pour cotiser à votre REER ? Je vous recommande d'utiliser plutôt la bonne vieille stratégie de l'investissement mensuel prélevé par virement bancaire. Vous trouverez plus facilement un peu d'argent chaque mois que beaucoup d'un seul coup ! Sans compter que les achats périodiques demeurent toujours une excellente stratégie d'investissement.

Cotiser au REER ou rembourser l'hypothèque ?

Cotiser au REER *et* rembourser l'hypothèque, c'est mieux ! Utilisez les économies d'impôt que vous procure votre cotisation au REER pour rembourser votre hypothèque. Rappelez-vous que, pour un prêt amorti sur 20 ans, vous ne remboursez à peu près que des intérêts durant les premières années. Aussi, comme le temps est le meilleur ami des cotisants au REER, vos placements profiteront de la magie du rendement composé, à l'abri de l'impôt. En parallèle, vous verrez le solde de votre emprunt diminuer chaque année d'un montant substantiel.

QU'EST-CE QU'UN REER AUTOGÉRÉ ?

Le REER autogéré se compare à une enveloppe dans laquelle il est possible d'insérer différents types de placements admissibles au REER. On peut donc y retrouver des placements de diverses institutions à l'intérieur d'un seul régime pour lequel le fiduciaire s'assure que vous respectez les règles établies, notamment en ce qui a trait au contenu étranger.

Un REER autogéré vous offre beaucoup de flexibilité et une gestion simplifiée quand on le compare à des REER souscrits auprès de plusieurs institutions. De plus, le contenu étranger auquel vous avez droit est établi en fonction de la valeur comptable du régime total. Il est fréquent que le REER autogéré soit assujetti à des frais annuels de 100 $ ou 150 $.

Plusieurs croient qu'en ayant un REER autogéré ils devront s'en occuper eux-mêmes. Ils se trompent : ce type de REER ne réduit aucunement le rôle de votre conseiller financier. Au contraire, celui-ci sera en mesure de vous recommander beaucoup plus de possibilités d'investissement que si vous souscriviez à des REER auprès de plusieurs institutions.

LE FRACTIONNEMENT DU REVENU ENTRE CONJOINTS

Le concept de REER au conjoint est probablement un de ceux les plus mal compris par les contribuables. Nous regarderons plus longuement les stratégies de fractionnement de revenu entre conjoints dans le chapitre 10, portant sur la fiscalité, mais voyons dès maintenant s'il peut être avantageux pour vous de cotiser au REER de votre conjoint.

L'idée de base consiste à répartir le mieux possible entre les conjoints les revenus imposables sur lesquels ils devront compter durant leur retraite. Un revenu de retraite de 60 000 $, par exemple, est moins imposé s'il est réparti entre deux contribuables âgés de moins de 65 ans (chacun paiera 6 009 $, donc 12 018 $ d'impôt au total), alors qu'un seul individu paiera 14 895 $. Une économie de 2 877 $ par année ! Si votre retraite dure 30 ans, vous aurez augmenté vos revenus disponibles de près de 90 000 $; d'environ 140 000 $ si vous avez placé votre économie annuelle à 3 % net.

On peut anticiper un déséquilibre dans les revenus de retraite quand un seul des conjoints participe à un fonds de pension ou que des actifs générant des revenus imposables (des immeubles, par exemple) sont concentrés dans les mains d'un seul conjoint.

Prenons l'exemple de Bruno, qui possède un fonds de pension, alors que France, sa conjointe, n'en a pas. En prenant ses REER au nom de France, Bruno bénéficiera de la déduction fiscale. Le placement, lorsqu'il sera encaissé par France, sera cependant imposé à un taux inférieur à celui de Bruno. Les conjoints auront donc maximisé les avantages du REER au conjoint.

La cotisation dans le REER au conjoint est possible aussi bien entre conjoints mariés (ce capital fait partie du patrimoine familial) qu'entre conjoints de fait ou de même sexe.

Vous noterez que les cotisations combinées du REER personnel et du REER au conjoint ne doivent pas excéder la limite annuelle. Enfin, le montant versé dans le REER au conjoint ne diminue pas la cotisation que pourra faire ce dernier dans son propre REER.

Aux frontières de la stratégie

Une règle vous oblige à transformer vos REER en revenus au plus tard le 31 décembre de l'année où vous atteignez 69 ans. Mais rien ne vous empêche de souscrire encore au REER au conjoint par la suite, dans la mesure où vous avez des droits de cotisation inutilisés... et un conjoint qui n'a pas atteint ses 69 ans !

Quelques-uns de mes clients septuagénaires et touchant un revenu de location (revenu gagné qui donne des droits de cotisation) ont pu cotiser au REER de leur conjointe, âgée de moins de 69 ans.

Une autre stratégie avant de convertir vos REER à 69 ans consiste à « surcotiser » si vous touchez encore un revenu. Si vous atteignez 69 ans dans l'année, que vous touchez du revenu gagné, n'hésitez pas à souscrire un REER en décembre, juste avant la conversion.

Même si vous aviez déjà cotisé à votre REER autorisé pour l'année courante, cet apport pourra être déduit de votre revenu l'année suivante. Résultat : vous aurez eu une contribution excédentaire durant un mois, soit en décembre, pour laquelle une pénalité de 1 % par mois (du montant excédant 2 000 $) sera imposée, mais largement compensée par votre déduction fiscale l'année suivante.

Ainsi, pour une contribution de 15 500 $, la pénalité serait de 135 $ (15 500 $ – 2 000 $ = 13 500 $ à 1 % par mois : 135 $), alors que votre économie grâce au REER pourrait frôler les 7 500 $ au taux d'imposition maximum. Quant au montant déposé au REER, mais rapidement transformé en FERR, il vaudra près de 50 000 $ 15 ans plus tard, en supposant un taux annuel de rendement de 8 %.

Si vous êtes plus audacieux (ou déterminé à étirer votre REER), vous pourriez même faire des cotisations REER pour deux années à venir plutôt qu'une. La pénalité s'appliquera sur 13 mois au lieu d'un seul ; l'avantage fiscal sera légèrement réduit… mais pas autant que si vous aviez ignoré cette stratégie !

Conseil éclair

Voulez-vous faire un cadeau à vos enfants ou à vos petits-enfants qui durera longtemps ? Donnez-leur un montant qu'ils investiront dans leur REER (ils doivent évidemment avoir des droits de cotisation). Comme parent, vous aurez la satisfaction de savoir que votre cadeau s'appréciera au fil des ans. Le bénéficiaire profitera d'une économie d'impôt dans l'année et pourra constater que petit REER deviendra grand.

DEVEZ-VOUS SOUSCRIRE À VOTRE REER DANS UN FONDS DE TRAVAILLEURS ?

Les fonds de travailleurs, par exemple le Fonds de solidarité de la FTQ ou le Fondaction de la CSN, accordent au souscripteur – en plus de la déduction REER traditionnelle – un crédit d'impôt de 15 % pour chaque palier de gouvernement. Au taux d'imposition maximum, 1 000 $ investis dans un tel REER vous coûte moins de 200 $. On peut y cotiser tout au plus 5 000 $ par année pour profiter au maximum des crédits.

Malgré les généreux crédits d'impôt accordés, les fonds des travailleurs pénalisent l'investisseur par leur faible rendement à long terme. Le fonds de la FTQ, le plus vieux des fonds des travailleurs au Québec, affiche un rendement moyen d'environ 4,9 % par année depuis son lancement. C'est pourquoi je le recommande uniquement si vous vous retrouvez dans les situations suivantes :

1. Vous êtes à cinq ans ou moins de votre retraite.

2. Vos liquidités ne vous permettent pas de cotiser à un REER à moins d'en récupérer jusqu'à 80 % dans l'année même.

3. Vous utilisez les économies d'impôt pour réduire vos dettes.

On lit souvent dans les pages financières des grands quotidiens des « histoires d'horreur » à propos d'actionnaires de ces fonds déboutés dans leurs tentatives de récupérer leur argent lorsqu'ils traversent une crise financière. Bien que les mesures régissant ces fonds aient été quelque peu assouplies au cours des dernières années, considérez que l'argent que vous y avez placé y restera jusqu'à votre retraite. Vous avez déjà récupéré sous forme d'économies d'impôt la presque totalité de votre placement, alors...

Les fonds de travailleurs : pour augmenter jusqu'à 50 % le contenu étranger dans son régime enregistré

En règle générale, chacun de vos REER, ou votre REER autogéré, a une limite de contenu étranger de 30 % de sa valeur comptable. Cette valeur est établie en considérant le coût de chaque placement plus les commissions et les distributions lorsqu'elles sont réinvesties (c'est souvent le cas pour les fonds communs). Si vous achetez des parts d'un fonds de travailleurs pour 5 000 $, vous pouvez augmenter votre contenu étranger avec des investissements représentant jusqu'à trois fois la valeur initiale de ces parts. Par exemple, un REER dont la valeur comptable est de 100 000 $ permet d'investir 30 000 $ à l'extérieur du Canada. Si, dans ce même REER, vous avez souscrit 5 000 $ en parts d'un fonds de travailleurs, vous pourrez ajouter 15 000 $ (3 x 5 000 $) au contenu étranger de 30 000 $ alloué initialement. Au total, votre REER inclura 45 % de placements étrangers ; la limite, dans un tel cas, est établie à 50 %.

Pourquoi voudriez-vous maximiser vos placements étrangers dans votre REER ? Parce qu'à long terme les marchés internationaux procurent des rendements supérieurs et parce qu'il s'agit d'une composante essentielle dans la diversification de votre portefeuille. Nous verrons plus loin d'autres raisons de maximiser le contenu étranger dans vos régimes enregistrés.

Conseil éclair

Investir la totalité d'un régime enregistré à l'étranger est possible, et ce, tout en respectant les règles du jeu ! Plusieurs placements ont recours à des produits dérivés pour rendre un investissement étranger totalement admissible au REER à titre de contenu canadien. Je ne vous recommande pas pour autant d'avoir un REER 100 % international. On devrait toujours avoir dans un REER une proportion de placements canadiens.

PRÉVOYEZ-VOUS PAYER MOINS D'IMPÔT CETTE ANNÉE ?

Il arrive que les travailleurs touchant des commissions ou les travailleurs autonomes subissent des variations importantes dans leurs revenus imposables d'une année à l'autre. Lorsque vous avez des liquidités et des contributions inutilisées au REER, vous pouvez cotiser à votre REER, mais ne demandez votre déduction qu'au terme d'une année où votre taux d'imposition sera plus élevé. Le rendement se trouve déjà à l'abri de l'impôt, sans compter que vous maximiserez votre économie d'impôt.

VOTRE REER EST-IL EN DANGER SI VOUS FAITES FAILLITE ?

Oui, car vos créanciers peuvent être autorisés à saisir votre REER.

Jusqu'à maintenant, certains types de REER offrent une protection maximale contre les créanciers et sont vendus par les compagnies d'assurances. Vous y désignez un bénéficiaire irrévocable. Depuis une dizaine d'années, diverses institutions financières offrent aussi un « REER protégé », mais des jugements ont réussi à « casser » l'insaisissabilité de ces régimes. Il faut donc user de prudence dans ce domaine. La Cour suprême s'est récemment prononcée sur cette question.

Une chose est cependant certaine : si vous mettez en place un REER pour vous protéger de vos créanciers et que vous faites faillite peu de temps après (même cinq ans plus tard), son insaisissabilité pourra être refusée, et ce, peu importe que vous ayez souscrit à votre REER auprès d'une compagnie d'assurances ou non.

LA PRÉPARATION DU REER AVANT LA CONVERSION EN REVENUS

Voici trois recommandations pour vous préparer à cette étape importante que sera la conversion de votre REER en revenus.

1. Êtes-vous de ceux qui ont un «chapelet» de REER aux échéances variées? Si vous vous reconnaissez, commencez par regrouper ces placements au fur et à mesure qu'ils viendront à échéance. Vous serez plus attentif au renouvellement d'un seul placement de 20 000 $ qu'aux échéances de 10 dépôts de 2 000 $. Évidemment, vous obtiendrez un meilleur taux au renouvellement d'un placement plus important. En somme, **regroupez vos REER**.

2. Je rencontre des clients qui détiennent des REER auprès de cinq institutions financières, parfois plus. Imaginez le casse-tête au moment de la conversion! Un retrait devra être fait dans chaque institution, chaque année. Dans les années qui précèdent la conversion de vos REER, **réduisez le nombre d'institutions financières**.

   Cela peut être le moment idéal d'opter pour un REER autogéré. Vous aurez ainsi le loisir de diversifier vos placements à travers une multitude d'institutions financières et de produits financiers. Autre avantage, le retrait que vous devrez effectuer chaque année, une fois vos REER convertis en revenus, proviendra d'une seule institution (le fiduciaire de votre régime autogéré), à la fréquence de votre choix.

3. **Sélectionnez vos échéances judicieusement** afin d'avoir des liquidités au moment où vous aurez besoin de faire un retrait. Les sommes devant être encaissées à court terme devraient être faciles à liquider. Ici, l'objectif est la flexibilité plutôt que le rendement. Les sommes qui ne seront encaissées qu'à moyen ou à long terme (trois ans ou plus) pourront être investies de façon à générer un rendement supérieur.

Rappelez-vous que tout montant que vous encaissez de votre REER est pleinement imposable dans l'année courante. Sachez aussi que pratiquement la moitié de votre REER ira à l'impôt à votre décès, sauf s'il est transféré à votre conjoint.

Nous verrons plus en détail les mécanismes de roulement du REER à l'abri de l'impôt aux chapitres 10 (sur la fiscalité) et 12 (sur la planification successorale). Pour éviter que votre patrimoine soit réduit à votre décès en raison de l'imposition du REER, je vous proposerai des solutions au chapitre 11 (sur les assurances).

NOTES

[1]   TOWNSON, Monica. « RRSPs still a foreign investment to many », *Investment Executive,* mi-novembre 2001, p. B-8.

[2]   Statistique Canada, *Enquête sur la sécurité financière : épargne-retraite privée,* 2001.

La conversion du REER
en revenus

*Il faut choisir dans la vie entre gagner de l'argent
et le dépenser : on n'a pas le temps de faire les deux.*
Edouard Bourdet

L a transition vers la retraite est certes une des plus importantes périodes de stress que vous traverserez au cours de votre vie. Non seulement abandonnerez-vous vos activités professionnelles, du moins en bonne partie, vous éloignant ainsi de tout ce volet social, mais vous vous demanderez constamment si vous aurez assez d'argent pour vivre confortablement. De la phase d'accumulation de capital, qui a souvent duré plusieurs décennies, vous passerez à celle de l'utilisation des actifs. Fausse idée que de penser que le stress cesse en même temps que le travail rémunéré !

Le but de votre planification financière est d'atteindre l'indépendance financière pour vivre une retraite confortable. Son succès se mesurera à l'équilibre entre votre qualité de vie aujourd'hui et votre sécurité financière à long terme. Il faudra que vous puissiez profiter de la phase active de votre retraite, soit les 10 à 15 premières années, tout en protégeant votre capital à long terme. Entre la justification de vivre au quotidien (« À quoi bon mettre de l'argent de côté ? On peut partir du jour au lendemain. ») et la hantise de vivre jusqu'à 120 ans (imaginez les plaies de lit...), il y a bien des façons de s'épanouir financièrement.

Certains obstacles sont inévitables, aussi bien avant que durant la retraite. Parmi eux : les impôts, qui grugent plus de la moitié de ce que nous gagnons ; l'inflation, qui réduit notre pouvoir d'achat et amoindrit la valeur de notre patrimoine ; nos émotions, qui peuvent nous pousser à prendre de mauvaises décisions financières, ou pis encore, à ne pas en prendre.

En faisant équipe avec un planificateur financier, vous y verrez plus clair. Ce professionnel possède des connaissances et des outils pour vous guider. Faites-en votre « coach » financier !

Quand vous atteindrez l'âge de la retraite, la bataille doit être gagnée, les résultats doivent être là. Il reste à user de prudence pour utiliser à bon escient ce capital que vous avez efficacement accumulé. Attention aux faux pas qui pourraient nuire aux efforts et aux résultats passés !

2 PRIORITÉS DURANT VOTRE RETRAITE

Quand arrive la retraite, vous avez deux nouvelles priorités : obtenir des revenus suffisants à partir de votre capital et faire fructifier votre patrimoine.

En planifiant votre retraite, vous avez évalué combien d'argent il vous faudrait pour avoir le niveau de vie souhaité. Tout s'est-il passé comme vous l'avez espéré ? La marge de sécurité que vous vous étiez réservée a-t-elle permis de compenser les imprévus, comme la maladie, la perte d'un emploi, un taux d'inflation élevé ou des placements peu profitables ? Avez-vous réussi à surmonter tous ces obstacles ?

Des retraités me disent souvent qu'ils ne peuvent plus se permettre la moindre erreur sur le plan financier. Ils ont raison : aucun retour en arrière n'est possible. Heureusement, vous disposez toujours d'une grande liberté d'action et de plusieurs outils financiers pour améliorer votre situation. Il faut viser maintenant la protection de votre capital mais aussi sa croissance, pour qu'il dure le plus longtemps possible. Tout est une question d'équilibre entre le rendement sur vos placements et vos retraits. Évidemment, il faudra encore considérer les effets négatifs de notre associé à vie, l'impôt...

Quand devriez-vous commencer à encaisser les sommes accumulées dans votre REER ? Je vous recommande d'utiliser d'abord vos économies à l'extérieur du REER, car vous payez de l'impôt chaque année sur le rendement qu'elles produisent. Ce faisant, vous différez l'impôt à payer sur votre régime enregistré et le laissez capitaliser quelques années de plus.

Vous voudrez quand même conserver une portion de vos avoirs non enregistrés (en plus de votre fonds d'urgence) en prévision de dépenses importantes, comme une nouvelle voiture, des rénovations, un voyage, etc.

Il arrive parfois que je conseille à des clients d'encaisser des REER durant des années où ils n'ont que peu ou pas de revenus imposables. Comme les retraits des REER s'effectueront à un taux d'imposition faible, la stratégie sera efficace.

Chaque situation est unique : il faut non seulement regarder l'année courante, mais aussi placer le tout dans le cadre de la planification de la retraite dans son ensemble.

Par exemple, si vous encaissez un REER de 10 000 $ pendant une année où ce sera votre seul revenu, vous paierez moins de 1 000 $ d'impôt. Si vous attendez l'année suivante pour l'encaisser alors que vous prévoyez avoir des revenus imposables de 30 000 $ auxquels s'ajouteront les 10 000 $, vous paierez environ 2 500 $ d'impôt sur le montant retiré du REER, car votre taux d'imposition sera supérieur.

Quatre options s'offrent aux retraités lorsque le temps est venu de toucher leurs REER :

- Le simple retrait au comptant qui implique que l'impôt ramasse pratiquement 50 % du capital d'un coup. On comprend pourquoi peu de gens (moi y compris !) envisagent cette option ! Nul besoin d'en rajouter ;

- Le fonds enregistré de revenu de retraite (FERR) qu'un nombre croissant de Canadiens choisissent notamment en raison de sa souplesse ;

- La rente qui procure un revenu sans surprises ni soucis. La rente était la norme lorsque les taux d'intérêt étaient élevés ;

- La combinaison d'un FERR et d'une rente.

Voilà vos options pour le capital d'épargne-retraite que vous vous êtes bâti vous-même. Vous pouvez en tout temps décider de transformer vos REER en revenus, mais c'est au plus tard le 31 décembre de l'année où vous atteignez vos 69 ans que vous devez agir. Si vous oubliez d'agir à ce moment, le montant total de vos REER deviendra imposable. Bien que les institutions financières soient outillées pour éviter pareil désagrément, partez du principe qu'on n'est jamais si bien servi que par soi-même : consultez votre conseiller financier et, de grâce, n'attendez pas au 31 décembre !

Le moment où vous ferez le premier retrait peut être retardé jusqu'à l'année suivant la conversion de vos REER, dans la mesure où vous n'avez pas besoin de liquidités.

LE FONDS ENREGISTRÉ DE REVENU DE RETRAITE (FERR)

Le FERR vous offre quatre avantages principaux :

- Vous demeurez propriétaire de vos placements, c'est-à-dire que vous gardez le plein contrôle de votre capital ;

- Vous êtes maître de la situation, donc vous choisissez divers types d'investissements selon votre profil d'investisseur ;

- Vous bénéficiez de toute la souplesse en établissant chaque année le montant que vous voulez encaisser, dans le respect de la règle du retrait minimum, et la fréquence à laquelle vous souhaitez recevoir des versements ;

- Vous protégez votre patrimoine ; en effet, ce ne sont pas toutes les options de conversion du REER qui vous assurent que, à votre décès, le solde de votre capital ira à vos héritiers.

Le FERR est la continuité du REER. La principale différence entre les deux est que le détenteur doit en retirer annuellement un montant minimum établi par le gouvernement fédéral. Vous pouvez décider d'en encaisser davantage. Le solde du capital dans votre FERR continue à fructifier à l'abri de l'impôt ; seul le retrait encaissé durant l'année est imposable. Vous trouverez sur le site www.lesaffaires.com des outils de calcul, dont celui du FERR.

Conseil éclair

Si vous n'avez pas encore atteint 69 ans et que vous désirez effectuer un retrait de votre REER, d'un montant inférieur au minimum prévu dans un FERR, puisez-le directement du REER sans le convertir en FERR. L'institution financière vous imposera sans doute des frais d'administration (un REER étant un véhicule d'accumulation), mais vous pourrez retarder jusqu'au moment souhaité (ou jusqu'à 69 ans) l'obligation d'effectuer le retrait minimum.

Le retrait minimum peut être basé sur votre âge ou sur celui de votre conjoint, s'il est plus jeune que vous.

Jusqu'à 71 ans, le retrait minimum est calculé comme suit :

1 ÷ (90 - âge actuel)

Imaginons un retraité de 65 ans qui détient 100 000 $ dans son FERR :

1 ÷ (90 - 65) = 1 ÷ 25 = 4 % du capital

Ce retraité devra donc retirer un minimum de 4 000 $ de son FERR au cours de l'année. En fait, il pourrait en encaisser davantage, il n'y a pas de maximum. Chaque année, le pourcentage de retrait minimum augmente.

Après 71 ans, ce pourcentage est établi par la loi.

FERR : retrait minimum annuel

Âge au début de l'année	Retrait minimum	Âge au début de l'année	Retrait minimum	Âge au début de l'année	Retrait minimum
69	4,76 %	79	8,53 %	89	12,71 %
70	5,00 %	80	8,75 %	90	13,62 %
71	7,38 %	81	8,99 %	91	14,73 %
72	7,48 %	82	9,27 %	92	16,12 %
73	7,59 %	83	9,58 %	93	17,92 %
74	7,71 %	84	9,93 %	94+	20,00 %
75	7,85 %	85	10,33 %		
76	7,99 %	86	10,79 %		
77	8,15 %	87	11,33 %		
78	8,33 %	88	11,96 %		

Dans la gestion d'un FERR, il faut atteindre un équilibre entre le rendement que génère le capital et les retraits. En obtenant un rendement supérieur au retrait, on réussit à retarder «l'effet d'entonnoir», c'est-à-dire le moment où l'on commence à gruger dans le capital.

Voici deux exemples de FERR de 300 000 $ avec retrait minimum annuel selon un rendement de 4 % et de 8 %.

Hypothèses

Montant :	300 000 $
Fréquence du retrait :	annuelle
Date de naissance :	27 juin 1935
Date d'émission :	27 juin 2004
Versement :	à partir de 70 ans (conversion du REER en FERR à 69 ans)

Selon votre âge, un FERR à un taux de rendement de 4 % par année vous procurera :

ÂGE	VALEUR	RETRAIT MINIMUM DE L'ANNÉE
69	300 000,00 $	0,00 $
70	306 122,03 $	14 577,23 $
75	268 583,58 $	20 707,79 $
80	217 069,73 $	18 516,04 $
85	166 126,63 $	16 496,37 $
90	114 998,41 $	14 616,29 $
95	62 975,72 $	12 595,14 $
100	25 704,25 $	5 140,84 $
Total des retraits de 69 à 100 ans :		**480 989,44 $**

Selon votre âge, un FERR à un taux de rendement de 8 % par année vous procurera :

ÂGE	VALEUR	RETRAIT MINIMUM DE L'ANNÉE
69	300 000,00 $	0,00 $
70	312 130,91 $	14 863,37 $
75	332 765,13 $	25 656,19 $
80	327 316,70 $	27 920,11 $
85	305 200,44 $	30 306,40 $
90	257 923,21 $	32 782,03 $
95	173 278,12 $	34 655,62 $
100	87 323,53 $	17 464,79 $
Total des retraits de 69 à 100 ans :		**859 466,01 $**

L'une des erreurs les plus coûteuses que commettent les retraités est de croire qu'ils doivent se limiter à des placements à revenu fixe, compte tenu qu'ils ont commencé à toucher leur épargne-retraite. Il ne faut pourtant pas oublier que ce capital sera utilisé sur un horizon de 20 ans, voire 30 ans, peut-être même plus.

Même s'il effectue des retraits, le retraité doit maintenir un portefeuille équilibré dont le rendement sera supérieur à long terme. Il faut bâtir un portefeuille FERR à l'image d'une caisse de retraite, c'est-à-dire avec une gamme de placements à revenu fixe et variable, de croissance, canadiens et étrangers.

 **Conseil éclair**

Au moment où vous devrez déterminer la composition de votre FERR, demandez à votre planificateur financier de vous présenter plusieurs scénarios et de faire ressortir les avantages et les inconvénients de chacun. Validez vos choix avec lui. Assurez-vous d'en comprendre les effets à court, moyen et long terme. Exigez que tous les facteurs soient pris en considération, analysés et évalués, et que le tout vous soit remis par écrit. La rigueur et le temps que votre conseiller aura consacrés à votre demande contribueront à faire de lui un véritable allié.

La flexibilité du FERR

Si vous optez pour le retrait minimum annuel, vous bénéficierez de quatre avantages majeurs :

1. *Le report de l'impôt.* Au début, les retraits sont moindres et les revenus s'accumulent dans le FERR à l'abri de l'impôt.

2. *La protection contre l'inflation.* Le retrait minimum augmentant chaque année, vous sentirez moins l'effet de l'inflation.

3. *L'accumulation du capital.* Tant que vous retirez moins que votre rendement, votre capital fructifie.

4. *La sécurité.* À votre décès, le solde de votre FERR est transféré intégralement et sans impôt à votre conjoint. Pour celui qui décède sans conjoint, l'impôt sera prélevé sur le solde du FERR et le montant net, versé aux héritiers.

Conseil éclair

Êtes-vous contraint de retirer un montant de votre FERR à cause de votre âge et non parce que vous en avez besoin? Plutôt que d'encaisser des liquidités, faites un retrait en biens, autrement dit sortez des titres de votre FERR sans les vendre, et ce, pour une valeur équivalant au retrait minimum.

La stratégie du retrait en biens vous évitera de vendre un placement. Le montant sorti du FERR s'ajoutera à vos revenus imposables de l'année courante. Quant au placement que vous détenez maintenant à l'extérieur du FERR, son coût fiscal (prix de base rajusté) est égal à sa valeur avant impôt au moment où il a été sorti du FERR. Tout rendement généré par la suite bénéficiera du même traitement fiscal selon qu'il s'agira d'intérêts, de dividendes ou de gain en capital.

Si vous voulez faire un retrait en biens, le fiduciaire du FERR devra avoir accès à des liquidités dans ce compte pour verser aux gouvernements les retenues d'impôt à la source exigées. Comme ce type de transaction est peu fréquent (car méconnu), n'attendez pas les derniers jours de l'année pour en faire la demande !

──── ⤳ ──── Conseil éclair ──── ⤵ ────

FERR et impôt : 3 fois attention !

1. Tout retrait du FERR est imposable. Vous devez donc prévoir des liquidités pour payer l'impôt au 30 avril, à moins que les retenues d'impôt à la source aient été suffisantes. Pour tout retrait dès 2005, l'institution doit retenir :

   - 21 % si vous retirez moins de 5000 $;
   - 26 % si vous encaissez entre 5 001 $ et 15 000 $;
   - 31 % pour les retraits de 15 001 $ et plus.

   Au moment du retrait minimum annuel, seule une retenue à la source de 16 % pour le Québec devient obligatoire.

   La plupart des fiduciaires accepteront de retenir davantage, à votre demande. Cela pourrait vous éviter de verser des acomptes provisionnels l'année suivante.

2. Le retrait annuel de votre FERR s'ajoute à vos revenus totaux de l'année courante. Prévoyez en conséquence si aucune retenue d'impôt à la source n'a été effectuée ou si elles sont insuffisantes.

3. À votre décès, le solde de votre FERR deviendra entièrement imposable, à moins de nommer bénéficiaire votre conjoint, un enfant ou petit-enfant à charge (voir la section « La planification post-mortem » au chapitre 10 pour les détails).

Avoir les défauts de ses qualités

Malgré ses multiples avantages, il est un inconvénient du FERR qu'il ne faut pas négliger : la possibilité d'en épuiser le capital. Le fait que vous puissiez décider des véhicules de placement et des retraits peut se retourner contre vous. Le FERR exige une discipline de la part du détenteur.

J'ai parfois vu des parents succomber aux demandes financières de leurs enfants et retirer un montant substantiel de leur FERR au détriment de leur propre sécurité financière à long terme. Loin de moi l'idée d'empêcher un parent d'aider son enfant, mais il est de mon devoir comme planificateur financier de veiller au bien-être financier à long terme de mon client et de le sensibiliser aux effets d'une telle décision. Un client averti en vaut deux !

Pour plusieurs, le retrait minimum du FERR s'avérera insuffisant. Cela peut être le cas si vous ne pouvez compter sur des revenus d'autres sources, comme ceux de placements non enregistrés ou de rentes. Ainsi, celui qui obtient un rendement de 8 % dans son FERR et qui n'encaisse que ce rendement commencera à épuiser son capital vers l'âge de 77 ans, car le pourcentage du retrait minimum annuel excédera le rendement.

Conseil éclair

Il est beaucoup plus simple et efficace d'avoir un FERR auprès d'une seule institution financière. Je recommande à mes clients l'ouverture d'un FERR autogéré : cela leur permet d'y inclure divers types de placements. Au surplus, les retraits ne proviennent que d'un seul fiduciaire ; cela leur simplifie la vie.

Si vous détenez un régime immobilisé (REER immobilisé ou compte de retraite immobilisé [CRI]) dans lequel vous avez transféré des sommes en provenance d'un régime de retraite, vous pourrez opter pour un fonds de revenu viager (FRV) plutôt qu'un FERR. La principale différence entre les deux est que le FRV limite le montant que vous pouvez encaisser chaque année. Nous nous attarderons davantage à cet aspect dans le chapitre 4, portant sur les régimes de retraite privés.

Les règles de conversion du REER au conjoint

Les mêmes règles s'appliqueront lorsque viendra le temps de convertir en revenus le REER au conjoint. Si vous optez pour un FERR, ce sera un FERR au conjoint. L'objectif de cotiser dans le REER au conjoint visait à ce que les retraits soient moins imposés qu'ils ne l'auraient été si le cotisant avait déposé dans son REER personnel. Il existe cependant certaines restrictions pour décourager les retraits précipités.

Les institutions financières ne sont plus autorisées à regrouper le FERR et le FERR au conjoint dans un seul compte étant donné qu'une règle fiscale particulière s'applique pour les montants qui ont été déposés dans un REER au conjoint. Pour que les retraits soient imposés au nom du conjoint qui est propriétaire du compte, et non pas à celui qui a cotisé, le dernier dépôt doit avoir été fait depuis au moins trois 31 décembre. Lorsque cette règle n'est pas observée en raison de l'obligation de convertir en FERR à 69 ans, le retrait minimum sera alors imposé au nom du propriétaire du compte et tout surplus, au nom du conjoint cotisant.

ENCAISSER UN REER SANS PAYER D'IMPÔT : TROP BEAU POUR ÊTRE VRAI ?

La corde sensible des Québécois est l'impôt. C'est pourquoi, lorsqu'on propose à un retraité d'encaisser ses REER sans payer d'impôt, cela attire son attention. Cela a attiré la mienne aussi.

Rappelez-vous que le REER est un régime de report d'impôt : quand vous l'encaissez, vous payez de l'impôt. Supposons que vous en retirez 10 000 $ durant l'année, vous augmentez votre revenu imposable d'autant. Par contre, si vous contractez un emprunt pour fins d'investissement et que les intérêts que vous remboursez sur ce prêt sont aussi de 10 000 $, une déduction fiscale viendra annuler le revenu tiré de votre FERR. Vous investirez ensuite le montant à l'extérieur du REER et vous aurez ce capital libre d'impôt (en excluant les revenus sur les placements).

En théorie, cette stratégie peut fonctionner. En pratique, les probabilités sont faibles. Pourquoi ? Parce que peu de retraités trouvent tentante cette idée d'hypothéquer leur maison (n'avions-nous pas l'objectif d'être libre de toute dette à la retraite ?) à un moment de leur vie où ils ne travaillent plus et n'ont plus la possibilité de « se refaire » si les choses ne se passent pas comme prévu.

Comme les années 90 nous ont permis d'obtenir des rendements exceptionnellement élevés sur les placements boursiers, qui aurait cru que le nouveau millénaire sonnerait le début d'un long et pénible marché baissier ? Dans un tel contexte, seul le solde des placements diminue ; pas l'emprunt. La retraite doit vous procurer de belles années de tranquillité. Souhaitez-vous devoir décider de vendre ou non vos placements qui ont baissé de 50 % (pareille stratégie requiert des placements dynamiques) pour mettre fin à l'hémorragie ? Pour rembourser votre prêt, vous devrez payer la différence à même vos revenus de retraite. Même si vous estimez avoir le profil d'investisseur pour cette stratégie de levier, en va-t-il ainsi pour la personne qui partage votre vie ? Son inquiétude peut vous inciter à vendre à perte. Vous le savez, les problèmes financiers menacent la vie de couple, alors évitez de choisir entre l'appât du gain et votre conjoint...

Un autre risque encouru dans cette stratégie a trait à la déductibilité des intérêts. L'interprétation qu'en font les autorités fiscales laissent présager des règles plus restrictives à cet égard. Si elles changent, serez-vous toujours en position de réévaluer la pertinence de la stratégie et d'y mettre fin au besoin ?

Enfin, les avantages d'avoir accumulé un capital à l'abri de l'impôt à long terme sont souvent oubliés. Sans compter que tout épargnant hésite davantage à dépenser les sommes placées dans son REER ou son FERR que celles dans un compte non enregistré.

Méfiez-vous du conseiller financier qui ne voit que du bon à la stratégie de levier. Jusqu'au début de l'année 2000, il ne pouvait pas comprendre que vous vous priviez d'amplifier vos gains et d'encaisser vos REER sans payer d'impôt. Aujourd'hui, il vous dira qu'après un marché baissier vos placements ne peuvent qu'augmenter… Cependant, il ne vous dira probablement pas qu'il touchera une commission sur les placements de votre REER, sur ceux qu'il vous fera faire par emprunt, sur le prêt hypothécaire de même que sur l'assurance vie que vous aurez contractée pour gérer vos risques. *I rest my case !*

LES RENTES

Avant que le FERR gagne en popularité, les rentes étaient pratiquement la seule avenue possible. Le principe de base d'une rente est que vous échangez votre capital contre une prestation régulière.

La rente viagère

La rente viagère, c'est l'assurance d'un revenu régulier. Les compagnies d'assurances offrent en exclusivité des rentes viagères. L'assureur calcule, à partir de votre capital, de votre âge, de votre sexe et du taux d'intérêt en vigueur, combien il vous versera tout au long de votre vie, d'où l'adjectif *viager*. Versées habituellement chaque mois, ces prestations sont imposables dans l'année où vous les recevez lorsque la rente a été souscrite à partir de sommes enregistrées, par exemple, d'un REER ou d'un FERR. (Je reviendrai sur les rentes souscrites à partir de sommes non enregistrées dans le chapitre 7 sur les stratégies d'accumulation de votre capital non enregistré.)

────── ⇆ ────── **Conseil éclair** ────── ⇁ ──────

Il est possible que vous décidiez de convertir vos REER en FERR dans un premier temps. C'est souvent vers un âge plus avancé, 75 ou 80 ans par exemple, que vous êtes le plus susceptible de transformer votre FERR, ou une partie de celui-ci, en rente. Vous voudrez vous libérer de tout souci ou de toute décision financière ; vous recevrez des revenus jusqu'à la fin de vos jours, même si vous dépassez le cap des 100 ans, quoi qu'il arrive !

La beauté d'une rente viagère est que plus vous attendez pour y souscrire, plus la prestation sera élevée. Comme un bon vin, elle prend de la valeur avec les années !

Lorsque les taux d'intérêt sont faibles, vous avez avantage à conserver de bons placements dans le FERR. En effet, le taux en vigueur lors de la souscription d'une rente viagère demeure fixe pour le reste de vos jours. Un taux d'intérêt supérieur de 1 % se traduit par une prestation de rente supérieure d'environ 6 % dont vous bénéficierez à vie.

Les versements que vous tirez de votre rente chaque année sont composés des intérêts et d'une portion de votre capital. Ils sont entièrement imposables étant donné que la rente a été souscrite à partir d'un régime enregistré. L'assureur ayant établi le montant de la prestation en fonction de votre espérance de vie, plus vous vivrez longtemps, plus vous serez gagnant !

Avez-vous besoin de l'option de réversibilité ?

Vous pouvez prévoir que, à votre décès, une partie (50 % ou 60 %) de la prestation continuera d'être versée à votre conjoint survivant ; c'est l'option de réversibilité. Certains couples souhaitent que la même prestation soit versée tant et aussi longtemps qu'un des deux vivra : on parle alors d'une rente réversible à 100 %. Évidemment, chacune de ces options a pour effet de réduire la prestation initiale. Une discussion en profondeur sur vos objectifs en matière de revenus et de succession, de même que la considération de vos autres sources de revenus, doit être tenue avant que vous souscriviez la rente. Après, il est trop tard.

Si vous n'avez pas de conjoint ni aucun objectif de protection de votre patrimoine, vous viserez la prestation maximale qu'une rente viagère peut vous apporter. Comme elle ne sera assortie d'aucune option de réversibilité, vous recevrez davantage de votre vivant. La prestation de rente cesse dès votre décès, même si le service a débuté depuis peu. Dans ce cas, on peut pratiquement dire que la compagnie d'assurances hérite du solde de votre capital. Pour éviter cela, optez plutôt pour une rente viagère dont la seule garantie sera le versement des paiements durant 5 ou 10 ans. Cette option se révèle peu coûteuse. Vous serez ainsi assuré que, si vous décédez avant la fin de la période garantie, les prestations continueront jusqu'à la fin de cette période. Vous saurez sûrement trouver une personne ou un organisme de bienfaisance qui vous tient davantage à cœur que la compagnie d'assurances !

Conseil éclair

Si les caractéristiques de la rente viagère correspondent à vos objectifs mais que votre espérance de vie est réduite par rapport aux autres personnes de votre âge parce que vous avez eu (ou avez encore) des problèmes de santé, vous pouvez considérer la rente viagère à risque aggravé. Moyennant un rapport de votre médecin, plusieurs compagnies d'assurances accepteront de vous verser une prestation mensuelle supérieure. En effet, comme votre espérance de vie est inférieure à la moyenne, l'assureur sait qu'il est susceptible de vous verser la prestation moins longtemps.

Pour chaque tranche de 100 000 $ d'un REER ou d'un FERR transformé en rente viagère, voici ce qu'aurait reçu chaque mois un homme ou une femme.

ÂGE À LA SOUSCRIPTION DE LA RENTE VIAGÈRE	MONSIEUR	MADAME
À 60 ans	616 $	568 $
À 65 ans	677 $	622 $
À 69 ans	734 $	674 $
Rente viagère garantie 10 ans.		

(Source : CANNEX, taux en vigueur en septembre 2004)

La rente viagère indexée

Vous pouvez également souscrire une rente qui sera indexée, habituellement selon le taux d'inflation annuel, pour un maximum de 4 %. Dans ce cas, l'assureur calcule des versements moins élevés au début, mais il les augmente chaque année. L'indexation d'une rente est certes l'une des options les plus coûteuses : le rentier doit s'attendre à débourser beaucoup d'argent pour s'en prévaloir. Nul doute que la flambée inflationniste des années 70 en a sensibilisé plus d'un aux effets néfastes de la montée en flèche du coût de la vie.

Voici le versement mensuel que procureraient les différentes options à un homme de 69 ans, dont la conjointe a 65 ans, qui a transformé son REER ou son FERR de 100 000 $ en rente viagère.

Rente viagère sans aucune garantie	816 $
Rente viagère garantie 10 ans	741 $
Rente viagère indexée de 3 % par année	593 $ + 3 % par année
Rente viagère réversible à 100 %	590 $
Rente viagère réversible à 60 %	667 $
Rente viagère réversible à 50 %	689 $

Dans le cas d'une rente réversible, si monsieur décède en premier, madame recevra une prestation en fonction du pourcentage de réversibilité indiqué.

(Source : CANNEX, taux en vigueur en septembre 2004)

Avant de souscrire une rente viagère, prenez tout ce qui suit en considération.

- Prendre une rente viagère, c'est faire un choix définitif. Dès que le service de la rente a débuté, vous ne pouvez pas l'annuler ni revenir en arrière. Pour vous aider à effectuer le bon choix, considérez une gamme d'options et choisissez celle qui correspond vraiment à vos aspirations.

- La rente viagère peut constituer un choix intéressant, car elle enlève toute possibilité de dilapidation du capital. En fait, votre capital ne vous appartient plus : vous l'avez échangé contre une prestation que vous toucherez votre vie durant !

- Vous n'aurez aucun souci à vous faire quant au versement de la prestation.

- Le versement de votre rente dépend de la solvabilité de la compagnie d'assurances. En cas de faillite de l'assureur, votre prestation de rente est assurée par un fonds d'indemnisation jusqu'à concurrence de 2 000 $ par mois. Lorsqu'une prestation mensuelle supérieure est prévue, mieux vaut souscrire plus d'une rente, auprès de plusieurs assureurs.

Le moment idéal pour souscrire une rente viagère, c'est lorsque les taux d'intérêt à long terme sont élevés. Fiez-vous, par exemple, au taux sur les obligations à échéance dans 10 ans. Il ne faut pas oublier que le taux sur lequel sera basée la prestation de rente que vous recevrez ne changera jamais une fois la rente souscrite.

La combinaison d'un FERR et d'une rente viagère

Nous avons vu précédemment qu'il est possible de convertir éventuellement un FERR en une rente viagère. Vous pourriez aussi conserver une partie de vos avoirs enregistrés sous la forme d'un FERR et convertir l'autre partie en rente. Cette stratégie peut être appropriée si vous ne recevez pas de prestation d'un régime de pension. C'est déjà le cas pour un nombre grandissant de professionnels, d'entrepreneurs et de travailleurs autonomes. Qui plus est, de moins en moins d'entreprises offrent un régime de retraite à leurs employés.

En combinant un FERR et une rente viagère souscrite au moment opportun, vous vous assurez d'un revenu régulier pouvant régler vos dépenses fixes, celui de la rente, et des retraits flexibles que permet le FERR. Un peu le meilleur des deux mondes, quoi !

Chapitre 4

Votre régime de retraite, cet inconnu

Au Québec, un travailleur sur trois bénéficie d'un régime complémentaire de retraite[1]. Je suis toujours surprise de constater à quel point les cotisants à un fonds de pension n'en connaissent pas les grandes lignes ; encore moins le revenu qu'ils en tireront à la retraite. Qui plus est, mes dix doigts suffiraient à compter le nombre de personnes que j'ai rencontrées au fil des ans et qui avaient inscrit la valeur de cet actif à leur bilan personnel.

Le « fonds de pension de compagnie » (comme on l'appelait auparavant) se révèle l'outil d'épargne le plus efficace pour la retraite. Non seulement les cotisations de l'employé au régime sont-elles déductibles d'impôt, mais en plus, l'employeur lui-même contribue au régime. Il verse parfois la totalité des contributions. Les droits acquis dans votre régime de retraite sont insaisissables.

Selon l'âge que vous avez quand vous commencez à cotiser et le nombre d'années de service que vous cumulerez, vous pourriez à la retraite jouir d'un revenu atteignant jusqu'à 70 % de votre salaire.

Depuis 2004, le gouvernement fédéral a augmenté le plafond de la prestation maximale pouvant vous être payée par année de service à 1 833,33 $. Si vous cumulez 35 années de service, vous obtiendrez au plus une rente de 64 167 $, soit 35 ans x 1 833,33 $.

Dès que le salaire moyen atteint 91 667 $ pour le participant à un régime de pension dont le taux de rente est de 2 % par année de service, le revenu de remplacement à la retraite atteindra 70 % après 35 ans de service.

Ce plafond n'avait presque pas bougé depuis 1976, malgré la réforme des pensions en 1990. En 1976, ce plafond nuisait à bien peu d'individus ; en 2000, un sur six était touché. Déjà reporté plusieurs fois, le rehaussement du plafond s'est matérialisé en 2004. Il sera porté à 2 000 $ en 2005 et indexé ensuite. Nous verrons plus loin dans le présent chapitre comment certains employeurs s'y prennent pour éviter qu'un nombre croissant de leurs employés se retrouvent le bec à l'eau à la retraite.

Près d'une vingtaine de lois encadrent les régimes de retraite, dont les principales sont celles sur le RREGOP (employés du secteur public) et sur les régimes complémentaires de retraite. De quoi en perdre son latin !

Certains régimes requièrent des cotisations substantielles (les régimes du secteur public, par exemple), mais ils prévoient, en contrepartie, des prestations de retraite élevées, souvent indexées à l'inflation en partie ou en totalité. Les travailleurs du secteur privé ont plus rarement accès à un régime de retraite que ceux du secteur public ; il est crucial pour eux de bâtir leur propre capital dont la base sera le REER.

Votre participation au régime de retraite de l'employeur limite votre contribution au REER. Cette participation se traduit par un facteur d'équivalence (FE) considéré pour établir votre contribution maximale au REER. Vous trouverez ce facteur d'équivalence sur votre relevé d'emploi fédéral T-4. Aussi, votre plus récent avis de cotisation fédéral indique vos droits de cotisation au REER.

Si vous cessez de participer au régime avant de prendre votre retraite et que vous en transférez la valeur, il est possible que vous récupériez des droits de cotisation au REER dont vous n'aviez pas profité à cause du facteur d'équivalence. En effet, votre employeur calculera un facteur d'équivalence rectifié (FER) pour les cotisations «perdues» depuis 1990. Comme pour vos autres cotisations possibles dans le REER, vous pourrez les reporter à plus tard si vos liquidités vous limitent.

 **Conseil éclair**

Fouillez dans vos documents personnels et mettez la main sur votre livret expliquant vos avantages sociaux et les modalités de votre régime de retraite. Conservez le relevé de droits que vous recevez périodiquement : il indique si vous répondez aux exigences pour toucher une rente et le moment où vous y aurez droit. Si, malgré l'exercice de vulgarisation auquel se livrent les administrateurs de votre fonds de pension, vous ne savez toujours pas à quelle rente vous aurez droit ni à partir de quand, posez ces questions à votre employeur ou au comité de retraite. Fort de cette information, vous partirez d'un meilleur pied pour planifier votre retraite. De plus, vous pourrez mieux évaluer la situation dans l'éventualité où vous songeriez à continuer votre carrière auprès d'un autre employeur.

EST-CE LE TEMPS DE PRENDRE VOTRE RETRAITE ?

La majorité des régimes de retraite établissent l'âge normal de la retraite à 65 ans. Selon la « générosité » de votre régime de retraite, vous pourriez recevoir une rente non réduite dès l'âge de 60 ans, ou si vous avez 30 années de service, ou si votre âge et votre nombre d'années de service totalisent 80.

Vous avez toutefois la possibilité de partir plus tôt, habituellement 10 ans avant l'âge normal de la retraite, soit 55 ans, et de toucher une rente réduite. La réduction actuarielle est en général de 4 à 6 % par année de retraite anticipée, c'est-à-dire jusqu'au moment où vous seriez admissible à une rente non réduite.

En 1950, les Canadiens quittaient le marché du travail à 67 ans en moyenne, pour une retraite estimée à un peu moins de 10 ans. En 1990, l'âge moyen du départ à la retraite avait baissé à 62 ans et la durée estimée de la retraite était supérieure à 17 ans[2]. En 1999, l'âge moyen de retraite était de 61 ans, selon Statistique Canada. Somme toute, on travaille moins longtemps et on vit plus longtemps !

Les régimes de retraite proposés par les employeurs se retrouvent à l'intérieur de deux grandes catégories : les régimes à prestations déterminées, qui regroupent le plus grand nombre de participants, et ceux à cotisations déterminées.

LE RÉGIME DE RETRAITE À PRESTATIONS DÉTERMINÉES

Au Québec et en Ontario, plus de 80 % des participants à un régime de retraite le font dans le cadre d'un régime à prestations déterminées[3].

Le régime de pension à prestations déterminées permet de compter sur un revenu de retraite précis (une rente) à votre retraite. Il est déterminé selon une formule établie qui peut tenir compte de l'âge de l'individu, de son nombre d'années de service au sein de l'entreprise et de son salaire moyen des trois ou cinq dernières années (parfois de toutes ses années de service). Par exemple, votre régime peut garantir une rente de 2 % de votre revenu moyen des cinq dernières années multipliée par vos années de service : (2 % de 50 000 $ = 1 000 $) x 30 années = une rente de 30 000 $.

L'employeur est tenu de contribuer au régime et s'engage à fournir une prestation de retraite déjà déterminée par les règles du régime, peu importe les rendements obtenus par la caisse de retraite. C'est pourquoi on dira que le risque repose sur l'employeur. Ce type de fonds de pension compte pour plus de 85 % de tous les régimes de retraite canadiens, les plus généreux étant dans le secteur public. Parfois, ce type de régime n'exige aucune contribution de la part de l'employé dans le secteur privé.

Les régimes de retraite de compétence fédérale

Différentes lois régissent les régimes de pension des fonctionnaires fédéraux, des entreprises soumises à la réglementation fédérale ou encore des secteurs des communications, des banques et du transport.

Lorsque vient le temps de considérer le transfert de la valeur d'un de ces régimes de retraite, les critères sont différents à certains égards de ceux prévus par la loi sur les régimes complémentaires de retraite, dont il sera question plus loin dans ce chapitre.

Conseil éclair

Un grand nombre des régimes de retraite sont coordonnés avec le Régime des rentes du Québec. C'est pourquoi la prestation que vous recevez du fonds de pension diminue à 65 ans. Ceci ne vous empêche pas de toucher votre prestation de la RRQ dès l'âge de 60 ans (même si elle est réduite) si vous êtes retraité. Nous y reviendrons.

Le rachat des années de service

Il arrive qu'un régime de retraite à prestations déterminées offre à certains participants la possibilité de racheter des années de service. Devant cette offre, mes clients sont toujours embêtés, cette décision étant effectivement difficile à prendre. Il faut d'abord comparer le coût du rachat versus les bénéfices à long terme (une rente supérieure, une date de retraite plus hâtive, etc.).

On regardera ensuite l'aspect fiscal, car les sommes consacrées au rachat (si ce n'est pas fait pas à partir du REER) peuvent être déductibles d'impôt, selon les années rachetées. C'est le cas pour les années précédant 1990, mais il se peut que vos déductions doivent être étalées sur quelques années. Par contre, elles n'affecteront pas vos cotisations REER habituelles.

Pour les années depuis 1990, la somme consacrée au rachat est déductible au complet dans l'année courante. Cependant, le facteur d'équivalence pour services passés entre en ligne de compte. Celui qui a des contributions inutilisées dans son REER n'aura pas de problème ; celui qui s'est donné la peine de maximiser son REER chaque année en aura un (une logique difficile à comprendre…). Si c'est votre cas, il est préférable de transférer un REER pour payer le rachat de service. Ce transfert à l'abri de l'impôt ne vous donnera pas droit à de nouvelles déductions, mais il ne vous fera pas perdre non plus vos cotisations antérieures.

Le régime de retraite individuel (RRI)

Combien d'entrepreneurs, souvent avec leur conjoint, ont bâti une entreprise ou un commerce florissant, mais ont oublié de planifier leur retraite ! Leur énergie, leur temps et leurs ressources financières ont été totalement investis dans leur *business,* mais arrive la cinquantaine et les questions relatives à la retraite se font plus fréquentes… et urgentes.

Si vous vous trouvez dans cette situation, il pourrait être intéressant de mettre en place un régime de retraite individuel (RRI). Le RRI est un régime de pension à prestations déterminées avec un seul membre, ou avec son conjoint s'il travaille activement dans l'entreprise. Il s'agit donc d'un régime agréé avec des obligations légales et financières à respecter.

Un RRI peut être mis en place au bénéfice d'un propriétaire-gestionnaire d'entreprise, mais aussi d'un haut dirigeant ou d'un employé clé : il s'agit là d'une excellente façon de vous assurer que vos meilleures ressources poursuivront leur carrière dans votre entreprise. Les professionnels à la tête d'une compagnie de même que les hauts dirigeants d'une société publique ou privée sont aussi des candidats idéaux pour un RRI. Voyons maintenant comment les avantages du RRI en feront un puissant outil pour planifier la retraite d'un entrepreneur.

À titre d'entrepreneur, vous êtes limité quant aux contributions que vous pouvez verser dans votre REER, tout comme le sont vos employés. Aussi, si vous participez à un régime de pension agréé comme membre, votre facteur d'équivalence réduit vos droits de cotisation au REER.

Le régime de retraite individuel prévoit que le bénéficiaire aura droit, à sa retraite, à une prestation déterminée à l'avance. Il faut donc que les cotisations (souvent faites par l'employeur seulement) et le rendement du régime suffisent à payer la prestation prévue. L'actuaire jouera un rôle clé dans la mise en place du RRI, car il déterminera combien devra être investi pour respecter les obligations financières du régime, et ce, en fonction de l'âge du bénéficiaire, de son espérance de vie et, bien sûr, de la prestation à verser. Selon l'âge et le salaire du bénéficiaire, il est possible que les contributions dépassent largement celles autorisées dans un REER. En plus, le RRI permet les contributions pour les années antérieures (on peut remonter jusqu'en 1991) pendant lesquelles le bénéficiaire ne participait pas à un autre régime de pension agréé. Évidemment, cela peut réduire vos droits de cotisation au REER.

Ces contributions sont entièrement déductibles pour l'employeur, mais il y a un hic. Comme il s'agit d'un régime à prestations définies, l'employeur pourra être obligé d'y verser d'autres cotisations substantielles si les placements ne donnent pas le rendement escompté.

Bien que les contributions au RRI puissent atteindre des niveaux élevés, ce type de régime impose les mêmes limites quant à la rente que vous pourrez recevoir à la retraite, soit 1 833,33 $ par année de service, ce qui équivaut à environ 64 000 $ si vous avez eu le même employeur durant 35 ans. Les contributions élevées du RRI augmentent le facteur d'équivalence, ce qui peut vous empêcher de cotiser à votre REER.

Comme pour tout régime de pension agréé, le capital accumulé dans le RRI sera soumis à des conditions quant aux placements qui le composeront et à son encaissement. Il offre une protection contre les créanciers.

Le régime de retraite flexible

Comme nous l'avons vu précédemment, votre participation à un régime de retraite à prestations déterminées réduit le montant que vous pourrez souscrire à votre REER en raison du facteur d'équivalence (FE). Un régime de retraite flexible atténue cet impact négatif du facteur d'équivalence. L'employé peut ainsi verser des cotisations additionnelles déductibles d'impôt qui ne modifient pas le calcul du FE. Ceci pourrait permettre à l'employé de :

- devancer l'âge de sa retraite sans que sa rente soit réduite, ou le soit moins ;

- recevoir des prestations de raccordement payables dès sa retraite jusqu'à 65 ans ;

- réduire le nombre d'années servant au calcul du salaire moyen pour établir la rente à laquelle il aura droit, ou encore la calculer à partir du salaire final ou du salaire moyen de fin de carrière ;

- recevoir une rente indexée ;

- bonifier les prestations versées au conjoint survivant[4].

LE RÉGIME DE RETRAITE À COTISATIONS DÉTERMINÉES

Dans les entreprises privées de petite ou de moyenne taille, le régime à cotisations déterminées est plus populaire. Il établit le montant des cotisations de l'employeur et de l'employé. La part de l'employé sera souvent de 4 à 6 % du salaire ; celle de l'employeur peut l'équivaloir. L'employé choisit comment les sommes seront investies parmi les options que propose le régime. On dit de ce type de régime que le risque d'investissement repose sur l'employé, car c'est lui qui décide des placements. L'employeur ne s'engage qu'à y verser des cotisations et ne fournit aucune garantie quant au montant de la future rente (contrairement aux régimes à prestations déterminées).

Dans ce type de régime, la prestation de rente ne sera connue qu'au moment de la retraite, et ce, en fonction du capital accumulé, des rendements obtenus et des taux d'intérêt en vigueur à l'achat de la rente. Notez qu'il vous sera possible de choisir d'autres options que la rente viagère, surtout si les taux d'intérêt sont faibles ou que vous touchez des revenus d'autres sources. À la limite, vous pourriez même attendre d'avoir 69 ans pour débuter l'encaissement de ce capital.

Conseil éclair

Avant de souscrire une rente viagère, demandez-vous si les taux d'intérêt sont susceptibles d'augmenter. Rappelez-vous qu'une variation de 1 % du taux d'intérêt a un impact d'environ 6 % sur la mensualité que vous toucherez, à la hausse comme à la baisse. Si vous croyez que les taux d'intérêt augmenteront, transférez d'abord le capital de votre régime de retraite à cotisations déterminées dans un autre véhicule (par exemple, un compte de retraite immobilisé dont il sera question plus loin) et attendez le moment propice pour le convertir en rente viagère.

S'il opte pour une rente viagère souscrite auprès d'un assureur, le retraité n'aura pas à se soucier de la régularité de ses prestations (elles sont assurées jusqu'à concurrence de 2 000 $ par mois, par assureur), ni de l'investissement du capital, ni de l'épuisement de ce capital. L'échange de capital contre un revenu régulier constitue le principe de base d'une rente.

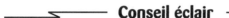

Conseil éclair

Lorsque vient le temps de choisir comment seront investies les contributions dans votre régime à cotisations déterminées, parlez-en à votre planificateur financier. Il pourra vous guider par rapport aux choix qui s'offrent à vous et il pourra aussi tenir compte de ces placements lorsqu'il vous fera des recommandations sur ceux qu'il gère déjà. Quand votre conseiller a toutes les données en main, vous limitez vos risques et évitez les duplications. Vous profitez ainsi d'une stratégie de placement globale et cohérente.

Les régimes à cotisations déterminées, qui représentent environ 13 % des fonds de pension au Canada[5], sont en croissance constante. Cela s'explique par le fait que les travailleurs exigent une plus grande flexibilité de leur fonds de pension ; en effet, il est de plus en plus rare qu'un travailleur fasse carrière auprès d'un seul employeur. En contrepartie, les employeurs trouvent le régime à cotisations déterminées moins lourd sur les plans administratif, législatif et financier.

Les régimes à cotisations déterminées incluent les régimes de participation différée aux bénéfices (RPDB), auxquels seuls les employeurs peuvent contribuer depuis 1991. La limite de contribution est fixée à la moitié de celle d'un régime à cotisations déterminées, compte tenu que les apports viennent uniquement de l'employeur. Le montant déposé dans ce régime réduira votre espace de contribution REER d'autant. L'employeur n'est nullement obligé d'y contribuer chaque année et, souvent, les sommes sont investies dans les actions de l'employeur. Je vous incite à la prudence dans pareille situation pour éviter une concentration de votre portefeuille dans un seul titre.

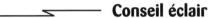

Conseil éclair

Voici les 10 questions que le Guide de la planification financière de la retraite[6] vous recommande de poser en ce qui concerne votre régime complémentaire de retraite.

1. Ma rente est-elle indexée à l'augmentation du coût de la vie ?

2. Quel est l'âge normal de la retraite ?

3. À partir de quel âge ai-je le droit de profiter d'une retraite anticipée ?

4. Si je profite d'une retraite anticipée, quel sera le montant de ma rente ?

5. Quel sera le montant de la prestation que touchera mon conjoint survivant ?

6. Si je continue à travailler après 65 ans, de quelle façon ma rente sera-t-elle ajustée ?

7. Que se passe-t-il si je quitte mon emploi avant la retraite ?

8. Si je meurs avant l'âge de la retraite, qu'arrivera-t-il à ma rente ?

9. Si mon conjoint et moi mourons ensemble, qu'arrivera-t-il à ma rente ?

10. Le régime est-il coordonné avec celui de la Régie des rentes du Québec ? Si oui, comment fonctionne cette coordination ?

LE RÉGIME SIMPLIFIÉ

Mentionnons enfin le dernier-né en matière de régime de retraite : le régime simplifié. Il se situe à mi-chemin entre un régime de retraite conventionnel et le REER collectif. Administré par une institution financière autorisée, ce régime offre à l'employé de choisir ses véhicules de placement parmi toute une gamme. L'employé profite du fait que son employeur y contribue et que le régime simplifié est un véritable régime complémentaire de retraite, avec les obligations légales et financières que cela exige.

LE REER COLLECTIF

Pour s'éviter la lourdeur administrative et les engagements financiers d'un régime de retraite traditionnel, de plus en plus d'employeurs se limitent à offrir un REER collectif. Celui-ci est le fruit du croisement entre le régime de retraite classique et le REER individuel. La plupart du temps, l'employeur et l'employé y cotisent. Quelques régimes plus généreux sont assumés uniquement par l'employeur, même s'il n'est pas obligé d'y participer. Dans un REER collectif, vos cotisations sont retenues avant impôt à même votre salaire : cela rend votre épargne moins douloureuse !

Plusieurs employés voient des avantages dans le REER collectif, qui est notamment plus « malléable » que le régime de retraite conventionnel. À long terme, cet avantage se révélera peut-être leur talon d'Achille. En effet, il est démontré que plus vos épargnes sont facilement accessibles à court terme, plus vous êtes susceptible de les utiliser. Dans ce sens, la rigidité d'un régime de retraite traditionnel protège souvent l'épargnant contre lui-même... Il faut donc vous discipliner et maintenir vos objectifs à long terme pour vous assurer que votre REER collectif deviendra la « pièce maîtresse » de vos revenus de retraite.

LE RÉGIME DE RETRAITE SURCOMPLÉMENTAIRE POUR LES HAUTS SALARIÉS

Comme nous l'avons vu précédemment, la loi limite en 2004 à environ 64 000 $ la rente de retraite maximale que peut recevoir un employé rémunéré 91 667 $ ou plus par année. En 2005, les montants seront de 70 000 $ pour la rente de retraite maximale payable à un employé rémunéré 100 000 $ ou plus. Les montants seront indexés dès 2006. Cette limite pénalise les hauts salariés. Méconnu, le régime surcomplémentaire est encore souvent l'apanage des grandes entreprises.

Le SERP (Supplemental Executive Retirement Plan) prend le relais là où le régime de retraite atteint son plafond, qu'il s'agisse d'un régime à prestations ou à cotisations déterminées. Par exemple, un cadre touchant 200 000 $ et comptant 10 années de service, dont le taux de rente est fixé à 2 % par année de service, aura droit à une rente de retraite de 40 000 $ (200 000 $ x 2 % x 10). Le montant de base proviendra de son régime de retraite (91 667 $ x 2 % x 10 ans = 18 333 $) et l'excédent, du régime surcomplémentaire. Toute rente que vous recevrez du régime sera imposable. Dans certains cas, vous pouvez opter pour une somme forfaitaire, totalement imposable sur l'année où vous la recevez.

Comme il ne s'agit pas d'un régime de retraite agréé, le régime surcomplémentaire n'est pas encadré par le législateur ; les employeurs et les employés sont donc laissés à eux-mêmes. Conséquemment, le moment où les contributions de l'employeur vous sont acquises dépend de l'entente conclue. Dans certains cas, ce n'est qu'au moment de la retraite.

La plupart de ces régimes ne sont pas capitalisés. Souvent, ils ne sont garantis que par une promesse de l'employeur. C'est le cas de 67 % des entreprises ayant participé à une enquête de Towers Perrin[7]. Inutile de dire que cette situation pourrait entraîner des problèmes majeurs pour les employés si l'entreprise fait faillite ou même si elle fusionne. La mise en place d'une convention de retraite donnerait une protection accrue à l'employé.

La négociation d'un régime surcomplémentaire devrait avoir lieu dès l'embauche du haut salarié. Le gouvernement n'impose aucune limite à ce type d'entente, mais il ne vous protège pas non plus.

Conseil éclair

Voici les éléments de base d'un régime de retraite surcomplémentaire que vous devez vérifier.

- Quelle formule est utilisée pour établir la rente sup-plémentaire à laquelle vous aurez droit à la retraite? Un plan optimal tiendrait compte de vos revenus de fin de carrière (salaire et primes) pour chaque année de service.

- Le régime prévoit-il une protection pour le conjoint survivant?

- Le régime offre-t-il des modalités de préretraite?

- À partir de quelle formule le revenu d'après retraite sera-t-il indexé?

- Qu'est-ce qui garantit que l'employeur capitalisera le régime et que vous pourrez véritablement en bénéficier[8]?

LES PRINCIPALES MODALITÉS ENTOURANT LES RÉGIMES DE RETRAITE AU QUÉBEC

Les régimes de retraite privés de compétence québécoise et ceux des sociétés parapubliques sont administrés en vertu de la Loi sur les régimes complémentaires de retraite (Loi RCR). Sous la surveillance de la Régie des rentes du Québec, ces régimes offrent une certaine flexibilité quant au transfert des fonds, à leur encaissement et à la protection du patrimoine, et ce, depuis le début des années 90. La RRQ surveille près de 2 000 régimes de retraite, notamment ceux d'Hydro-Québec, des municipalités et de nombreuses entreprises, de moyenne et de grande taille, des secteurs public et privé[9].

La loi RCR prévoit que l'employé qui cesse de participer à son régime de retraite et qui est admissible à un transfert des sommes peut choisir parmi les options suivantes:

1. Ne rien faire, c'est-à-dire laisser les sommes dans le régime de retraite et en recevoir éventuellement une rente.

2. Transférer la valeur vers le régime de retraite de l'employeur subséquent dans la mesure où ce dernier l'acceptera. Des ententes existent déjà entre certains employeurs, mais lorsque que ce n'est pas le cas, il peut être difficile d'en conclure une.

3. Souscrire une rente viagère auprès d'une compagnie d'assurances. Il est toujours préférable d'obtenir des cotations de plusieurs assureurs avant de fixer votre choix. Votre employeur vous soumettra habituellement les cotations qu'il aura obtenues pour vous, mais rien ne vous empêche de faire votre propre «magasinage». En effet, des écarts non négligeables peuvent ressortir.

4. Transférer les sommes accumulées dans un compte de retraite immobilisé (CRI) si vous n'avez pas besoin de retirer des prestations maintenant. Selon la loi RCR, le transfert des sommes du régime de retraite est habituellement autorisé lorsqu'un individu:

- cesse sa participation au régime, par exemple parce qu'il quitte son emploi ;

- prend sa retraite 10 ans avant l'âge normal de la retraite, établi à 65 ans dans la plupart des régimes à prestations déterminées (mais à 60 ans dans certains) ;

- prend sa retraite peu importe son âge, s'il profite d'un régime à cotisations déterminées.

5. Transférer les sommes accumulées dans un fonds de revenu viager (FRV) s'il a besoin de retirer des prestations dès maintenant.

6. Retirer et payer l'impôt sur les sommes accumulées si elles sont inférieures à 16 200 $ en 2004. Ce montant est ajusté annuellement par la RRQ.

Les règles entourant les CRI et les FRV peuvent différer selon la juridiction provinciale ou fédérale (où l'on parlera plutôt de REER immobilisé que de CRI) dont relève le régime de retraite. Les différences touchent notamment :

- le retrait encaissable chaque année ;

- la possibilité d'encaisser davantage si l'état de santé du bénéficiaire réduit son espérance de vie ;

- l'obligation, ou non, de convertir le solde du FRV en rente viagère à 80 ans (la loi RCR n'y oblige plus depuis quelques années).

Conseil éclair

La rente du régime de retraite ou la valeur de transfert ? Voilà sans doute une des décisions les plus difficiles à prendre. Les chiffres seuls ne fournissent pas la meilleure solution. Avant même de s'arrêter à ces aspects, chaque individu ou couple doit relever les avantages et les inconvénients de chacune de ces options, à la lumière de sa situation particulière, de ses attentes, de ses besoins et de son style de vie.

Les aspects à considérer avant de transférer un fonds de pension

Au moment de la retraite, vous considérerez différents aspects quant à un éventuel transfert de la valeur de votre fonds de pension. Avec un planificateur financier spécialisé dans ce type de questions, vous devrez discuter des points suivants.

- **Votre état de santé.** Une rente est basée sur votre espérance de vie. Si votre état de santé laisse présager que votre espérance de vie est inférieure à la moyenne, le transfert de la valeur pourrait être préférable.

- **Vos objectifs à court, moyen et à long terme.** Comment envisagez-vous votre vie, pas seulement d'ici à un an mais aussi dans 10, 20, voire 30 ans ?

- **Vos projets.** Voudrez-vous vendre votre résidence principale pour acheter une maison de campagne, un condo ? Songez-vous à acheter la Harley Davidson ou le motorisé dont vous rêvez ?

- **Vos revenus éventuels.** Cesserez-vous maintenant tout travail rémunéré ? Touchez-vous des revenus d'un immeuble ? Avez-vous l'intention d'ouvrir un commerce ? Avez-vous accumulé un capital substantiel ?

- **Votre revenu cible.** Faites votre « budget de l'an 1 » à la retraite. Inutile de vous raconter des histoires : vous ne pourrez prendre aucune décision éclairée tant que vous n'aurez pas défini clairement vos besoins financiers annuels.

- **Votre marge de manœuvre.** Avez-vous encore des dettes ? Personnellement, les dettes non productives, c'est-à-dire celles reliées à des biens dont la valeur n'augmentera pas dans le temps, me donnent des crises d'urticaire ! Je travaille fort avec mes clients pour qu'ils n'aient plus de dettes au moment de la retraite.

- **Votre profil d'investisseur.** Même si vous n'avez pas investi jusqu'à ce jour, vous en avez un ! En discutant et en utilisant des questionnaires spécialisés, nous parvenons à établir le profil d'investisseur de chacun et sa tolérance au risque. Il est cependant une règle de base avec laquelle vous devrez vivre si vous transférez la valeur de rente : celle de la diversification. Rappelez-vous que ce qui permet à un régime de retraite de verser des prestations de rente (hormis les contributions), ce sont ses investissements diversifiés. La façon dont sera investie votre valeur de transfert devra s'en inspirer et viser à générer une croissance modérée. Il faut gérer en fonction non seulement du rendement mais aussi du risque.

- **Les héritiers à protéger.** Il se peut que votre patrimoine soit mieux protégé si vous transférez la valeur de votre rente, autant pour votre conjoint que vos enfants. Si vous n'avez que votre chat dans la vie, il est probable que vous opterez pour la rente que propose votre régime de retraite...

Le compte de retraite immobilisé (CRI)

Le CRI est-il un REER ? Non, bien qu'on les compare souvent étant donné qu'ils servent tous les deux à faire fructifier le capital à l'abri de l'impôt. Ils sont des « véhicules d'accumulation », desquels vous n'effectuez aucun retrait. Les dollars dans votre CRI peuvent uniquement provenir d'un régime de retraite. C'est pourquoi il est à l'abri des créanciers sauf dans le cas d'une saisie pour dette alimentaire (c'est-à-dire une pension alimentaire).

Le capital du CRI est immobilisé. Bien que depuis 1990 le législateur permet au détenteur de transférer la valeur de son régime de retraite et de le contrôler, il veut s'assurer que le montant ne sera pas dilapidé. Si les sommes n'avaient pas été transférées, elles auraient servi à vous verser une rente la vie durant (viagère). Voilà pourquoi certaines restrictions s'appliqueront à votre CRI.

Le fonds de revenu viager (FRV)

Le FRV a cette particularité : les sommes que vous y transférerez proviendront uniquement de votre CRI ou de votre fonds de pension. Le législateur a voulu que la valeur transférée d'un fonds de pension puisse servir de revenu de retraite la vie durant ; c'est pourquoi le retrait annuel du FRV est assujetti à un maximum. Tout retrait est pleinement imposable. Il est déterminé en début d'année en fonction de votre âge, du capital dans le FRV et du taux de référence établi par la RRQ.

Avant de pouvoir encaisser des sommes détenues dans votre CRI, vous devrez transformer celui-ci en FRV. Le revenu viager que vous pouvez tirer chaque année de votre FRV est soumis à un minimum (dans ce cas, l'âge de votre conjoint peut être utilisé) et à un maximum. Le calcul de ce retrait minimum se fait de la même façon que pour un FERR, tel que vu à la page 78.

Pour calculer le revenu viager maximum, prenons l'exemple de Marc, âgé de 57 ans au 31 décembre de l'année précédente et dont le FRV avait alors un solde de 300 000 $.

Facteur par rapport au taux de référence*	X	Solde du FRV au 31 décembre précédent	=	_____
0,065	X	300 000 $	=	19 500 $

*　*Le taux de référence est déterminé par la RRQ annuellement et sert à établir le facteur requis pour le calcul, selon l'âge au 31 décembre précédent. Il est de 6,0 % en 2004 (voir le tableau ci-après).*

111

Retraits du FRV : facteurs par rapport à l'âge et au taux de référence

ÂGE	FACTEUR P/R ÂGE	FACTEUR P/R TAUX DE RÉFÉRENCE			
		6,0 %*	6,5 %	7,0 %	7,5 %
moins de 54 ans	1,000	0,061	0,063	0,066	0,069
54 ans	1,691	0,061	0,063	0,066	0,069
55 ans	1,706	0,064	0,067	0,070	0,073
56 ans	1,804	0,065	0,067	0,070	0,073
57 ans	1,953	0,065	0,068	0,071	0,074
58 ans	2,151	0,066	0,069	0,071	0,074
59 ans	2,379	0,067	0,069	0,072	0,075
60 ans	2,705	0,067	0,070	0,073	0,076
61 ans	3,202	0,068	0,071	0,074	0,077
62 ans	4,090	0,069	0,072	0,074	0,077
63 ans	5,811	0,070	0,073	0,075	0,078
64 ans	10,989	0,071	0,074	0,076	0,079
65 ans	1,000	0,072	0,075	0,077	0,080
66 ans	1,000	0,073	0,076	0,079	0,082
67 ans	1,000	0,074	0,077	0,080	0,083
68 ans	1,000	0,076	0,078	0,081	0,084
69 ans	1,000	0,077	0,080	0,083	0,086
70 ans	1,000	0,079	0,082	0,085	0,088
71 ans	1,000	0,081	0,084	0,087	0,089
72 ans	1,000	0,083	0,086	0,089	0,092
73 ans	1,000	0,085	0,088	0,091	0,094
74 ans	1,000	0,088	0,091	0,094	0,097
75 ans	1,000	0,091	0,094	0,097	0,100
76 ans	1,000	0,094	0,097	0,100	0,103
77 ans	1,000	0,098	0,101	0,104	0,107
78 ans	1,000	0,103	0,106	0,109	0,111
79 ans	1,000	0,108	0,111	0,114	0,117
80 ans	1,000	0,115	0,117	0,120	0,123
81 ans	1,000	0,121	0,124	0,127	0,129
82 ans	1,000	0,129	0,132	0,134	0,137
83 ans	1,000	0,138	0,140	0,143	0,146
84 ans	1,000	0,148	0,151	0,153	0,156
85 ans	1,000	0,160	0,163	0,165	0,168
86 ans	1,000	0,173	0,176	0,179	0,182
87 ans	1,000	0,189	0,191	0,194	0,197
88 ans et plus	1,000	0,200	0,200	0,200	0,200

▓ Données applicables à la situation de Marc

*Taux pour 2004

Depuis quelques années et selon la juridiction dont relève un FRV (le Québec, par exemple), il peut être possible de retirer une somme additionnelle si vous êtes âgé d'au moins 54 ans mais de moins de 65 ans au 31 décembre de l'année précédente. Ce revenu temporaire peut augmenter substantiellement le retrait annuel prévu. Pour s'en prévaloir, le retraité doit en faire la demande chaque année auprès de son institution financière.

Si Marc choisit de **se prévaloir du revenu temporaire,** voici comment s'effectuera le calcul en deux étapes.

1. Le revenu temporaire sera le moindre de :

16 200 $ (soit 40 % du maximum des gains admissibles selon la RRQ en 2004)					
OU					
Facteur de taux de référence*	X	solde du FRV	X	facteur par rapport à l'âge	= _____
0,065*	X	300 000 $	X	1,953*	= 38 084 $

Le revenu temporaire de Marc sera donc de 16 200 $.

2. Le revenu viager sera ensuite calculé ainsi :

$$\left(\begin{array}{l} \text{Facteur de taux} \\ \text{de référence*} \end{array} \text{ X solde de FRV} \right) - \left(\dfrac{\text{revenu temporaire maximum}}{\text{facteur par rapport à l'âge}} \right) = \underline{\qquad}$$

$$\left(0,065^* \quad \text{X} \quad 300\,000\,\$ \right) - \left(\dfrac{16\,200\,\$}{1,953^*} \right) = \underline{\qquad}$$

$$19\,500\,\$ \quad - \quad 8\,295\,\$ \quad = 11\,205\,\$$$

Le revenu temporaire additionné au revenu viager (16 200 $ + 11 205 $) atteindra 27 405 $.

Marc encaissera ainsi 27 405 $ au lieu de 19 500 $, soit 7 905 $ de plus.

*Voir le tableau de la page précédente

Il faut se rendre compte que l'encaissement des revenus temporaire et viager tirés de votre FRV en réduira l'accumulation à long terme. Il en résultera des retraits inférieurs dès que vous aurez 65 ans, lesquels seront en partie compensés par les prestations de la Régie des rentes du Québec (que vous aurez probablement demandées dès votre admissibilité, à 60 ans) et de la pension de la Sécurité de la vieillesse. Il faut donc user de prudence avant de se prévaloir du revenu supplémentaire.

Conseil éclair

Y a-t-il des années où vous n'avez pas besoin d'encaisser le revenu viager maximum de votre FRV? Il est possible d'en transférer le montant (au complet la première année, l'excédent du retrait minimum les années suivantes) à l'abri de l'impôt dans votre REER personnel, et ce, jusqu'à ce que vous atteigniez vos 69 ans. Vous réussissez ainsi à « désimmobiliser » une partie du capital et y aurez accès en tout temps!

Le transfert du fonds de pension et l'impôt

Si vous participez à un régime de retraite à cotisations déterminées, sa valeur de transfert vers un CRI ou un FRV est égale au montant accumulé.

C'est plus compliqué si vous participez à un régime de retraite à prestations déterminées. L'actuaire devra calculer combien valent aujourd'hui les prestations que vous recevriez durant votre retraite. Des règles strictes déterminent cette méthode de calcul. Certains régimes de retraite prévoient des prestations plus généreuses; cela se reflétera dans la valeur actualisée à transférer et pourra faire en sorte qu'une partie de la somme à transférer ne puisse l'être à l'abri de l'impôt.

De façon générale, cette somme sera imposable en totalité dans l'année courante en raison des limites imposées par le gouvernement fédéral. Toutefois, certains régimes permettent au bénéficiaire d'utiliser la partie imposable pour acquérir une rente de raccordement jusqu'à 65 ans.

Conseil éclair

Il est un élément à ne pas oublier si vous transférez la valeur de votre fonds de pension et qu'une partie du capital doit être imposée : la prestation de rente que vous auriez reçue est remplacée par un revenu qui vous est versé par votre fonds de revenu viager (FRV), **plus** une partie du capital qui a été déjà imposé. Or, si vous utilisez ce capital à d'autres fins que l'investissement, sachez que le retrait du FRV à lui seul ne peut suffire à vous procurer un revenu équivalant à celui de la rente.

LA RETRAITE PROGRESSIVE

Dans le but d'aider le travailleur âgé entre 60 et 65 ans à passer d'un travail à temps plein à un travail à temps partiel, la loi RCR permet qu'une prestation d'appoint lui soit versée par son régime de retraite. Pour cela, vous devez vous entendre avec votre employeur, qui réduit votre salaire d'au moins 20 %. La prestation d'appoint remplacera une partie du salaire perdu, mais réduira votre rente viagère. Vous pourriez aussi commencer à recevoir une prestation de retraite anticipée de la RRQ tout en continuant à travailler.

La retraite progressive est une mesure adaptée à la réalité d'aujourd'hui. Elle permet au travailleur de se faire à l'idée qu'il quittera le marché du travail. Aussi, je ne compte plus le nombre de personnes que je rencontre et qui sont épuisées à cause de leur travail ou des contraintes familiales. Nombreuses sont celles qui doivent prendre soin d'un parent âgé, d'un enfant eu sur le tard, quand ce n'est pas d'un conjoint malade.

Espérons que la retraite progressive sera offerte éventuellement à un plus grand nombre de travailleurs. Seuls les travailleurs participant à un régime de retraite soumis à la loi RCR (ils sont environ 1,3 million) ou à un REER collectif y sont à ce jour admissibles et encore, il leur faut la bénédiction de l'employeur.

Les questions de régime de retraite sont à la fois complexes et cruciales pour votre sécurité financière. Un planificateur financier qui s'est familiarisé avec ces questions vous aidera à vous y retrouver et à prendre les bonnes décisions. En transférant votre fonds de pension, vous pouvez contrôler ce capital important, mais attention aux faux pas : une planification rigoureuse et une discipline stricte doivent être exercées.

Conseils éclair

- Vous planifiez vos revenus de retraite et vous vous sentez en sécurité, c'est parfait. En est-il de même pour votre conjoint, qui s'inquiète peut-être de ce qui lui arrivera si vous décédez avant lui ? Un régime de retraite reconnaîtra le conjoint avec qui vous êtes légalement marié. L'ARC reconnaît votre conjoint de fait après un an de vie commune. La RRQ le reconnaît après trois ans, mais après un an si vous avez eu un enfant. Le Québec, l'Ontario, la Colombie-Britannique et le fédéral reconnaissent les conjoints de même sexe. Je vous encourage vivement à impliquer votre conjoint dans vos décisions financières. Cela ne peut être qu'un élément positif dans votre vie de couple, dimension importante de votre qualité de vie en tout temps mais encore plus pendant la retraite !

• Autres temps, autres mœurs. Pour partir l'esprit tranquille, vérifiez comment votre régime de retraite considérera votre conjoint marié, de qui vous êtes séparé de corps mais pas encore divorcé. Le Québec, par exemple, ne reconnaîtra pas votre nouveau conjoint de fait et versera les prestations de conjoint survivant à votre conjoint marié.

NOTES

[1] LE COURS, Rudy. « Prestations ou cotisations déterminées », *La Presse*, 9 juin 2002, p. A-8.

[2] RODRIGUE, Claude. « La caisse du Régime de rentes du Québec sera suffisante pour faire face à la retraite des « baby-boomers » », *La Cible*, vol. 7, n° 3, automne 1999, p. 3.

[3] LE COURS, Rudy. « Prestations ou cotisations déterminées », *La Presse*, 9 juin 2002, p. A-8.

[4] ÉLIE, Jean Robert. « Les régimes de retraite flexible », *Avantages*, avril 2002, p. 17.

[5] TOWNSON, Monica. « All pensions not created equal ? », Investment Executive, mars 2000, p. B-11.

[6] Régie des Rentes du Québec en collaboration avec l'Institut québécois de planification financière, *Protégez-vous,* février 2000, p. 17.

[7] THÉRIAULT, Alain. « Régimes de retraite des hauts salariés : le Canada en net retard à l'échelle internationale », *Magazine Finance*, juin-juillet 2001, p. 31.

[8] COHEN, Bruce et Brian Fitzgerald. *The Pension Puzzle,* Ontario, John Wiley & Sons, 2002, p. 143.

[9] LE COURS, Rudy. « Prestations ou cotisations déterminées », *La Presse*, 9 juin 2002, p. A-8.

Chapitre 5

Les régimes de retraite publics

E n Amérique du Nord, le Québec compte la population la plus vieille. Entre l'an 2000 et 2035, la proportion des personnes âgées de 65 ans et plus doublera pour atteindre environ 25 % de la population. Cette transition prendra 45 ans au Canada comparativement à 70 ans en Europe[1].

Nous sommes chaque jour plus nombreux à nous montrer sceptiques vis-à-vis des régimes de retraite publics. J'oserais dire que le degré de scepticisme s'avère inversement proportionnel à l'âge : plus on est loin de toucher ces prestations, moins on s'attend à les recevoir.

Faisons un bref survol des principales modalités entourant les régimes de retraite publics, soit le Régime de rentes du Québec et la pension de la Sécurité de la vieillesse du Canada.

Les prestations des régimes de retraite publics auxquelles vous aurez droit au cours de votre retraite ne constitueront qu'un revenu d'appoint. Les régimes publics sont structurés pour équivaloir à 40 %

du salaire industriel moyen au Canada, qui est d'environ 40 500 $ en 2004. Pas de quoi aller bien loin durant sa retraite, d'autant plus que seulement 25 % des travailleurs québécois sont admissibles à la rente maximale de la RRQ.

VERREZ-VOUS LA COULEUR DE VOTRE PRESTATION DE LA RRQ?

Si vous touchez déjà votre prestation de retraite de la RRQ, ne soyez pas inquiet: vous continuerez de la recevoir.

Vous ne la recevez pas encore? Sachez que la RRQ a, depuis quelques années, augmenté le montant des cotisations pour respecter ses engagements à long terme. Cela a sûrement paru sur votre relevé de paie. Ainsi, les cotisations prélevées par la RRQ devraient suffire à payer les prestations aux retraités.

Votre prestation de retraite de la RRQ en un clin d'œil (ou deux):

- Le Régime de rentes du Québec est contributif. Pour avoir droit à une rente de retraite, vous devez avoir cotisé;

- Le revenu que vous recevrez est fonction des revenus de travail inscrits à votre nom soit à la RRQ, soit au Régime de pensions du Canada (RPC) si vous avez travaillé dans une autre province;

- L'âge normal pour demander cette prestation est 65 ans. Cependant, vous avez tout avantage à en faire la demande dès 60 ans si vous avez cessé de travailler, ou si vos revenus de travail sont inférieurs à 10 125 $ en 2004, ou encore si vous prenez une retraite progressive qui réduit votre salaire d'au moins 20 %;

- Si vous réclamez votre rente entre 60 et 65 ans, vous constaterez que la prestation de rente est réduite de 0,5 % par mois, soit 6 % par année qui vous sépare de vos 65 ans. De l'avis même de la RRQ, « sauf exception, il est avantageux de demander sa rente dès qu'on cesse de travailler. En effet, si vous attendez d'avoir 65 ans dans le but de toucher une pleine rente, il vous faudra plusieurs années avant de récupérer la somme que vous auriez reçue en rente avant cet âge[2] ». En fait, vous devriez attendre à 65 ans seulement si vous êtes assuré de vivre plus vieux que 77 ans !

- Même si vous retournez travailler après le début du versement de votre prestation de retraite de la RRQ, vous continuerez à la recevoir. Vous devrez par contre cotiser au régime si vous gagnez plus de 3 500 $ par année en 2004.

- Vous pouvez demander votre prestation à 65 ans même si vous travaillez encore.

- Vous pouvez retarder jusqu'à vos 70 ans le début du versement de la rente : elle sera augmentée de 0,5 % par mois, ou 6 % par année.

- Votre prestation, pleinement imposable, est indexée au coût de la vie chaque année.

- Après un divorce, une séparation légale ou une annulation civile de mariage, la RRQ effectuera un partage des droits, à moins que les conjoints n'y aient renoncé. La RRQ peut vous fournir une estimation des effets du partage. Depuis 1999, les conjoints de fait peuvent en partager les droits s'ils se séparent, mais les deux doivent faire la demande conjointement.

- Vous ne pouvez pas recevoir concurremment votre rente de retraite avant 65 ans si vous touchez une pleine indemnité de la Commission de la santé et de la sécurité du travail (CSST) ou si vous avez droit à une indemnité de la Société de l'assurance automobile du Québec (SAAQ) coordonnée avec une rente d'invalidité de la RRQ.

- Pour fractionner votre revenu, vous pouvez partager votre rente avec votre conjoint marié ou de fait reconnu, si vous avez tous les deux 60 ans. Si vous avez cotisé tous les deux, vos prestations devront être divisées. Il peut en résulter des économies d'impôt.

Tous les quatre ans, vous recevez de la RRQ un relevé de participation, mais vous pouvez aussi le demander en écrivant à cette adresse :

> Service aux cotisants
> Régie des rentes du Québec
> Case postale 5200
> Québec (Québec) G1K 7S9

Pour recevoir votre rente de retraite, vous devez en faire la demande à l'aide d'un formulaire officiel de la RRQ, et ce, quatre mois avant la date à laquelle vous voulez toucher la rente. (www.rrq.gouv.qc.ca)

Régime de rentes du Québec

MONTANT MAXIMAL MENSUEL DES DIFFÉRENTS TYPES DE RENTES DÉBUTANT EN 2004

Rente de retraite

60 ans . . . . .570 $

65 ans . . . . .814 $

70 ans . . . . .1 058 $

Rente de conjoint survivant (veuf ou veuve)

• Moins de 45 ans

    Sans enfant . . . . .403 $

    Avec enfant . . . . .660 $

    Invalide . . . . .687 $

• Entre 45 et 54 ans . . . . .687 $

• Entre 55 et 64 ans . . . . .705 $

• 65 ans ou plus . . . . .488 $

Rente d'invalidité . . . . .993 $

Rente d'orphelin et d'enfant de personne invalide . . . . .61 $

LA PENSION DE LA SÉCURITÉ DE LA VIEILLESSE

Différentes émotions surgissent au premier versement de la pension de la Sécurité de la vieillesse (PSV). Certains de mes clients m'ont confié avoir ce jour-là pris un coup de vieux; d'autres, avoir célébré! Un dénominateur est commun à tous: recevoir la PSV marque une étape importante de la vie.

D'universel qu'il était, le régime de PSV réduit depuis 1989 la prestation versée aux Canadiens qui touchent un revenu élevé. Depuis 1996, le recouvrement fiscal, basé sur les revenus de l'année précédente, se fait à la source. En 2004, le seuil de récupération de la PSV est de 59 790 $ par individu. Si vos revenus nets atteignent 96 972 $, vous ne voyez même plus la couleur de la PSV. Ce seuil augmente en fonction du taux d'inflation.

Le programme canadien de la Sécurité de la vieillesse ne date pas d'hier...

La Loi sur la sécurité de la vieillesse a été adoptée par le gouvernement fédéral en 1927 et visait à compléter les régimes provinciaux versant des prestations aux individus de 70 ans et plus. En fait, ce programme a été le fruit de discussions qui ont débuté en 1906 mais qui ont achoppé, car on estimait que la question du bien-être relevait des provinces. Plus ça change, plus c'est pareil!

La pension de la Sécurité de la vieillesse (PSV) en un clin d'œil!

- Toute personne de 65 ans ou plus, et qui compte 40 ans de résidence au Canada après l'âge de 18 ans, a droit à la prestation complète, qui se chiffre à environ 5 600 $ en 2004;

- Certains critères donnent droit à une rente partielle. On calcule environ 2,5 % de la pension pour chaque année de résidence au Canada; par exemple, 30 ans de résidence vous donneront environ 75 % de la PSV maximale;

- Versée mensuellement, la rente est indexée chaque trimestre et est imposable;

- Si vos revenus nets avant rajustements (ligne 234 de votre déclaration de revenu fédérale) excèdent 59 790 $ en 2004, une partie de la pension sera retenue à la source. Cette récupération est égale à 15 % de la différence entre le revenu net et le seuil établi. Si vos revenus nets (ligne 234) atteignent 96 972 $ en 2004, vous n'êtes pas admissible à la PSV ;

- Pour recevoir votre PSV, vous devez en faire la demande par courrier six mois à l'avance au ministère du Développement des ressources humaines Canada (DRHC). Vous pouvez vous procurer le formulaire sur le site www.hrdc-drhc.gc.ca. De plus, vous trouverez dans ce site la liste des bureaux régionaux. Si vous avez besoin d'aide pour remplir le formulaire, téléphonez sans frais au 1 800 277-9915.

Conseil éclair

Si vous vivez à l'extérieur du Canada, il est possible que vous receviez votre pleine PSV à la condition que vous ayez accumulé 20 années de résidence après vos 18 ans. Il est fortement suggéré d'en faire la demande 12 mois avant la date prévue pour le début des prestations. Si vous comptez moins de 20 années de résidence, les versements cessent 6 mois après votre départ et reprennent à votre retour.

Comment réduire ou éliminer la récupération de la PSV

Les moyens les plus efficaces pour réduire ou éliminer la récupération de la PSV sont souvent les plus simples. Assurez-vous d'abord que vous profitez de toutes les déductions auxquelles vous avez droit, car la récupération de la PSV est fonction de votre revenu net. (Au chapitre 10, nous explorerons d'autres avenues qui vous permettront de préserver votre PSV.)

En lien avec la PSV, chaque situation est unique et mérite d'être analysée attentivement. On a beau dire qu'on ne cotise pas directement à la PSV (comme on le fait pour la prestation de la RRQ), il n'en demeure pas moins que ce sont nos impôts qui subventionnent le programme.

NOTES

[1] RODRIGUE, Claude. « La caisse du Régime de rentes du Québec sera suffisante pour faire face à la retraite des « baby-boomers » », *La Cible*, vol. 7, n° 3, automne 1999, p. 3.

[2] Régie des Rentes du Québec en collaboration avec l'Institut québécois de planification financière, « La retraite, pensez-y aujourd'hui ! », *Protégez-vous*, février 2000, p. 12.

Un second début professionnel à 50 ans

par Louise Brochu, CRHA, et Danielle Labre, CRHA,
conseillères en gestion de carrière
Brochu et Labre inc.

Q ue ce soit par choix ou par obligation, de plus en plus d'individus font, à l'aube de la cinquantaine, une remise en question de leur carrière. Afin de nourrir votre réflexion, nous vous présentons ici les cas de certains de nos clients qui, grâce à notre expertise, ont emprunté un nouveau chemin professionnel.

À L'AUBE D'UNE NOUVELLE CARRIÈRE

■ ■ ■ Le cas de Carole

Carole, 50 ans, entrepreneure depuis 15 ans, a été cadre au sein de moyennes et de grandes entreprises. Elle est de plus en plus préoccupée par la retraite à cause de son âge et de ses ressources financières, encore insuffisantes pour lui permettre de se retirer à court terme.

Tout en restant active et en continuant d'accumuler de l'argent pour encore une quinzaine d'années, Carole souhaite alléger sa tâche afin d'adopter un rythme de vie moins trépidant.

Après mûre réflexion, elle décide de liquider son entreprise. À titre de travailleuse autonome, elle agit désormais comme consultante et elle enseigne à l'université.

Pour Carole, la possibilité de jumeler deux champs d'intérêt, de diminuer la pression et la charge de travail, de continuer à apprendre, de s'assurer un revenu intéressant avec un minimum de dépenses, voilà un plaisir professionnel renouvelé.

■ ■ ■ Le cas de René

René, cadre de 54 ans, travaille dans la même entreprise depuis plus de 25 ans. Il a accumulé certains privilèges, dont celui de prendre sa retraite à 55 ans avec une pension suffisante pour répondre à ses besoins.

René sent qu'il a fait le tour du jardin, et la flamme qui lui a permis de rester dans cette organisation toutes ces années s'est éteinte.

La perspective de quitter son employeur actuel permet à René de rêver et de regarder la possibilité de faire autre chose au cours des 10 à 15 prochaines années. Il souhaite profiter d'un horaire plus souple, réduire la pression et travailler dans un secteur qui le stimulera davantage.

Une sérieuse réflexion et une exploration de différentes options l'amènent à se joindre à un cabinet comme directeur du développement des affaires, où il n'est plus contraint à un horaire rigide.

Les cas de Carole et de René se ressemblent : ils ont choisi d'effectuer un virage à l'aube de la cinquantaine.

Le marché du travail a changé considérablement depuis une quinzaine d'années. Auparavant, on « faisait la même job » jusqu'à sa retraite. Aujourd'hui, il n'est pas rare d'occuper plusieurs fonctions, et ce, pour différents employeurs. Le marché du travail s'est transformé, plusieurs barrières sont tombées. Le télétravail, la consultation et l'impartition laissent plus de place à la créativité et aux diverses possibilités de se réaliser professionnellement et de bien gagner sa vie.

La retraite des années 2000 se veut de plus en plus une transition vers une deuxième carrière. L'espérance de vie qui augmente contribue à ce phénomène.

À l'occasion de consultations privées ou de séminaires sur la préparation de la retraite, nous amenons nos clients à aborder la retraite comme une étape de vie positive. C'est le moment de réaliser des rêves, d'accomplir des choses qui nous paraissaient inaccessibles faute de temps ou d'argent.

DEVENIR ADMINISTRATEUR, MENTOR, BÉNÉVOLE…

■ ■ ■ Le cas de Maurice

Maurice, 59 ans, est associé dans un grand cabinet de comptables. Il travaille plus de 80 heures par semaine, il est fatigué, mais il ne peut pas arrêter. Il y a la pression du quota des heures facturables, le rendement, et tout ce que cela implique. Même s'il est indépendant financièrement, il ne peut pas envisager de décrocher. Qu'est-ce qu'il ferait à la retraite sans aucune stimulation intellectuelle? Il doit donc réfléchir et planifier parce qu'un arrêt trop brutal de ses activités serait très négatif pour lui.

Un conseiller en gestion de carrière aidera Maurice à trouver les éléments, autres que pécuniaires, qui le valorisent dans son travail et l'amènera à identifier des activités dans lesquelles il retrouvera cette même énergie. Ceux qui sont stimulés par l'influence qu'ils ont sur les choses et sur les gens aimeront siéger à des conseils d'administration (les têtes grises y sont habituellement les bienvenues!). Ceux qui désirent transmettre leurs connaissances envisageront l'enseignement, le mentorat ou tout simplement l'aide aux devoirs.

Ceux qui veulent aider autrui se tourneront vers le bénévolat ou l'engagement communautaire et social, tandis que les créatifs suivront des cours de toutes sortes ou s'inscriront à des ateliers. Les possibilités sont multiples et sans limites.

Carole et René ont fait le choix de s'arrêter, de réfléchir à leur situation professionnelle, de prendre les moyens pour réaliser leurs rêves, de rester actifs et de continuer à gagner un revenu.

Il arrive souvent que des travailleurs n'aient pas eu le choix de s'arrêter : la décision a été prise à leur place. Il y a 20 ans, on ne mettait pas à la porte un employé au seuil de la retraite. On l'assignait à des mandats spéciaux jusqu'à son départ. Ce n'est plus le cas aujourd'hui. Les fusions, les acquisitions et les fermetures d'entreprises font en sorte que plusieurs bons employés sont invités à quitter l'entreprise plus tôt que prévu.

RETOURNER SUR LES BANCS D'ÉCOLE

■ ■ ■ Le cas de Paul

Ingénieur de formation, Paul a toujours travaillé dans de grandes entreprises. Il a gravi les échelons et se retrouve, à 52 ans, à la tête d'un service qui vient de fusionner avec un concurrent. Par un beau jeudi après-midi, le vice-président exécutif de l'acquéreur lui apprend que ses services ne sont plus requis. On lui offre une indemnité de départ représentant 12 mois de salaire ainsi que des services spécialisés en transition de carrière.

Paul reconnaît qu'il n'est pas assez âgé pour prendre sa retraite ni assez jeune pour se replacer rapidement dans un poste de même niveau. Après réflexion, il constate n'avoir pas vraiment envie de recommencer le même scénario. Il est excédé par les bouchons de circulation tous les matins, fatigué d'avoir hâte au vendredi.

Les projections réalisées par son planificateur financier lui confirment que son capital est insuffisant pour qu'il prenne sa retraite tout en gardant le même niveau de vie. De toute façon, Paul et son épouse envisagent la vie différemment. Les enfants ont terminé leurs études, ils ont quitté la maison et sont autonomes financièrement. Cette grande maison, libre d'hypothèque, n'est plus vraiment essentielle et ils ont toujours rêvé de s'installer à la campagne.

Paul décide donc de réorienter sa carrière, de suivre une formation et de devenir conseiller en sécurité financière. À 55 ans, il obtient ce titre. Il vit à la campagne où il s'est constitué une clientèle qui profite de ses conseils personnalisés. Il prévoit continuer sur cette voie tant que sa santé le lui permettra. Il en profite aussi pour jouer son rôle de grand-père à sa guise.

L'histoire de Paul est une histoire à succès. Mais tous n'ont pas le courage et l'énergie de retourner aux études. Heureusement, certains changements de cap exigent moins de compromis.

FAIRE UN RETOUR AUX SOURCES

■ ■ ▨ Le cas de Jacques

Jacques entame la cinquantaine et n'a pas de formation universitaire. Il a quand même fait ses preuves pour l'entreprise où il est entré à titre de technicien à l'âge de 20 ans. Rapidement, il a pris du galon pour être nommé, à l'âge de 30 ans, représentant technique. Il s'agit pour lui de l'emploi idéal : il est heureux sur la route, il aime visiter les usines et rendre service à ses clients en leur permettant d'améliorer leur processus de fabrication. Il occupe cet emploi depuis 10 ans lorsqu'il apprend que son poste sera aboli. Quand on lui offre un poste de directeur de production, il ne réfléchit pas longtemps. À 40 ans, seul soutien financier de la famille qui compte 2 enfants d'âge scolaire, il accepte ce nouveau défi sans grand enthousiasme. Quand il se sent malheureux, il se console en regardant son chèque de paie…

À la suite de multiples restructurations, on lui annonce que la compagnie n'a plus besoin de ses services. Jacques a alors 50 ans. Comme il en était venu à détester son emploi, il se sent soulagé. Une généreuse indemnité de départ lui permet une pause : il joue au golf tout l'été, réfléchit pendant l'automne et se retrouve comme un lion en cage dès les premiers froids arrivés. Il est trop jeune pour arrêter. Il a besoin d'être stimulé intellectuellement, de rencontrer des gens et de se réaliser professionnellement. Il jouit encore d'une excellente santé. Bien que ses responsabilités financières soient allégées, il n'est pas encore indépendant financièrement.

Après réflexion, il décide de retourner à ce qui lui plaisait tant : la représentation. Avant de plonger, il fait une sérieuse étude de marché. Il rencontre des gens qui travaillent dans le domaine pour avoir l'heure juste sur la profession. Il sonde l'opinion de ses amis et de ceux qui connaissent la représentation. On l'encourage à faire le saut.

Même en pleine possession de ses moyens, Jacques doit franchir certains obstacles. Qui voudra donner la chance à un homme de 50 ans, sans diplôme universitaire, avec une expérience en représentation vieille de 10 ans ? Il a dû se montrer convaincant, utiliser son réseau de contacts et, bien sûr, accepter certains compromis sur le plan salarial. Mais, comme il le dit si bien, « ce n'est pas difficile de prévoir travailler encore 10 ans dans un domaine qui nous intéresse ».

DES PISTES DE RÉFLEXION

À la lecture de ces deux derniers cas, on se rend bien compte que, même pour ceux qui doivent subir une mise à pied à 50 ans, il reste des avenues très intéressantes. Vous aurez toujours le choix de subir un événement ou de prendre le taureau par les cornes. Il faut saisir l'occasion de vivre une nouvelle expérience et, encore mieux, de réaliser ses rêves.

Plusieurs choisissent de poursuivre leur vie active dans des sphères auxquelles ils se sont intéressés avec le temps. Leur âge rend leur choix encore plus pertinent dans leur façon de se réaliser.

Choisir une nouvelle carrière ne se fait pas à la légère. Voici 11 conseils pour vous aider.

1. Faites un bilan financier réaliste de vos actifs, de votre passif et surtout de vos besoins. Ceux-ci changent selon l'étape où vous en êtes rendu.

2. Envisagez divers scénarios. Préférez-vous travailler 15 ans à temps partiel et diminuer graduellement ? Aimeriez-vous plutôt travailler encore cinq ans à temps plein et arrêter ensuite ?

3. Votre spécialité vous permet-elle de travailler à la pige ? Pouvez-vous être consultant ? Êtes-vous dans un domaine dit « saisonnier » ? Énumérez les différentes formes de travail que votre métier vous permet de faire. N'ayez pas peur d'être créatif.

4. Définissez vos objectifs de vie. Ils peuvent avoir changé avec les années.

   Faites l'exercice suivant, de préférence avec votre partenaire de vie. Créez une ambiance de réflexion et donnez-vous 10 minutes pour répondre à chacune des trois questions suivantes :

   - Où vous voyez-vous dans 10 ans ?
   - Qu'avez-vous envie d'entreprendre au cours des trois prochaines années ?
   - Quels sont vos projets pour la prochaine année ?

   Il est important encore ici de ne pas vous censurer. Notez le plus d'idées possible : vous reviendrez à la réalité plus tard.

   Après quelques jours, regardez le fruit de votre réflexion. Vous serez en mesure de choisir ce qui vous tient réellement à cœur et, éventuellement, d'établir vos priorités.

5. Dégagez les aspects qui vous plaisent particulièrement dans votre travail et dans votre vie personnelle. Retenez les plus importants.

6. En fonction de ces aspects, faites une liste d'activités susceptibles de répondre aux mêmes critères.

7. Dressez l'inventaire de vos forces et de vos faiblesses, et déterminez comment mieux canaliser vos énergies.

8. Gardez l'esprit ouvert, consultez les sites Internet et les journaux, non pas dans le but de trouver un emploi, mais plutôt pour être à l'affût des possibilités qui vous auraient échappé.

9. Faites votre propre étude de marché et ciblez votre marché. Consultez votre réseau de contacts pour confirmer votre position.

10. Déterminez votre plan d'action et allez-y, foncez. Il y a sûrement quelqu'un, quelque part qui a besoin de vos services. Si vos objectifs semblent irréalistes à première vue, séparez-les en sous-objectifs : ils seront plus faciles à atteindre.

11. N'oubliez pas que la meilleure façon d'obtenir ce que vous voulez est d'utiliser votre réseau de contacts et d'entreprendre des démarches directes. N'attendez pas qu'on vienne vous chercher, vous pourriez passer à côté d'une occasion intéressante.

DES RESSOURCES UTILES

Brochu et Labre inc. est un cabinet-conseils en ressources humaines qui guide les entreprises dans une gestion plus efficace de leur personnel. Il aide également les individus dans leur carrière ou leur réorientation. Brochu et Labre inc. reçoit principalement des mandats d'employeurs qui souhaitent offrir à des membres de leur personnel de planifier leur transition vers la retraite ou un second début professionnel. Pour communiquer avec ce cabinet : (514) 849-0534.

Vous pouvez aussi vous informer auprès de l'Association internationale des professionnels en gestion de carrière, au (514) 990-9257, ou de l'Ordre des conseillers en ressources humaines et en relations industrielles agréés du Québec, au (514) 879-1636.

Chapitre 7

Des stratégies pour vos placements non enregistrés

M algré tout l'intérêt que suscite le REER, c'est à l'extérieur du régime enregistré que se trouve habituellement la plus importante partie des actifs des gens riches. Cela s'explique par le fait que les contributions au REER ont toujours été limitées, sans compter qu'un immeuble locatif, un héritage, une entreprise sont des actifs détenus à l'extérieur du REER.

Les auteurs du livre *The Millionaire Next Door* ont trouvé un dénominateur commun parmi les riches Américains interrogés : la majorité d'entre eux doivent leur solidité financière à l'entreprise qu'ils ont bâtie. Au Québec, un nombre grandissant d'individus font aussi le saut pour devenir « Moi inc. ».

Nous nous attarderons ici aux outils à votre disposition pour favoriser l'accumulation et, ensuite, pour maximiser l'utilisation de votre capital à l'extérieur du REER. Nous verrons dans le prochain chapitre les stratégies pour bâtir efficacement un portefeuille de placement.

AUGMENTEZ VOTRE RENDEMENT APRÈS IMPÔT

À l'approche de votre retraite et durant celle-ci, plusieurs de vos actifs les plus importants deviendront liquides et devront être réinvestis de façon à générer un maximum de revenus, imposés au minimum. Voyons quelles stratégies feront fructifier vos actifs à l'extérieur du REER tout en considérant que vous passerez de la phase d'accumulation à celle d'utilisation de votre capital.

Conseil éclair

Retenez ce principe de base quant à vos revenus de placement : plus ils sont sécuritaires, plus vous payez d'impôt. Voici ce qu'il vous restera après impôt sur 1 000 $ reçus sous diverses formes (selon le taux marginal d'imposition le plus élevé au Québec et au Canada en 2004).

Gain de capital	758,90 $ après impôt
Dividendes	671,90 $
Intérêts	517,80 $

L'important d'un placement fait à l'extérieur du REER n'est pas seulement le rendement qu'il vous donne, mais ce que vous en gardez.

Les actions privilégiées

Pour le volet «revenu fixe» de votre portefeuille non enregistré, je suggère les actions privilégiées de grande qualité plutôt que les instruments de placement portant intérêt. Vous recevez un dividende trimestriel sur vos actions privilégiées et vous profitez alors d'un traitement fiscal plus avantageux. À moins que vos actions privilégiées ne versent un dividende élevé, vous n'avez pas vraiment avantage à détenir ce type de placement dans un régime enregistré. On n'achète pas des actions privilégiées pour leur potentiel de croissance (on choisirait plutôt les actions ordinaires), mais surtout pour leur revenu régulier et la stabilité qu'elles offrent. Du point de vue de la protection de votre capital, vous êtes tout juste après les créanciers, mais devant les actionnaires ordinaires de la compagnie. Vous limitez le risque en sélectionnant des titres de qualité et en diversifiant à la fois les émetteurs, leur secteur d'activité et les caractéristiques inhérentes au titre. En effet, une action privilégiée peut être rachetable, convertible, etc., autant de caractéristiques auxquelles nous nous attarderons davantage dans le prochain chapitre.

Conseil éclair

Si vous détenez des actions privilégiées émises en $ US et qu'elles sont rappelées par l'émetteur, vous serez imposé sur le gain de la devise (le cas échéant) depuis la date d'émission du titre, et ce, même si vous n'étiez pas le premier acquéreur du titre. La morale de cette histoire : vendez vos actions privilégiées en $ US avant leur date de rappel.

La fiducie de redevances : une action à haut revenu

D'abord utilisée par les sociétés pétrolières et gazières dans les années 90, la structure des fiducies de redevances l'est aujourd'hui par des entreprises de multiples secteurs : immobilier, hydroélectricité, restauration, etc. Des taux d'intérêt anémiques et le marché boursier baissier ont attiré l'attention des investisseurs vers les fiducies de redevances. Ce type de placement a souvent tendance à se comporter à l'inverse du marché boursier, ajoutant ainsi une diversification réelle à votre portefeuille.

Contrairement aux obligations, les fiducies de redevances se négocient en Bourse et vous permettent souvent de profiter de revenus supérieurs à ceux des titres à revenu fixe tout en limitant les impôts à payer. Beaucoup d'investisseurs s'attardent peut-être trop aux avantages fiscaux du placement au détriment de sa qualité et de la possibilité de recevoir des redevances à long terme. En fait, plus une fiducie de redevances semble ennuyeuse, plus elle est susceptible d'afficher une bonne performance. Cela s'explique par la stabilité de ses revenus, et c'est justement ce qu'on veut avoir : des revenus réguliers qui se maintiendront ou, mieux encore, augmenteront. Ceci réduit d'autant le risque rattaché au placement.

La fiducie dans laquelle vous investissez détient des biens productifs (une centrale hydroélectrique, par exemple) desquels vous toucherez votre quote-part de revenus. Certaines fiducies versent des redevances élevées, mais il faut être prudent et vérifier quelle proportion constitue un revenu imposable, comme des intérêts, et quelle proportion est en fait un retour de capital. Cette dernière viendra augmenter ou réduire un gain ou une perte de capital au moment de la revente. Si jamais ces retours de capital dépassaient le coût initial de votre placement, l'excédent serait imposé comme un gain de capital, même si vous détenez toujours votre fiducie.

Conseil éclair

Avez-vous des pertes de capital en réserve ? Si oui, choisissez une fiducie dont une forte proportion des redevances constitue une remise de capital : vous pourrez à la revente de la fiducie appliquer un gain de capital à l'encontre de vos pertes en capital, pour ainsi éviter de payer de l'impôt.

Conseil éclair

Un investisseur m'a déjà dit qu'il ne trouvait pas très « sexy » les fiducies de placement immobilier que je lui recommandais, car elles prévoyaient verser seulement 10 % par année. D'autres fiducies pétrolières qu'il détenait déjà lui procuraient des redevances de 20 %. Prenez garde à un taux élevé de distributions qui peut présager que les actifs de la fiducie s'épuisent. Aucun actif = aucune distribution.

Assurez-vous que la fiducie dans laquelle vous avez envie d'investir a un niveau d'endettement raisonnable. Si elle est très endettée et qu'en plus le taux sur les emprunts est lié au taux préférentiel, vous courez un risque accru de ne pas recevoir les distributions escomptées.

Comme vous le constatez, il faut faire ses devoirs avant d'investir dans une fiducie de redevances, mais l'effort est justifié. Lorsqu'elles sont bien sélectionnées, elles ajoutent à la diversification de vos investissements et peuvent augmenter vos revenus. Plusieurs de ces fiducies sont aussi admissibles dans vos régimes enregistrés.

Les avantages fiscaux de certains fonds communs

Certains fonds communs comportent des caractéristiques avantageuses pour l'investisseur qui les détient en dehors de ses régimes enregistrés. Encore faut-il savoir les reconnaître.

La majorité des fonds communs sont constitués en fiducie. À la fin de leur année financière, ils doivent verser aux détenteurs de parts la portion des revenus du fonds qui en excède les frais : c'est la distribution. Cette distribution peut inclure des intérêts, des dividendes ou un gain de capital. Pour vos fonds détenus à l'extérieur du REER, vous devez ajouter le montant de cette distribution à vos revenus imposables de l'année, que vous l'ayez encaissée ou réinvestie.

Conseil éclair

Plusieurs fonds communs d'actions ou équilibrés procèdent à leur distribution en décembre. Vérifiez toujours la date de distribution avant d'investir dans un fonds à l'extérieur du REER. Elle est versée aux investisseurs inscrits aux registres à une date précise (quelques jours avant la distribution), et non en fonction de la période de détention. Évitez de payer de l'impôt sur un placement que vous venez d'acquérir.

Les fonds communs à faible taux de rotation des titres

Selon le style du gestionnaire, on peut prévoir une rotation plus ou moins grande des titres à l'intérieur du fonds commun qu'il gère. Les gestionnaires de style valeur sont reconnus pour ne remplacer que 20 à 25 % de leurs titres chaque année. Cette approche limite le gain de capital sur lequel l'investisseur est susceptible d'être imposé à la suite d'une distribution de fin d'année. Bien que vous n'ayez pas vendu de parts de votre fonds commun, il est possible que vous deviez payer de l'impôt sur un gain de capital attribuable au remplacement de titres à l'intérieur du fonds.

Vous réserverez les fonds communs présentant un fort taux de roulement pour vos comptes enregistrés, car ils ont en général une efficacité fiscale réduite. Le gestionnaire de style croissance ou momentum affiche un taux de rotation de ses titres nettement supérieur à celui du gestionnaire de style valeur. Voici des exemples du taux de rotation moyen annuel de 1999 à 2003 puisés dans les prospectus des fonds communs suivants.

- Fonds canadien Mackenzie Ivy (style valeur) : 23 %

- Fonds Fidelity Croissance Amérique (style croissance) : 81 %

- Fonds de croissance active AGF (style momentum) : 403 %

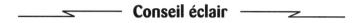

Conseil éclair

Certains fonds internationaux sont offerts dans une version qui les rend admissibles à 100 % au REER grâce à l'utilisation de produits dérivés. Sachez cependant que les gains provenant de ces fonds sont imposables comme des intérêts. Assurez-vous de ne pas les détenir à l'extérieur du REER.

Les fonds communs à structure corporative

Les fonds communs à structure corporative (je les surnomme les fonds inc.) offrent une solution efficace pour réduire l'impôt annuel sur vos placements.

Les fonds inc. vous permettent de passer d'un fonds à l'autre sans déclencher de gain en capital, tant que vous ne sortez pas de ce groupe de fonds incorporés. C'est un peu comme si vous passiez d'une pièce à l'autre dans votre maison, sans aller à l'extérieur.

Les « fonds inc. » vous permettent de :

- réaliser des profits sur ces fonds sans déclencher un gain de capital et de réinvestir dans un autre fonds de la même structure corporative ;

- d'ajuster la répartition de votre actif sans impact fiscal ;

- différer le moment où vous devrez payer de l'impôt, laissant ainsi la possibilité au capital et au rendement de croître.

« Compte tenu de la volatilité qui caractérise maintenant les marchés financiers, les investisseurs doivent réagir rapidement. Il leur faut prendre les profits quand ils sont là : demain, peut-être n'y seront-ils plus !» Voilà ce que j'ai écrit dans le magazine *Affaires Plus* en décembre 2000 : c'est encore davantage à propos maintenant (voir « Le bonheur est dans le cocooning » à helenegagne.com).

Conseil éclair

À moins que les conditions de marché ne le nécessitent, vous devriez attendre en janvier pour vendre un placement sur lequel vous avez un gain de capital. Cela retardera votre paiement d'impôt jusqu'en avril de l'année suivante. Par contre, il peut être souhaitable de réaliser une perte de capital avant la fin de l'année courante pour l'appliquer contre d'autres gains réalisés dans la même année ou dans les trois années précédentes. Une perte de capital peut cependant être reportée, jusqu'à ce qu'elle soit utilisée en entier.

Les parts de série T des fonds communs : pour des retraits réguliers moins imposés

Plusieurs sociétés de gestion de fonds communs offrent dorénavant la possibilité d'effectuer des retraits réguliers à partir d'un fonds équilibré ou de répartition de l'actif, et ce, en favorisant le report d'impôt. Vous avez donc besoin de retraits moindres, compte tenu du montant net dont vous disposerez. Les parts de série T sont investies exactement dans les mêmes titres et gérées par les mêmes professionnels que les autres catégories de parts des fonds concernés.

Conseil éclair

Certaines sociétés de fonds estiment que des retraits allant jusqu'à 8 % par année devraient vous permettre de profiter des avantages des parts de série T, tout en limitant le risque d'érosion de votre capital. À mon avis, vos retraits devraient être limités à 5 %. De plus, chaque fonds doit être considéré individuellement en regard de sa structure, de son style de gestion et de ses rendements antérieurs.

Si vous détenez déjà des fonds équilibrés en dehors de vos régimes enregistrés et que vous en effectuez des retraits réguliers, vous pouvez transférer vos parts actuelles vers les parts de série T (sans impact fiscal ni frais). Vous aurez ainsi :

- plus d'argent après impôt dans vos poches maintenant ;

- plus d'argent qui continuera à travailler dans ce fonds ;

- le choix du moment qui *vous* convient pour toucher un gain de capital important ;

- la possibilité de payer moins d'impôt à la revente finale si les gouvernements continuent d'abaisser les taux d'imposition (un peu d'optimisme est toujours bon pour le moral !).

Les placements indiciels : des jumeaux identiques… en apparence

Les placements indiciels sont maintenant offerts sous tellement de formes qu'il y a de quoi en perdre son latin… et son argent. Savez-vous dans quoi vous investissez ? Savez-vous sous quelle forme seront traités vos gains éventuels du point de vue fiscal ?

Survolons divers produits dont les objectifs convergent vers un même but, du moins en apparence : vous faire profiter d'un rendement avant impôt équivalant à celui d'un indice (à ce sujet, je vous invite à lire également l'article «Placements indiciels : jumeaux identiques ? » que j'ai signé dans *Affaires Plus* en juin 2002). Prenons l'exemple de l'indice Standard & Poor's 500, qui couvre près de 80 % de la capitalisation boursière américaine.

Les 10 principaux titres du S&P500 représentaient 22 % de l'indice au 30 juin 2004

1. General Electric	6. Wal-Mart Stores
2. Microsoft	7. American International Group
3. Exxon Mobil	8. Intel
4. Pfizer	9. Bank of America Corp.
5. Citigroup	10. Johnson & Johnson

Les fonds communs indiciels

Plusieurs fonds communs calquent l'indice S&P 500. Vous pouvez y investir aussi peu que 25 $ par mois. Ce placement non garanti vous fait réaliser un gain ou une perte en capital à la vente. La valeur de ces parts, liquides en tout temps, est établie quotidiennement. À la revente, le profit que vous réaliserez sera imposé comme un gain de capital.

Environ les deux tiers des fonds communs indiciels comportent des frais de gestion annuels supérieurs à 2 %.

Les fonds distincts

Offerts exclusivement par les compagnies d'assurances, les fonds distincts comportent une garantie du capital au décès ou après une certaine période de détention, souvent 10 ans. Mais qui dit « garantie » dit aussi « prix à payer »… Leurs frais de gestion atteignent souvent 3 à 4 % par année. Ouch !

Les fonds distincts, tout comme les fonds communs indiciels, vous permettent de réaliser un gain de capital à la revente. Vous pouvez aussi cristalliser vos gains à votre gré, sans impact fiscal si vous ne vendez pas votre placement.

Ce qui les distingue des autres fonds communs est la possibilité que vous avez de déduire une perte de capital sans devoir liquider votre placement. En effet, si sa valeur a diminué, vous pouvez appliquer cette perte de capital à l'encontre d'autres gains en capital réalisés. Je reviendrai sur les fonds distincts plus loin dans le présent chapitre.

Les CPG indiciels

Les banques et les caisses populaires offrent des certificats de placement garantis (CPG) indiciels, tous admissibles au REER. Votre capital est garanti, mais le rendement est lié à un indice boursier. L'idée est simple : transformer l'épargnant en investisseur… sans lui faire courir de risques. Trop beau pour être vrai ? Oui.

Les CPG indiciels possèdent des traits communs d'une institution financière à l'autre. En général, ils ne sont pas rachetables et sont garantis par une assurance dépôts. Par contre, le rendement est crédité sous forme d'intérêts, donc vous ne profitez pas du gain de capital si vous le détenez à l'extérieur de votre REER.

Comment expliquer que deux CPG indiciels ne vous procureront pas le même rendement ? Certaines institutions limitent le rendement à 20 % sur trois ans, soit un taux de 6,27 % composé annuellement, par exemple. D'autres ne verseront qu'une fraction du rendement obtenu par l'indice, peu importe son rendement. Si, comme moi, vous croyez toujours au capitalisme et avez bon espoir que le S&P 500 s'appréciera, pourquoi limiter votre rendement ?

Les CPG indiciels ne comportent aucuns frais de courtage appa-
rents ; en fait, ils sont inclus dans la portion du rendement que vous
n'obtiendrez pas...

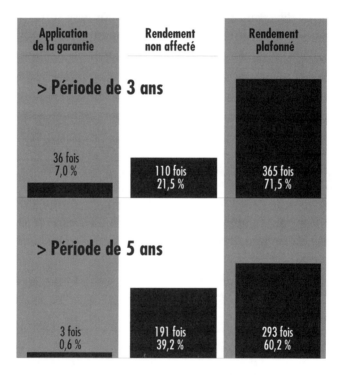

**Avec un CPG boursier, votre rendement
est plafonné bien plus souvent
que votre garantie s'applique**

En observant chaque période de trois ans et cinq ans depuis 1957
(il y en a respectivement 511 et 487), on constate qu'un CPG boursier
conventionnel (plafond de 20 % sur trois ans et de 50 % sur cinq ans)
aurait plafonné le rendement de l'épargnant bien plus souvent qu'il lui
aurait offert une protection contre une baisse de son capital investi.

(Source : Tableau de Planification financière Banque Nationale tiré de « Naviguez en toute quiétude...
en rêvant à des rendements supérieurs », Stéphanie Grammond, La Presse, 28 juillet 2002, p. A-11.)

Les fonds négociés en Bourse

Un fonds négocié en Bourse (FNB) se négocie comme une action, il est liquide et il offre la possibilité de réaliser un gain de capital. Les FNB à contenu canadien ou les clones (c'est-à-dire des produits à contenu étranger rendus admissibles au REER par les produits dérivés) se négocient à la Bourse de Toronto (le TSX), mais la plupart des autres FNB se négocient sur le American Stock Exchange (AMEX) à New York.

Les FNB ne vous donnent pas accès à un programme d'achat, de rachat ou de réinvestissement systématique. Les principaux « fabricants » de FNB sont Barclays et State Street. Ils sont aux FNB ce que Fidelity et Mackenzie sont aux fonds communs.

Lancé en 1993, le plus important FNB à l'échelle mondiale est le SPDR (Standard & Poor's Depositary Receipts, surnommé Spider) dans lequel environ 46 milliards $ US sont investis. Le Spider, dont le symbole boursier est SPY, se négocie en dollars US sur les parquets américains AMEX et NYSE. Ses frais de gestion sont de 0,10 %, pas par mois, *par année* !

Depuis 1993, la seule et unique distribution en gain de capital du Spider a été de 0,09 $... Il s'agit d'un placement vraiment efficace d'un point de vue fiscal, sans compter que la valeur des parts avait presque triplé en septembre 2004.

Le nombre de fonds négociés en Bourse (FNB) est passé de 2 il y a 11 ans à plus de 300 en 2004 ! Les trois quarts de leurs actifs se trouvent dans des comptes institutionnels. La stratégie d'un FNB est simple : composer un panier d'actions qui reflète le plus fidèlement possible un indice donné. Les FNB sont transparents : vous savez toujours ce que vous détenez. Leurs frais de gestion annuels sont souvent 10 fois moins élevés que ceux des fonds communs traditionnels.

Les FNB sont encore peu connus, même des conseillers financiers. Certains d'entre eux les dénigrent, comme quoi chacun a droit à son opinion. Si votre conseiller est de ceux-là, assurez-vous au moins qu'il connaît les FNB en profondeur. Sachez aussi que le permis en valeurs mobilières exigé pour recommander des FNB est différent de celui requis pour vendre des fonds communs.

Force est de reconnaître que le seul dénominateur commun des placements indiciels est l'indice qu'ils tentent de reproduire. Il vous revient d'évaluer l'importance que vous attribuez aux caractéristiques que recèle chaque produit, qu'il s'agisse du sentiment de sécurité qu'il vous procure, de son rendement potentiel, de son traitement fiscal ou des frais. Faites attention de bien différencier les jumeaux !

Attention aux frais de gestion

À long terme, les frais de gestion grugent la valeur d'un placement. Comme ces frais sont prélevés à la source, certains investisseurs les oublient, d'autres n'en connaissent pas l'existence.

Coût des frais de gestion sur 20 ans pour un investissement de 100 000 $ à un rendement annuel de 8 %

	% FRAIS DE GESTION/AN	COÛT DES FRAIS DE GESTION
Fonds distinct	4,00 %	257 510 $
Fonds commun	2,75 %	197 190 $
Fonds indiciel	1,00 %	83 730 $
Fonds négocié en Bourse (FNB)	0,30 %	41 230 $

Résultats obtenus à l'aide du calculateur Barclay's, disponible à l'adresse : http://www.iunits.com/french/tools/mercalculator/calchome.cfm

Voici ce que vaudront après 20 ans 100 000 $ placés à 8 % par année, selon le véhicule de placement utilisé, et ce, net des frais de gestion.

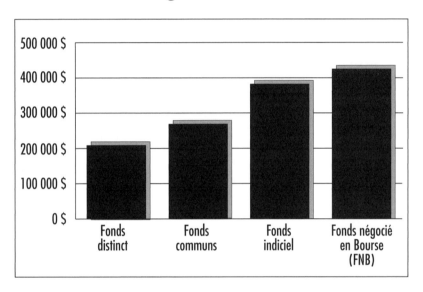

**Valeur du placement après 20 ans :
une image vaut mille mots**

Les fonds de travailleurs

Doyen des fonds de travailleurs au Québec, le Fonds de solidarité da la FTQ ne fait plus cavalier seul depuis que la CSN a lancé son FondAction.

Ces deux fonds donnent droit à un crédit de 15 % à chaque palier de gouvernement, donc 30 % au total, et ce, que vous les déteniez dans un REER ou non (évidemment, le REER vous procurera sa déduction usuelle en plus). Avant de contribuer à un fonds de travailleurs, sachez que :

- votre contribution annuelle doit se limiter à 5 000 $ pour bénéficier des crédits fédéral et provincial au maximum ;

- votre investissement est pratiquement gelé jusqu'à votre retraite : oubliez-le d'ici là, à moins que vous soyez à bout de ressources financières ou à l'article de la mort ;

- ces fonds ont une mission sociale, donc ils investissent souvent dans des entreprises québécoises en difficulté. Si vous avez aussi l'âme d'un missionnaire, vous composerez mieux avec leur faible rendement à long terme.

EMPRUNTER POUR INVESTIR ?

Pour voir leur capital augmenter plus vite, plusieurs ont envie d'emprunter pour investir. Les intérêts sur un emprunt fait aux fins d'investissement sont déductibles d'impôt (certaines modalités s'appliquent), à l'exception d'un prêt contracté pour contribuer au REER.

Le principe est alléchant. Par exemple, vous empruntez à 8 % et en récupérez 4 % grâce à vos économies d'impôt, en supposant que votre taux marginal est de 50 %. Votre coût net est donc de 4 %. En contrepartie, vous investissez pour obtenir un rendement supérieur, surtout en dividendes et en gain de capital. Voilà ce qu'on appelle un effet de levier. Simple et facile à obtenir... en théorie.

La situation se complique quand les marchés boursiers piquent du nez, font fondre la valeur de vos placements, mais gardent intact le solde du prêt à rembourser. C'est donc dans la pratique qu'une telle stratégie risque de vous nuire, car vos émotions peuvent prendre le dessus sur votre logique. « Mon placement a baissé de 30 % : je préfère le vendre et limiter ma perte », risquez-vous de vous dire au lieu de vous rappeler qu'un placement de croissance doit être fait avec un horizon à long terme.

Somme toute, emprunter pour investir se révèle souvent plus payant pour le courtier que pour l'investisseur.

Conseil éclair

Je vous incite à ne plus avoir de dettes au moment de prendre votre retraite. Bien peu d'individus sont à l'aise avec un fort endettement lorsqu'ils atteignent 60, voire 70 ans.

LES PRODUITS D'INVESTISSEMENT DES COMPAGNIES D'ASSURANCES

De plus en plus de stratégies bâties avec des produits d'assurance sont orientées vers le placement : allons-y voir de plus près.

Les fonds distincts

Depuis très longtemps, les compagnies d'assurances offrent des fonds comparables aux fonds communs : ce sont les fonds distincts. Au milieu des années 90, ces fonds ont connu un essor grâce à Manuvie, qui a eu la bonne idée de combiner les caractéristiques traditionnelles des fonds distincts à l'expertise (et à la notoriété publique) de gestionnaires-vedettes de fonds communs.

C'est ainsi que les fonds de placement garantis (FPG) de la Financière Manuvie ont intégré des fonds reconnus : ceux de Fidelity, d'AGF ou d'AIM (dont les fonds Trimark). Il est permis de passer sans frais d'un fonds AGF à un fonds Fidelity par exemple, tant que vous le faites à l'intérieur des FPG du même assureur. Les compétiteurs de Manuvie ont rapidement emboîté le pas.

L'investisseur peut ainsi détenir des fonds qui lui sont familiers. Il profite en plus de deux avantages réservés aux fonds distincts : une garantie du capital et la possibilité d'une protection contre d'éventuels créanciers.

La garantie du capital assure le détenteur qu'après un certain nombre d'années (en général, 10 ans) ou s'il décède, le montant investi est garanti, peu importe les aléas des marchés boursiers.

L'investisseur a aussi la possibilité de cristalliser (c'est-à-dire de garantir) périodiquement ses gains accumulés, mais ce choix repousse la période d'échéance du placement.

Si vous êtes un professionnel ou êtes en affaires et que vous pouvez un jour être poursuivi, une protection contre d'éventuels créanciers n'est pas à négliger. Celui qui a déjà des ennuis ne trouvera cependant aucun réconfort en transférant ses placements (REER ou non) dans des fonds distincts. On parle d'une période minimale de cinq ans pour que la transaction ne soit pas remise en question, et encore là, rien n'est assuré...

Les fonds distincts possèdent leurs avantages et leurs inconvénients, comme tout investissement. Certes, il peut paraître rassurant de savoir que votre capital est garanti au bout de 10 ans, mais aucun investisseur ne patientera aussi longtemps s'il voit que son placement ne croît pas entre-temps...

Les garanties d'un fonds distinct impliquent des frais de gestion élevés, atteignant parfois 4 % par année.

Conseil éclair

J'ai recommandé des fonds distincts à un de mes clients qui devait transformer ses REER en FERR et qui a connu des problèmes de santé majeurs au cours des dernières années. Sa conjointe, plus jeune, devra compter longtemps sur ce capital. Nous avions donc besoin d'une certaine croissance dans le FERR, mais aussi de sécurité. C'est pourquoi nous avons utilisé des fonds distincts pour le volet

« croissance » du FERR de monsieur. Si mon client devait décéder alors que ses fonds distincts valent moins qu'il n'a investi (une fois ses retraits considérés), la garantie du capital s'appliquera et protégera sa conjointe.

***

Les rentes

Voyons comment des rentes souscrites avec des sommes non enregistrées peuvent offrir un revenu intéressant tout en étant avantageuses d'un point de vue fiscal. Bien que de plus en plus d'individus préfèrent garder le contrôle de leur capital, une rente – sous une forme ou une autre – peut s'avérer profitable si elle est mise en place au moment opportun.

Le principe de base d'une rente est que vous échangez un capital contre un revenu régulier. Chaque paiement est constitué d'une portion de votre capital et des intérêts.

La prestation est établie en fonction du taux d'intérêt en vigueur au moment où vous souscrivez la rente. Votre sexe, votre âge (parfois celui de votre conjoint aussi), les caractéristiques de la rente et évidemment le capital utilisé constituent les autres facteurs qui serviront à déterminer le montant que vous recevrez. La fréquence des versements peut varier, mais la plupart des rentiers optent pour un paiement mensuel.

En ce qui a trait à la rente viagère, y souscrire à un âge plus avancé signifie un revenu supérieur, car votre espérance de vie est moins longue. Aussi, un homme recevra une prestation mensuelle supérieure à celle d'une femme du même âge.

Le principal désavantage d'une rente ? Une fois le service de la rente débuté, vous n'avez plus accès à votre capital. Mieux vaut y penser avant qu'après...

La rente viagère

On dit d'une rente qu'elle est viagère parce que sa prestation vous sera versée pour le reste de votre vie. À moins qu'une période minimum de paiements soit garantie, elle cessera à votre décès. La rente viagère n'est offerte que par les compagnies d'assurances. Elle s'avère intéressante pour qui est soucieux de ne pas épuiser son capital.

La rente certaine

La rente certaine vous sera versée durant une période déterminée à la souscription, par exemple 10 ans.

Les banques, les sociétés de fiducie et les caisses populaires offrent ce type de rente. Son capital est alors garanti par l'assurance dépôts jusqu'à concurrence de 60 000 $, et ce, dans la mesure où sa durée ne dépasse pas cinq ans.

La rente à risque aggravé

La prestation de rente sera plus élevée si vous avez, ou avez eu, des problèmes de santé importants, comme un cancer. En démontrant, à l'aide d'un rapport médical, que votre espérance de vie est inférieure à celle des gens de votre âge, vous pourriez bénéficier d'une rente à risque aggravé. Dans ce cas, l'assureur reconnaît que votre espérance de vie est inférieure à celle des gens de même sexe que vous et de même âge, et il en résulte une prestation nettement plus élevée pour vous.

La rente prescrite

Souscrite exclusivement avec un capital non enregistré, la rente prescrite offre l'avantage de niveler la partie imposable de vos prestations au fil des ans. Cela évite de payer beaucoup d'impôt les premières années et de voir ce montant diminuer au fur et à mesure que vous grugez votre capital. Vous déclarez chaque année le même revenu imposable de votre rente prescrite. Cette façon de faire est plus avantageuse dans bien des cas.

Une rente viagère prescrite prévoit que, plus l'âge du rentier est élevé à la date de souscription, moins la partie imposable sera grande. C'est pourquoi on l'envisage uniquement pour des retraités bien en route vers leurs 70 ans, quand ils n'ont pas déjà dépassé ce cap.

Ce type de rente est offert par les compagnies d'assurances et bénéficie de la protection du revenu – jusqu'à un maximum de 2 000 $ mensuellement – de la Société d'indemnisation pour les assurances de personnes (SIAP).

Une rente certaine, celle qui prévoit des versements sur un nombre d'années prédéterminé, peut aussi être prescrite.

La rente assurée

La rente assurée combine deux produits d'assurance : une rente viagère prescrite, sans période de garantie et acquise avec un capital non enregistré, et une assurance vie. Elle convient à celui qui désire utiliser son capital en maximisant son revenu après impôt tout en protégeant son patrimoine.

Pour maximiser le revenu du rentier, nous opterons pour une rente viagère sans aucune garantie relative à la durée des versements. Ils cesseront donc au décès du rentier. C'est alors que ses héritiers récupéreront le capital grâce à une assurance vie qui aura été souscrite avant l'achat de la rente. Il s'agira ici d'une assurance vie temporaire, dont la prime sera fixe jusqu'à ce que l'assuré ait 100 ans. Aucune valeur de rachat ne s'accumule dans ce type de contrat ; d'ailleurs, ce n'est pas ici l'objectif poursuivi. Il est **primordial** que le contrat d'assurance soit mis en vigueur avant de souscrire la rente.

Dans l'évaluation d'une rente assurée, tous les éléments sont pris en considération, dont le revenu après impôt de la rente et la prime d'assurance. Pour en mesurer la pertinence, comparez le rendement net de la rente assurée (après impôt, après la prime) au rendement net qu'un placement à revenu fixe (CPG ou obligation) vous procurerait.

Le seul aspect qui ne peut entrer dans la comparaison est le fait qu'en optant pour la rente, vous n'aurez plus accès à ce capital de votre vivant. Il reviendra à vos héritiers par le produit de l'assurance vie qui ne sera aucunement imposable.

Je me rappelle très bien ce couple de Sainte-Foy à qui j'ai recommandé une rente assurée pour chacun des conjoints au début des années 90. Tous deux, âgés d'un peu plus de 70 ans et en bonne santé, venaient de vendre des immeubles locatifs et se retrouvaient avec un capital non enregistré substantiel. Compte tenu de leur bon état de santé, leurs contrats d'assurance vie ont été conclus sans surprime. Les rentes viagères ont été souscrites alors que les taux d'intérêt excédaient 12 %. Le taux d'intérêt utilisé au moment de l'établissement d'une rente viagère demeure en vigueur pour la durée entière des prestations. Ce couple n'a jamais regretté d'avoir opté pour une rente assurée.

―――――⟨――――― **Conseil éclair** ―――――⟩―――――

Aussi bien pour la rente que pour l'assurance, vous avez avantage à faire appel à un conseiller en sécurité financière qui « magasinera » pour vous ces produits auprès de nombreuses compagnies d'assurances. Les écarts pour un même produit peuvent être significatifs. Il est recommandé d'avoir recours à des institutions différentes pour la rente et l'assurance vie.

➤ *Exemple d'une rente assurée de 100 000 $ (septembre 2004)*

Une femme de 65 ans, non fumeuse, dont le taux d'imposition marginal est de 48,2 %, recevra 4 108 $ une fois l'impôt et la prime d'assurance payés. Cela équivaut à un taux de rendement brut de 7,93 %. Si elle avait plutôt acquis des obligations à un taux de 5 %, il lui resterait 2 590 $. L'avantage : un revenu supérieur de près de 60 % avec la rente. L'inconvénient : l'accès au capital qui ne sera recouvré que par ses héritiers. Un homme du même âge et également non fumeur recevra pour sa part l'équivalent de 8,25 % avant impôt, soit 4 272 $ net. Pourquoi touche-t-il davantage ? Parce que son espérance de vie est moindre.

L'assurance vie universelle

On dit toujours que le REER constitue l'abri fiscal numéro un, car il convient aux objectifs de la majorité des Canadiens. L'assurance vie universelle, maintenant mieux connue du public, présente des caractéristiques fiscales intéressantes qui favorisent l'accumulation à long terme.

Une assurance vie universelle doit être taillée sur mesure, en fonction des objectifs du client, qui ne sont pas toujours les mêmes que ceux de l'assureur ! Il faut donc choisir le type d'assurance qui convient le mieux, pour ensuite bâtir votre portefeuille de placements, et ce, en fonction de la somme que vous pouvez investir dans votre vie universelle. Il est possible de capitaliser votre vie universelle pendant un certain nombre d'années, pour ne plus avoir à y déposer ensuite.

L'assurance vie universelle, offerte exclusivement par les compagnies d'assurances, combine deux volets : l'assurance vie et le placement. Certains investisseurs la considéreront pour se constituer un capital à utiliser durant la retraite ; d'autres l'utiliseront dans un but successoral (soit pour payer les impôts au décès, soit pour constituer un patrimoine). Nous nous attarderons ici aux stratégies mises en place pour augmenter votre capital disponible au cours de votre retraite.

Vous devriez envisager de souscrire une assurance vie universelle à partir du moment où :

- vous avez déjà cotisé à votre REER au maximum ;

- vous n'avez aucune dette ;

- vous disposez d'un fonds d'urgence adéquat ;

- vous avez accumulé un montant substantiel à l'extérieur de votre REER ;

- votre taux d'imposition est élevé ;

- vous disposez de sommes à investir ou désirez accumuler d'autres économies ;

- vous pouvez vous permettre un placement à très long terme, idéalement pour 15 ans ou plus.

Plusieurs de mes clients répondent aisément à ces critères. L'assurance vie universelle est une stratégie originale et flexible qu'ils apprécient.

L'assurance vie universelle est d'abord un contrat d'assurance auquel est combiné un volet placement dont le rendement croît à l'abri de l'impôt. L'assuré déposera pendant un certain nombre d'années un montant supérieur à la prime et aux frais du contrat ; ce surplus lui permettra de constituer un capital qu'il utilisera durant sa retraite.

Il peut s'avérer avantageux de mettre en place une seule assurance vie universelle pour un couple, car les coûts du contrat seront inférieurs, laissant ainsi disponible un montant supérieur pour le placement.

Conseil éclair

Si vous avez une entreprise incorporée, vous pouvez vous en servir pour votre assurance vie universelle. Les sommes que vous y déposerez seront alors « avant impôt ». Compte tenu que votre entreprise sera propriétaire et bénéficiaire du contrat (dont vous êtes l'assuré), le capital qui sera versé à votre décès – et qui inclura à la fois la partie assurance et le solde des placements – pourra être versé via le compte de dividendes en capital (pratiquement libre d'impôt). Il sera alors transmis à vos héritiers.

Chaque compagnie d'assurances offre de multiples choix d'investissement dans la structure d'une assurance vie universelle, allant des placements à revenu fixe (dont les CPG) aux fonds de placement gérés activement ou reflétant des indices boursiers ou obligataires.

Je considère que les placements dans une assurance vie universelle sont une des composantes de la stratégie financière, au même titre que le REER et les placements non enregistrés. En choisissant vos placements, il faut regarder l'ensemble de votre portefeuille et vous assurer que vos choix respectent votre profil et se complètent. Bien que certaines caractéristiques rendent l'assurance vie universelle alléchante, elle s'inscrit dans un contexte de diversification et ne devrait en aucun temps remettre en question vos contributions au REER ou le maintien d'un solide portefeuille de placements non enregistrés.

Selon la répartition pour laquelle vous opterez entre des placements à revenu fixe et de croissance dans votre assurance vie universelle, le conseiller utilisera des taux de rendement différents dans ses projections. Dans le contexte actuel où les taux d'intérêt sont faibles et où l'on s'attend à ce que la Bourse fournisse des rendements plus modestes que dans les années 90, il serait prudent de baser toute projection sur un taux de 4 % si vous n'optez que pour des placements à revenu fixe, et de 6 % pour les placements de croissance. Ces taux vous semblent bien bas ? N'oubliez pas que, du rendement brut obtenu, l'assureur prélève les frais de gestion des placements et les frais reliés à l'assurance. Aussi, certains assureurs accordent un bonus qui s'ajoute au rendement lorsque certains critères sont respectés.

Augmenter ses revenus de retraite avec son assurance vie universelle

Une fois retraité, vous utiliserez d'abord vos placements non enregistrés et ensuite votre REER. Il sera sage de reporter le moment où vous puiserez dans votre assurance vie universelle ou de l'utiliser en parallèle avec d'autres sources de revenus imposables. Il faut analyser votre situation personnelle et déterminer la meilleure façon d'optimiser, du point de vue fiscal, l'encaissement de vos capitaux.

L'assuré qui retirerait directement des montants de son assurance vie universelle risquerait de se retrouver avec une facture d'impôt assez salée. C'est pourquoi, lorsque le moment sera venu de toucher les valeurs de rachat accumulées dans votre contrat, vous le céderez plutôt en garantie à une institution financière qui vous accordera alors un emprunt.

Le montant du crédit qui vous sera accordé pourrait atteindre jusqu'à 90 % des valeurs de rachat de votre vie universelle. Vous pourrez toucher un montant forfaitaire ou effectuer des retraits d'une marge de crédit qui vous aura été consentie. Compte tenu qu'il s'agit d'un prêt bancaire, les montants que vous touchez ne sont pas imposables.

Vous n'aurez pas à rembourser le capital ni les intérêts de cet emprunt à l'institution financière, à moins que vous ne le souhaitiez. Les intérêts seront plutôt capitalisés et remboursés à la banque après votre décès. Rappelez-vous les deux composantes de votre assurance vie universelle : un capital décès et des placements. Vos retraits auront été établis en fonction de la valeur de vos placements (ou valeur de rachat) ; le capital décès sera suffisant pour rembourser à l'institution prêteuse le solde du prêt, capital et intérêts. Tout surplus sera transmis à vos héritiers.

Conseil éclair

Prévoyez-vous vendre votre entreprise d'ici quelques années et avoir des liquidités importantes à investir dans une assurance vie universelle ? Si oui, il pourrait être intéressant de la mettre en place dès maintenant. Vous pourriez n'y déposer qu'un montant minimum chaque année d'ici là. Les avantages ? Le coût de l'assurance sera basé sur votre âge actuel et votre assurabilité sera confirmée ; qui sait ce qui peut arriver ?

L'IMMOBILIER, PLUS QU'UN TOIT SOUS LEQUEL DORMIR

Pour le retraité canadien moyen, sa propriété représente souvent 80 % de son actif. Cela est de mauvais augure pour qui aura besoin de liquidités durant la retraite et qui devra continuer à se loger adéquatement.

➤ *De la ville...*
On tient souvent pour acquis que, une fois à la retraite, on pourra s'accommoder de moins grand, que le loyer coûtera donc moins cher. C'est un mythe. Plusieurs de mes clients vendent leur maison devenue trop grande après le départ de leurs enfants, mais la propriété qu'ils souhaitent acquérir vaut souvent plus cher. Parfois, des

charges de copropriété s'ajouteront aux impôts fonciers plus élevés. Assurez-vous de ne pas mettre une pression indue sur vos revenus de retraite en augmentant à la fois vos actifs en briques et bois et vos coûts mensuels.

➤ ... à la campagne...

Envisagez-vous de vendre votre résidence en ville pour vous installer dans votre maison de campagne une fois retraité ? Cela pourrait être très agréable, surtout si vous avez passé des années à en rêver. Mais, avant de vendre, louez votre résidence principale durant une ou deux années, histoire de vérifier si la campagne vous plaît sept jours sur sept, douze mois par année...

Pensez aussi à louer une maison de campagne avant de l'acheter. Il est souvent moins coûteux de quitter une maison louée que de vendre en catastrophe une propriété que vous ne pouvez plus sentir. Sans compter les coûts du véhicule 4 X 4, un impératif quand on vit à la campagne qui devient un joujou dispendieux quand on revient en ville.

➤ ... en passant par l'étranger

Si vous songez à vivre votre retraite à l'étranger, demandez-vous si vous êtes capable de surmonter les diverses considérations suivantes.

- Les considérations familiales. « Je veux voir grandir mes petits-enfants. » « Mon fils de 32 ans est revenu vivre à la maison. » « Nous devons nous occuper de nos parents. »

- Les considérations médicales. « Je veux être près de mon médecin. » « Je me sens déjà mieux en vivant près de l'hôpital. »

- Les considérations conjugales. « Moi, je partirais. Mais il y a ma femme... » « Ma petite amie a 25 ans : elle est loin de la retraite ! »

Bref, avant de tout vendre (ou de tout donner) pour aller vivre à l'étranger, faites-en donc l'essai un an au moins. Consultez un spécialiste qui vous conseillera sur la meilleure façon de structurer vos affaires financières durant cette période de transition.

L'hypothèque inversée : les deux côtés de la médaille

Comptez-vous utiliser la valeur de votre maison comme complément de vos revenus de retraite ? Voilà un sujet qui devient rapidement émotif, les Québécois étant très attachés à leur maison, encore plus quand ils vieillissent. Déjà, on aura dû faire son deuil dans bien des circonstances : départ à la retraite, santé dépérissante, décès d'amis, de membres de la famille, voire du conjoint. Songer à quitter la maison est souvent perçu comme un autre deuil qui se profile...

On emploie souvent l'expression « *house rich, cash poor* » pour décrire le dilemme de ceux qui vivent encore dans cette maison qui constitue une partie importante de leurs actifs, mais de laquelle ils ne peuvent tirer les liquidités essentielles au maintien de leur niveau de vie.

Au Canada, de plus en plus de retraités préfèrent continuer à vivre dans leur maison. Aussi, nombreux sont ceux qui souhaitent améliorer leur quotidien, voyager ou adapter leur maison à leurs besoins, mais qui n'ont pas les liquidités pour le faire.

Bien que la vente de votre propriété puisse être la meilleure façon pour vous de profiter de cet investissement que vous avez fait il y a longtemps, l'hypothèque inversée peut constituer une solution. Grâce à l'hypothèque inversée, vous restez propriétaire de votre maison et continuez à l'habiter tant que vous et votre conjoint le désirez.

L'hypothèque inversée : pour qui ?

Dans les cas suivants, l'hypothèque inversée peut être considérée.

- Une personne ou un couple sans enfants.

- Un individu, ou un couple, âgé de 70 ans ou plus (62 ans au minimum).

- Le propriétaire d'une maison dont la valeur est élevée.

- Le résidant d'un secteur susceptible de s'apprécier.

- Celui qui ne tient pas à laisser un héritage à ses proches[1].

L'institution financière accorde un prêt allant de 10 % de l'évaluation de votre propriété si vous êtes au début de la soixantaine, jusqu'à environ 40 % si vous approchez les 80 ans. Cette somme, non imposable, vous est remise par mensualités ou en un seul versement, à votre choix. C'est donc dire que cette source de revenu n'a aucun effet sur le calcul de la récupération de la pension de la Sécurité de la vieillesse (PSV) ni des autres crédits auxquels vous avez droit.

Vous n'aurez pas besoin de rembourser ce prêt dont les intérêts sont capitalisés mais élevés, habituellement 4 % de plus que le taux des bons du Trésor ou 1,5 % de plus que le taux hypothécaire de cinq ans. Le taux de l'hypothèque inversée est révisé chaque année. Vous pouvez ainsi habiter votre maison et profiter du capital que vous avez accumulé, mais qui était « immobilisé » dans la brique.

Si vous décidez de vendre la maison, vous devrez rembourser le capital et les intérêts au prêteur. À votre décès, vos héritiers pourront céder la maison au prêteur, ou la vendre, rembourser le prêt et conserver tout excédent.

Le revers de la médaille

- Le secteur de l'immobilier est cyclique : cela influe sur l'évaluation de votre propriété.

- Même avec une hypothèque inversée, vous demeurez propriétaire de la maison. Vous devez donc l'entretenir pour la garder en bon état.

- Vous devrez régler les frais relatifs à la transaction : frais d'évaluation, honoraires du notaire, certificat de localisation. Pensez-y à deux fois si le montant du prêt n'est pas élevé.

- Une hausse éventuelle du taux d'intérêt pourrait vous causer de l'inquiétude. Les personnes âgées y sont particulièrement sensibles.

- Si vous avez des enfants, vous devriez discuter de l'hypothèque inversée avec eux avant d'aller de l'avant. Peut-être vous apporteront-ils d'autres solutions? En tout cas, ils n'auront pas de surprise à la lecture de votre testament[1].

L'immobilier : un placement actif, ou quand le «plex» devient complexe

Bien des Québécois ont accumulé des actifs importants en étant propriétaires d'immeubles locatifs. Avec le produit du duplex qu'ils ont vendu, ils ont acquis un quadruplex, un immeuble de huit logements, et ainsi de suite.

Si vous êtes à l'approche de la retraite, la gestion active de vos immeubles peut vous priver du style de vie que vous souhaitez mener. Comme l'immobilier est cyclique, il peut s'avérer pertinent de vendre un peu plus tôt pour profiter de conditions avantageuses.

Avant de conclure une transaction, vous devriez réviser avec votre comptable les impacts fiscaux qu'entraînera la vente, en particulier si vous avez profité de l'amortissement au fil des ans. Dans ce cas, vous devrez payer l'impôt non seulement sur le gain de capital mais aussi sur la récupération de l'amortissement. L'amortissement vous permet un report d'impôt... jusqu'au moment où vous vendez.

Évidemment, si vous prenez toujours plaisir à vous occuper activement de vos immeubles locatifs, vous les conserverez peut-être. Une chose est certaine, mieux vaut ne pas attendre d'être obligé de vendre (par exemple, si vous santé se détériore), un sentiment d'urgence n'étant jamais favorable au vendeur.

La fiducie de placement immobilier : pour recevoir des revenus sans gérer d'immeuble

La fiducie de placement immobilier vous permet d'investir dans ce secteur sans que vous ayez à vous occuper activement d'un immeuble. Elle apparaît aujourd'hui comme le meilleur outil pour profiter des revenus réguliers de ce secteur. Un REIT (*Real Estate Investment Trust*) est une entité légale dont le but est de détenir des immeubles et de distribuer la majorité de ses revenus à ses détenteurs d'unités.

La quinzaine de REIT canadiens sont négociés à la Bourse de Toronto. Ils se situent dans des secteurs aussi variés que les immeubles résidentiels ou industriels, les édifices à bureaux, les centres commerciaux, les hôtels et les résidences pour retraités.

En général, il est moins risqué d'investir dans un REIT que dans une société immobilière cotée en Bourse. Les REIT détiennent surtout des immeubles qui montrent une stabilité quant à leur taux d'occupation et à leurs revenus.

Comme pour toute fiducie de redevances, les trois éléments principaux qui peuvent nuire au rendement du REIT sont la qualité des gestionnaires, la fluctuation des taux d'intérêt (si les taux montent, leur prix baisse) et le comportement du secteur concerné. Voici d'ailleurs cinq bonnes raisons d'investir dans un REIT bien sélectionné et à bon prix.

1. Le REIT contribue à réduire le risque d'un portefeuille, car sa corrélation avec le marché boursier est faible ; autrement dit, les deux évoluent rarement dans le même sens depuis 20 ans et leurs rendements sont compétitifs.

2. Le REIT vous protège contre l'inflation. C'est bien connu, l'immobilier se nourrit de l'inflation. Un REIT dont le portefeuille de baux est assez court pourra hausser ses loyers pour tenir compte de l'inflation.

3. Un REIT vous donne un accès immédiat à un portefeuille de propriétés immobilières diversifié, dans plusieurs villes et secteurs, sans que vous ayez à vous soucier des tracasseries administratives.

4. La plupart des REIT canadiens offrent un revenu de 7 à 10 % par année, dont une partie est habituellement reportée aux fins d'impôt.

5. Les REIT sont gérés par des professionnels : on ne vous demandera pas de régler un problème de plomberie !

Même si investir dans une fiducie de placement immobilier paraît simple, il faut faire ses devoirs avant : analyse du prospectus, des rapports financiers et de la qualité des actifs, compréhension de la vision d'affaires des gestionnaires et de leur stratégie. Comme pour un fonds commun, le rendement passé n'est pas garant du rendement futur.

2 RÈGLES DE BASE POUR AUGMENTER VOS ACTIFS NON ENREGISTRÉS

La discipline est une qualité essentielle pour qui veut bâtir son indépendance financière. Voici deux règles desquelles vous ne devez pas dévier pour atteindre vos objectifs.

Soyez sélectif. Bien que le rendement d'un placement non enregistré soit étroitement lié à son traitement fiscal, ne succombez pas à la tentation d'investir à partir des seules considérations fiscales. Un placement ne mérite d'être acheté que s'il est intéressant, même sans ses artifices fiscaux.

Sachez passer à la caisse ! Je ne le répéterai jamais assez : il faut prendre les profits quand ils sont là. Mieux vaut payer l'impôt sur le gain de capital qu'emmagasiner des pertes.

Au début de mars 2000, j'ai expédié à la plupart de mes clients investisseurs une lettre les incitant à rééquilibrer leur portefeuille à la suite de la hausse exceptionnelle des marchés boursiers. Bien que j'aie le nez long et fin (cadeau de ma mère), j'étais loin de me douter que l'envoi de ma missive allait coïncider avec le début d'un long marché baissier. La majorité de ces investisseurs ont reconnu l'importance d'agir à ce moment, ce qui les a protégés durant le marché baissier.

Ce sont les marchés baissiers qui font grandir un conseiller financier, pas les marchés haussiers. Il y a peu de mérite à donner du rendement quand les Bourses montent; il y en a beaucoup à savoir tirer son épingle du jeu et à gérer le risque lorsque tout chute.

C'est pendant l'orage qu'on connaît le pilote.
Sénèque le Philosophe (v. 4 av. J.-C. – 65 ap. J.-C.)

NOTES

[1] HÉMOND, Élaine. « L'hypothèque inversée : pour avoir le beurre et l'argent du beurre ? », *Affaires Plus,* octobre 2000, p. 18

[2] *Loc. cit.*

Bâtir un portefeuille efficace

« L es actions vous font bien manger ; les obligations, bien dormir. » Voilà la réponse d'un gestionnaire d'obligations à sa conjointe, gestionnaire d'actions, qui lui demandait comment on se sent quand on a fait carrière dans la mauvaise classe d'actifs...

Cette anecdote racontée en août 1999 dans le magazine *Fortune* a de quoi faire sourire quand on sait ce qui est arrivé aux marchés boursiers les années suivantes. Elle illustre cependant bien l'excès de confiance, frisant l'arrogance, qu'affichaient certains investisseurs (et certains conseillers) alors que la Bourse américaine arrivait au terme d'une de ses meilleures décennies.

───── ⤨ ───── **Conseil éclair** ───── ⤧ ─────

Il y a un temps pour épargner et un temps pour dépenser. Il est sage de planifier comment vous dépenserez vos épargnes durant votre retraite pour vous assurer que vous en aurez suffisamment. Dans le bon temps (c'est relatif!), un retraité pouvait presque vivre avec ses revenus d'intérêts et de dividendes; ce n'est plus le cas maintenant. Il faut donc prévoir suffisamment de placements liquides pour couvrir deux à trois ans de retraits du portefeuille, et ce, afin d'éviter de vendre des placements de croissance durant un cycle baissier.

Dans le présent chapitre, je vous ferai des suggestions pour vous aider à bâtir un portefeuille de placement efficace. Vous trouverez dans le glossaire présenté à la fin de ce livre une explication des principaux termes.

VOS BESOINS D'ABORD, LES RECOMMANDATIONS ENSUITE

Un conseiller financier vous a-t-il déjà recommandé un placement avant même de connaître vos objectifs? Cela semble être fréquent. Malheureusement, l'accent est trop souvent mis sur les produits: l'approche tactique est favorisée au détriment de l'approche stratégique.

En établissant votre stratégie de placement, nous déterminons l'orientation à long terme de votre portefeuille. Nous établissons les proportions de votre capital allouées aux titres à revenu (fixes ou variables), aux actions (titres individuels ou regroupés dans un fonds) et à l'encaisse.

Une stratégie de placement doit découler de vos besoins, de vos objectifs, de votre horizon temporel et de votre profil d'investisseur. Comme j'ai toujours favorisé l'approche globale de la planification financière, j'éprouve de la difficulté à comprendre comment un conseiller peut faire des recommandations de placement sans avoir au préalable déterminé l'ampleur et la fréquence des retraits à encaisser d'un portefeuille.

Pour gérer efficacement les portefeuilles de nos investisseurs, mes associés de PWL Capital inc. et moi adhérons à ces **quatre principes fondamentaux**.

1. La performance que nous obtiendrons est d'abord attribuable à la stratégie de répartition de l'actif que nous aurons mise en place.

2. Les impôts et les coûts reliés à la gestion du portefeuille atténuent sensiblement les résultats.

3. Le rééquilibrage périodique des classes d'actifs ajoute à la performance.

4. La psychologie de l'investisseur influe sur le résultat final.

Le concept de la répartition stratégique de l'actif (RSA)

«Il ne faut pas mettre tous ses œufs dans le même panier.» Ce proverbe apparaît comme une évidence en matière d'investissement. Pourtant, cela ne fait que 50 ans que Harry Markowitz a soutenu qu'en composant son portefeuille de différents titres et catégories d'actifs orientés vers la croissance, les revenus et les liquidités, on en diminue le risque. Une étude publiée en 1986[1] a aussi établi que 94 % des fluctuations du rendement d'un portefeuille sont attribuables à la combinaison des catégories d'actifs plutôt qu'à la sélection des titres individuels, ou encore au moment de l'investissement (*market timing*).

Markowitz préparait en 1952, à l'Université de Chicago, sa thèse de doctorat qu'il a d'ailleurs réussie de justesse ! En fait, sa « Théorie moderne de portefeuille » n'a été confirmée que 20 ans plus tard, lorsque la technologie a permis de valider ses hypothèses. La Théorie moderne de portefeuille a valu à Markowitz le prix Nobel de sciences économiques en 1990.

Aujourd'hui encore, les recherches de Markowitz nous permettent de bâtir des portefeuilles diversifiés pour :

- accroître les probabilités de rendements supérieurs constants ;

- réduire le risque et la volatilité (les fluctuations) ;

- nous concentrer sur vos objectifs et la stratégie d'ensemble du portefeuille plutôt que de tenter de deviner quelle classe d'actifs fera mieux que les autres.

Lorsqu'on analyse le rendement à long terme de divers indices boursiers et obligataires, il en ressort que l'investisseur qui a opté pour les marchés boursiers a éventuellement été récompensé par une « prime ». Ce rendement supplémentaire compense le risque qu'il a pris.

Les auteurs de l'étude *Triumph of the Optimists* s'attendent toutefois à ce que la prime reliée au risque diminue dans les années à venir. Une répartition de l'actif contenant moins d'actions et plus d'obligations serait alors à considérer[2].

Bien que le passé ne soit pas garant de l'avenir, selon l'expérience canadienne, l'investisseur peut espérer un rendement réel, c'est-à-dire après inflation, de 6 à 7 % sur les actions et de 3 % sur les obligations. L'investisseur peut s'attendre à obtenir à long terme un rendement après inflation d'environ 8 % sur ses actions américaines sauf que les fluctuations du taux de change augmentent le risque[3].

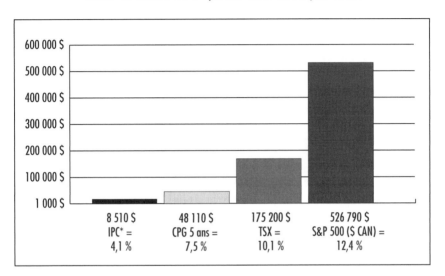

Pourquoi détenir des actions ?
Valeur de 1000 $ du 1er janvier 1950 au 30 juin 2003.

(Source : Andex)

* IPC : Indice des prix à la consommation

Quel est votre profil d'investisseur ?

Le compromis que vous faites entre le rendement que vous visez et le degré de risque avec lequel vous êtes à l'aise guide le conseiller pour établir la répartition stratégique de votre actif (RSA). Cependant, ce n'est pas le seul critère, loin de là ! Voici un aperçu des éléments que je considère avant de convertir mon client en investisseur.

- L'âge, la culture, la situation familiale, l'occupation.

- La relation avec le risque, le rapport avec l'argent.

- Le besoin de gérer ses placements.

- Le tempérament d'investisseur : actif ou passif ?

- Les liquidités requises, la fréquence des sorties de fonds, la flexibilité.

- L'intégration du portefeuille à bâtir avec les autres actifs.

- Les contraintes limitant, voire interdisant d'investir dans une société ou une classe d'actifs.

Connaissez-vous votre profil d'investisseur ? Si oui, est-il demeuré le même à la suite des fluctuations des marchés boursiers des dernières années ? Consultez votre planificateur financier pour le mettre à jour.

L'horizon temporel d'investissement se révèle par ailleurs déterminant dans le choix d'une catégorie d'actifs. À long terme, les rendements boursiers excédent ceux des titres obligataires et la volatilité diminue avec le temps. En matière d'investissement, le temps constitue votre meilleur allié, mais il devient de plus en plus difficile d'accepter cette réalité. L'accès à toute l'information, grâce entre autres à Internet, transforme bien des investisseurs « à long terme » en des gens qui recherchent la croissance quotidienne !

Un portefeuille axé uniquement sur la croissance fait fi des réalités de la vie. En effet, la meilleure des planifications financières peut basculer lorsque survient un divorce, une invalidité ou un décès. Tout portefeuille doit garder une place pour l'imprévisible et cela veut dire qu'il faut pouvoir compter sur des placements à revenu fixe portant diverses échéances.

LA DIVERSIFICATION GÉOGRAPHIQUE, EST-CE VRAIMENT LA FIN DU MONDE ?

La plupart des investisseurs américains ne détiennent que des titres américains. Pourquoi ne ferions-nous pas de même ? La réponse est simple : nous ne pouvons pas nous payer ce luxe !

Vos revenus d'emploi sont en dollars canadiens ainsi que la valeur de votre fonds de pension, de votre maison, de vos placements et de leurs revenus. C'est beaucoup... trop. Les Canadiens qui voyagent, constatent notre « pauvreté » vis-à-vis des devises fortes telles que l'euro. Il n'est même pas nécessaire d'aller à l'extérieur du Canada pour subir les effets déroutants de la dévaluation de notre devise ; en effet, les Canadiens consacrent environ 30 % de leurs dépenses à payer des biens et des services étrangers.

Déjà que les sociétés canadiennes cotées en Bourse ne représentent que 2 % de la capitalisation boursière mondiale, voilà qu'un grand nombre d'entre elles passent aux mains des étrangers. Entre 1994 et mai 2002, 57 grandes sociétés canadiennes, dont la valeur de chacune dépassait 500 millions de dollars, ont été acquises par des étrangers[4].

Lorsqu'elles sont retirées de l'indice, ces entreprises sont remplacées par d'autres plus petites, plus risquées, plus difficiles à négocier.

Sans vouloir être ironique (plutôt réaliste), je constate moi aussi que le marché boursier canadien est à la remorque du marché américain, sauf qu'en général il monte moins et baisse autant que ce dernier.

La restriction imposée par le gouvernement fédéral qui limite à 30 % le contenu étranger dans nos régimes enregistrés se veut davantage *politically correct* que *financially correct*... Comme très peu d'investisseurs utilisent pleinement le 30 % de contenu étranger dans leurs régimes enregistrés, l'occasion est belle de reporter à plus tard l'augmentation de sa limite.

La diversification géographique ne se limite évidemment pas à investir aux États-Unis. L'Europe constitue aussi un potentiel immense.

Après avoir diversifié un portefeuille grâce aux marchés des États-Unis et de l'Europe, vais-je recommander d'aller vers le Japon, l'Asie du Sud-Est, l'Australie, l'Amérique du Sud ? Pas de façon importante, car je me souviens...

- du rendement éclatant que les fonds japonais procuraient à la fin des années 80 et qui reposait pratiquement juste sur l'appréciation du yen par rapport au dollar canadien ;

- du rendement désespérant que les fonds japonais procurent depuis presque 10 ans, lequel résulte de politiques fiscales, monétaires et économiques inefficaces et d'une succession de gouvernements dont le règne est souvent aussi court que le temps des cerises ;

- de la dévaluation successive des devises brésilienne, mexicaine et, plus récemment, argentine et uruguayenne, qui fait non seulement souffrir les populations et les entreprises locales, mais qui renvoie chez eux les investisseurs étrangers découragés devant tant de corruption ;

- de l'année 1993 durant laquelle les fonds communs investis en Asie du Sud-Est ont pratiquement doublé, puis de la hausse constante du dollar américain qui a étouffé, en 1997, les emprunteurs asiatiques jusqu'à les faire plonger dans une crise financière sans précédent.

La diversification d'un portefeuille sur le plan géographique se situe davantage dans le volet « croissance » que dans celui des titres à revenu. Voici un exemple de la répartition géographique qu'on peut donner à un portefeuille à risque modéré.

Canada : 45 %	États-Unis : 30 %	Europe : 20 %	Autres : 5 %

LA DIVERSIFICATION SECTORIELLE JOUE-T-ELLE UN RÔLE DANS LA RÉPARTITION DE VOTRE ACTIF ?

En ajoutant un volet de diversification sectorielle au portefeuille, nous l'adaptons à l'environnement économique. Cette adaptation vise généralement une réduction de la volatilité du portefeuille et une augmentation du rendement.

La volatilité associée à un secteur donné est inférieure à celle des titres individuels composant ce même secteur. Des spécialistes vont jusqu'à avancer qu'une forte proportion du rendement d'un titre est attribuable à la performance du secteur dans lequel il se trouve.

La diversification sectorielle nous amène aussi vers le concept « noyau/satellites » grandement utilisé par les gestionnaires institutionnels pour bâtir la composante « croissance » de leur portefeuille. Les sommes principales sont d'abord allouées aux positions de base moins risquées : c'est le noyau. Il est complété par des satellites dirigés vers différents secteurs, styles de gestion (valeur, croissance, momentum) et capitalisations (petite, moyenne, grande).

Dans son livre *Les fonds négociés en Bourse* (Éditions Transcontinental), Howard J. Atkinson insiste : les positions satellites doivent être facilement négociables si les conditions de marché changent. En fait, ce sont les positions sur lesquelles le gestionnaire compte pour dépasser le rendement de son indice de référence[5].

Quelle proportion du total de votre portefeuille devriez-vous allouer aux positions satellites ?

- Si vous êtes un investisseur audacieux, de 10 % à 20 %.

- Si vous êtes un investisseur dynamique, de 5 % à 10 %.

- Si vous êtes un investisseur modéré ou conservateur, faites comme moi lorsque je vais voir les tailleurs Armani et qu'on me demande si on peut m'être utile : je réponds « non merci, je ne fais que regarder » !

LES PLACEMENTS ALTERNATIFS : UNE NOUVELLE CLASSE D'ACTIFS ?

Les placements alternatifs incluent à peu près tout, sauf les traditionnelles obligations et actions. Ils incluent aussi bien le capital de risque, les placements privés, les fonds de couverture (le concept des *hedge funds* existe depuis plus de 50 ans !), l'immobilier, les actions et les titres de dette de sociétés en difficulté, les stratégies d'arbitrage et les contrats à terme gérés.

Ils peuvent être considérés comme une catégorie d'actifs distincte qui vise à protéger un portefeuille contre un ralentissement économique, l'inflation ou tout autre facteur susceptible d'influer sur le rendement. L'ajout de ce type de placement n'est justifié que dans la mesure où il n'est pas corrélé avec les autres composantes de votre portefeuille, qu'il en réduit le risque et qu'il ajoute (c'est le but visé !) à son rendement.

Quel pourcentage devriez-vous attribuer aux placements alternatifs ? Selon moi, au maximum 10 % en allouant de 3 à 5 % à chacune des positions. L'outil idéal pour vous initier aux placements alternatifs est un « fonds de fonds de couverture » qui combine diverses approches. S'il est bien structuré, votre « fonds de fonds » sera moins risqué.

 **Conseil éclair**

L'inconnu fait peur, c'est pareil dans tous les domaines, incluant l'investissement. J'ai remarqué que mes clients qui s'intéressent davantage à leur portefeuille et à l'investissement en général deviennent moins inquiets. Plus vous devenez renseigné sur l'investissement, mieux vous serez placé pour en évaluer le risque et le potentiel. Aussi, dans un environnement où les placements garantis ne peuvent à eux seuls générer un rendement suffisant pour «financer» une retraite, un investisseur bien informé reconnaîtra que, sans risque, la croissance est limitée.

En adhérant aux principes de la répartition stratégique de l'actif, nous arrivons à bâtir des portefeuilles qui sont moins fragiles aux aléas des marchés boursiers à court terme. Selon moi, la plus grande qualité d'un portefeuille de placement sera d'apporter un rendement régulier d'une année à l'autre. La recherche de la performance à court terme augmente considérablement le risque, sans compter que des résultats décevants se traduisent par des années d'attente pour retrouver la valeur antérieure et progresser à nouveau.

LA DIVERSIFICATION DE VOTRE PORTEFEUILLE

Avant de décider quels placements composeront votre porte-feuille, vous devez considérer bien des éléments. Nombre d'entre eux auront été précisés, notamment vos objectifs et vos besoins de revenus, au cours de votre planification financière. Avec votre plani-ficateur, vous aurez aussi déterminé votre horizon temporel d'in-vestissement en fonction de votre espérance de vie. Une partie importante de vos placements est susceptible de n'être requise que plusieurs années après le début de votre retraite ; quand ce n'est pas votre succession qui en héritera.

Selon votre profil d'investisseur et vos attentes en matière de ren-dement, le temps est venu de diversifier vos actifs à investir en fonc-tion :

- des catégories d'actifs, soit les actions, les obligations et l'en-caisse ;

- de la diversification géographique.

181

Aux fins de l'exercice, je vous propose quatre profils d'investisseur avec une répartition de l'actif qui compte deux grandes catégories : la croissance et les placements à revenu.

J'inclus dans le volet «revenu» la proportion de vos avoirs à
conserver en encaisse ou en placements à court terme. Son pourcentage dépendra de la volatilité du marché, mais surtout de vos besoins
de liquidités. Excluant les retraits prévus durant l'année courante, un
investisseur conservateur gardera environ 10 % de son portefeuille en
encaisse ; l'investisseur audacieux en conservera de 2 à 5 %.

4 profils d'investisseur, 4 répartitions de l'actif

PROFIL	% TITRES À REVENU	% TITRES DE CROISSANCE
Conservateur	70 %	30 %
Modéré	50 %	50 %
Dynamique	30 %	70 %
Audacieux	-30 %	+ 70 %

Le volet « revenu » de votre portefeuille : une combinaison de titres à revenu fixe et variable

Toute équipe sportive a des joueurs à l'attaque et d'autres à la
défense. Le principe est le même quand vient le temps de bâtir un
portefeuille. Vous vous placez dans une position vulnérable si vous
n'avez aucun titre à revenu fixe dans votre portefeuille.

Certes, les taux d'intérêt ne sont plus ce qu'ils étaient au début
des années 80, mais le taux d'inflation non plus. À son sommet, le
taux d'inflation au Canada a atteint 12,4 % en 1981 ; ces années-ci, il
se situe autour de 3 %.

Une notion de base à retenir concernant vos placements à revenu fixe est que les taux d'intérêt et d'inflation évoluent en parallèle. Lorsque l'économie montre des signes de surchauffe (donc d'inflation), la Banque du Canada augmente les taux d'intérêt. Lorsqu'il lui en coûte plus cher pour emprunter, le consommateur ne change pas de voiture et attend pour s'acheter une maison. L'inflation se traduit par l'augmentation du coût de la vie.

Si vous êtes un investisseur, une hausse des taux d'intérêt signifie que vous obtiendrez un rendement supérieur sur les obligations que vous achetez. Sachez cependant qu'une hausse des taux d'intérêt réduira la valeur marchande des obligations négociables que vous détenez déjà (à ne pas confondre avec les obligations d'épargne, dont la valeur nominale ne varie pas, peu importe le moment où vous les encaissez).

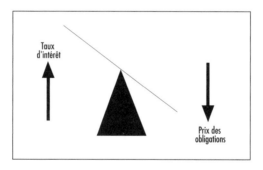

Aussi, plus la date d'échéance de votre obligation est lointaine, plus la variation dans sa valeur marchande sera marquée. Par exemple, pour une obligation portant intérêt à 7 %, une hausse de 1 % du taux d'intérêt en fera diminuer la valeur marchande de :

• 4 % pour une obligation qui arrive à échéance dans 5 ans ;

• 7 % pour celle qui arrive à échéance dans 10 ans ;

• près de 11 % pour celle qui arrive à échéance dans 20 ans.

La bonne nouvelle, c'est que l'inverse est aussi vrai. Conséquemment, vous aurez parfois avantage à vendre avant échéance une obligation négociable que vous détenez si les taux d'intérêt ont chuté. La plus-value que vous toucherez en vendant le titre sera imposée comme un gain en capital dans un compte non enregistré. Cela vous permettra également d'investir cette somme selon votre RSA.

La baisse quasi ininterrompue des taux d'intérêt depuis 20 ans en a amené plusieurs à ignorer les obligations, mais la descente vertigineuse des Bourses a permis à celles-ci de reprendre du service ! Regardons certains paramètres des obligations et voyons comment elles peuvent améliorer votre sort.

- **La qualité de l'émetteur.** Plus la cote de crédit de l'émetteur est élevée, moins le rendement de son obligation l'est. Comme cette partie de votre portefeuille constitue son point d'ancrage, je recommande d'allouer le tiers aux obligations émises par le gouvernement fédéral, le tiers aux titres des provinces et le reste, à des obligations émises par des sociétés. Ces dernières comportent un niveau de risque supérieur. Vérifiez-en la cote sur le site www.dbrs.com. En sélectionnant des titres mieux cotés, vous pourrez réévaluer votre position si la classification de l'un d'entre eux est abaissée.

Le risque de défaut de la part d'une société qui émet des obligations est toujours possible. Ces titres devraient donc avoir une échéance plus rapprochée pour que le risque soit réduit.

- **La stratégie d'étalement de vos échéances.** Simple et efficace, elle consiste à étaler vos échéances sur un certain nombre d'années. Par exemple, si vous prévoyez encaisser des sommes dans cinq ans, vous pourriez avoir une obligation qui arrive à échéance chaque année, de la 5e à la 10e année. Au moment de faire des retraits, vous évaluez s'il est préférable d'encaisser le titre échu ou de toucher les profits de vos placements de croissance et de replacer le montant disponible dans une obligation arrivant à échéance à la suite des autres.

- **Les coupons détachés.** Ils constituent un outil intéressant pour parer au risque de réinvestissement des revenus dans un contexte où les taux baissent. Toujours achetée à escompte, chaque tranche d'un coupon vaudra 100 $ à échéance. La valeur marchande d'un coupon détaché sera plus volatile que celle d'une obligation lorsque les taux d'intérêt fluctuent.

- **La devise de l'obligation.** Elle peut vous permettre de réaliser un rendement supplémentaire à celui des intérêts. Par exemple, si vous estimez que l'euro s'appréciera par rapport au dollar canadien, vous pourriez acheter une obligation émise par le gouvernement du Canada libellée en euros.

- **La négociabilité d'une obligation.** Elle est importante afin de vous permettre de revoir votre stratégie si l'économie connaît un changement structurel ou tout simplement si votre situation personnelle l'impose. Moins un titre sera négociable, plus vous serez à la merci de l'acheteur.

- **L'obligation à rendement réel.** Elle vous permet de conserver votre pouvoir d'achat. D'aucuns diront que l'inflation est chose du passé ; je ne le crois pas. Émises par les gouvernements, les obligations à rendement réel ont l'avantage d'être faiblement corrélées avec les autres classes d'actifs[6]. En d'autres termes, elles vous procureront un rendement positif alors que d'autres placements baisseront. Voilà qui n'est pas à dédaigner si vous comptez sur vos revenus de placement pour payer l'épicerie ! Pour en savoir plus sur les obligations à rendement réel, visitez le site www.bylo.org/rrbs.html. ou lisez ma chronique « Stabilisez votre portefeuille avec des ORR » à helenegagne.com.

Quelle commission payez-vous sur vos obligations ?

Oui, oui, je vous entends déjà dire que vous ne payez pas de commission lorsque vous achetez une obligation négociable ou des coupons détachés. Détrompez-vous ! Si vous achetez sur le marché secondaire ou vendez ces titres, votre courtier prélèvera une commission, à moins que vous n'ayez un compte à honoraires. La somme prélevée, plutôt appelée « écart », est rarement déclarée mais toujours reflétée dans le rendement que vous obtiendrez. Même si vous négociez avec un courtier à escompte, vous êtes susceptible d'assumer cet écart. Sachez que lorsque vous négociez des coupons détachés, plus leur échéance est longue, plus l'écart risque d'être élevé.

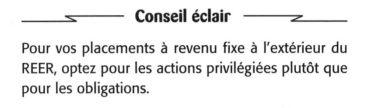

Conseil éclair

Pour vos placements à revenu fixe à l'extérieur du REER, optez pour les actions privilégiées plutôt que pour les obligations.

Dans vos comptes non enregistrés, le volet « revenu fixe » sera plutôt composé d'actions privilégiées. Non garanties, les actions privilégiées émises par des sociétés de qualité vous verseront des dividendes dont le traitement fiscal sera plus avantageux que celui des intérêts. En fait, un dividende de 5 % équivaut à 6,5 % en intérêt avant impôt pour l'investisseur sujet au plus haut taux d'imposition marginal au Québec, soit 48,2 % en 2004.

Une action privilégiée peut être assortie de multiples caractéristiques qui modifieront son comportement, comme le fait qu'elle soit rachetable ou à dividende cumulatif.

Une action privilégiée rachetable aura une date et un prix déterminés à l'avance, auxquels elle sera susceptible d'être rachetée par l'émetteur. Plus sa date de rachat sera rapprochée, moins le cours de cette action privilégiée sera vulnérable à une hausse du taux d'intérêt.

Quant à l'action privilégiée à dividende cumulatif, elle a cet avantage : tous les dividendes accumulés sur cette action devront être payés avant que les actionnaires ordinaires reçoivent un dividende ou avant que la société puisse la racheter.

Les agences d'évaluation attribuent une classification aux actions privilégiées, ce qui permet d'en apprécier la qualité. Le Dominion Bond Rating Service en évalue un certain nombre (www.dbrs.com).

En gardant comme objectif que les titres à revenu fixe doivent être le point d'ancrage dans votre portefeuille, favorisez les actions privilégiées ayant les meilleures évaluations.

Des titres à revenu variable : un bon compromis pour augmenter le rendement

Nous avons abordé les placements à revenu fixe ; voyons maintenant les fiducies de redevances (*trust units*). Les revenus de cette catégorie de placement sont variables et non garantis, pas plus que leur capital d'ailleurs.

Les premières fiducies de redevances étaient reliées au secteur du pétrole et du gaz, mais aujourd'hui elles touchent aussi la production d'énergie électrique, l'immobilier, la restauration rapide, etc. L'engouement des investisseurs n'est pas resté sans réponse, si bien qu'il faut se montrer plus prudent que jamais dans la sélection des fiducies : la qualité varie grandement.

Certains conseillers financiers considèrent les fiducies de redevances comme un véhicule de croissance. Je ne partage pas cet avis et je préfère y avoir recours pour les revenus qu'elles peuvent verser. En incluant des fiducies dans le portefeuille de mes clients, je vise à :

1. augmenter le rendement moyen des titres à revenu dans leur portefeuille ;

2. ajouter un élément stabilisateur grâce aux flux réguliers de revenus ;

3. protéger leur capital contre l'inflation ;

4. procurer à leur compte à l'extérieur du REER un rendement attrayant après impôt.

Plusieurs s'entendent pour dire qu'il existe une relation inverse entre les taux d'intérêt à long terme et les fiducies de redevances. Aussi, j'alloue au maximum entre 10 à 20 % du portefeuille aux fiducies. Pourquoi pas davantage si on peut en espérer des rendements réguliers de 8 à 10 % ? Tout simplement parce que leur niveau de risque est comparable à celui des actions.

La proportion de chacune de vos fiducies ne devrait pas dépasser 5 % de votre portefeuille, ce qui vous donne la possibilité d'en sélectionner dans différents secteurs d'activité. Cette diversification par secteur ne constitue pourtant pas un gage instantané de succès, loin de là ! Bien qu'elles soient plus courantes, les fiducies de redevances sont encore des «créatures étranges», pas seulement pour les investisseurs mais aussi pour bien des conseillers. Il faut donc établir des critères de sélection rigoureux qui impliquent notamment une bonne connaissance du secteur d'activité, les caractéristiques de l'entreprise, ses projets et ses dirigeants. L'agence S&P évalue quelques fiducies de redevances. Les cotes vont de SR-1 à SR-7.

Au-delà de cette classification, de nombreux critères doivent être analysés avant d'arrêter son choix : le pourcentage et la fréquence des distributions (mensuelle ou trimestrielle), le rendement courant et le rendement attendu, la capitalisation boursière, l'année de lancement, la date d'échéance (certaines fiducies ont une durée illimitée), l'admissibilité aux régimes enregistrés et, enfin, l'efficacité fiscale dans le cas où la fiducie est détenue à l'extérieur du REER.

La liste suivante, qui combine certains signaux inquiétants et des questions pour lesquelles vous devrez obtenir des réponses satisfaisantes, vous aidera à vous y retrouver dans le monde des fiducies de redevances.

- Des distributions qui baissent ou qui sont interrompues peuvent présager un manque de liquidités ou d'autres problèmes importants.

- Des distributions de 15 % ou plus peuvent signifier que vous recevez un retour de votre capital. Autrement dit, la distribution est plus grande que les revenus d'exploitation.

- À quel degré se situe le risque du secteur ? Les secteurs du pétrole, du gaz et de l'hôtellerie sont à haut risque. Les secteurs de l'électricité et de l'immobilier (lorsque diversifié) peuvent être considérés comme à risque moyen.

- Quelle est la réputation des gestionnaires ? Sont-ils connus dans le milieu ? Quels sont leurs antécédents ?

Le volet « croissance » de votre portefeuille

En 1792, 24 marchands et courtiers se sont rencontrés sous un arbre à Manhattan et ont convenu de négocier à commission des actions. Une Bourse venait de naître ! Aujourd'hui, 1 366 négociateurs font bouger en moyenne 1,24 milliard d'actions chaque jour sur le parquet de la Bourse de New York (NYSE). Le prix d'un siège y valait 2 475 000 $ US en 2002[7].

Afin de suivre l'évolution du marché boursier américain, Charles Henry Dow a créé, en 1884, le premier indice. Le premier Dow Jones, qui regroupait 11 sociétés, surtout ferroviaires, était publié quotidiennement. Le seul titre qui faisait partie de l'indice initial et qui s'y trouve toujours est celui de General Electric.

En 1923, Standard & Poor's a innové en lançant un indice construit selon la capitalisation boursière des 223 sociétés qui le composent alors. Cet indice est éventuellement devenu le S&P 500, le principal indice aux yeux des gestionnaires d'actions américaines.

Au Canada, c'est en 1934 que la Bourse de Toronto a constitué ses deux premiers indices, l'un relié au secteur des produits industriels, l'autre, à l'or et aux métaux de base.

Les indices boursiers ont dès lors permis aux investisseurs de prendre le pouls de l'ensemble du marché et aussi de mesurer leurs résultats par rapport à ceux du marché. Au début des années 50, Harry Markowitz a jeté les bases de ce qui allait devenir la Théorie moderne de portefeuille, laquelle confirme que la diversification réduit considérablement le risque global d'un portefeuille.

Dans les années 60, alors qu'on se demandait déjà si le prix des actions pouvait être prédit (et si oui, comment), un autre Américain, Eugene Fama, a lancé l'hypothèse des marchés efficients. Fama soutenait que toute information sur un titre est intégrée dans son prix dès qu'elle devient connue. Selon lui, le prix d'une action est toujours égal à sa valeur de placement. Toute possibilité de faire des profits phénoménaux ou d'obtenir de façon constante des rendements supérieurs à ceux du marché est par conséquent éliminée, car tous les investisseurs ont accès à la même information[8].

En d'autres mots, Fama a conclu qu'il vaut mieux ne pas perdre de temps à analyser les titres! Qui plus est, il attribue à la chance le fait que quelques gestionnaires actifs arrivent à battre le marché pendant un certain nombre d'années. Candidat potentiel pour un prix Nobel, Fama ne trouve pas beaucoup d'adeptes parmi les gestionnaires de fonds communs...

Les recherches de Markowitz et de Fama couplées aux développements de la technologie ont amené Bill Fouse à se demander ceci: «S'il est quasi impossible de battre le marché, comment investir dans le marché?» Il faut se rappeler que, jusqu'au début des années 70, les indices servaient uniquement à connaître les mouvements du marché boursier. Après avoir changé d'employeur à quelques reprises, Fouse a finalement été embauché par la banque américaine Wells Fargo qui a mis à sa disposition les ressources pour bâtir le premier portefeuille indiciel en 1971. Ce nouveau produit a d'abord été utilisé dans le fonds de pension de Samsonite. Le premier fonds indiciel a été lancé en 1973.

Fouse a dû encaisser bien des injures, car ses produits de placement indiciels remettaient en question les croyances de toute l'industrie financière, la raison d'être de la gestion active et les coûts qui y sont rattachés[9].

Dans les années qui ont suivi, de nombreux autres produits de placement indiciels ont été lancés au Canada aussi bien qu'aux États-Unis.

LA GESTION ACTIVE AJOUTE-T-ELLE À LA VALEUR DE VOTRE PORTEFEUILLE ?

Grâce à diverses méthodes d'analyse, l'investisseur actif cherche les occasions d'obtenir un rendement supérieur à celui de ses indices de référence. Il a recours à diverses techniques dont :

1. l'analyse fondamentale qui suppose que les renseignements publics sur une société permettent d'en établir la valeur réelle à l'aide de divers modèles d'évaluation ;

2. l'analyse quantitative qui tire profit de la technologie pour évaluer les facteurs financiers quantifiables les plus déterminants dans la performance d'un portefeuille ;

3. l'analyse technique qui cherche plutôt à interpréter, à partir de graphiques, les tendances d'un titre et considère que, une fois repérées, ces tendances persistent.

Chaque investisseur ou gestionnaire actif adopte un style de gestion qui reflète sa personnalité et ses « croyances financières », c'est-à-dire les critères sur lesquels il base ses décisions. L'efficacité de chacun des styles de gestion varie selon l'étape où nous en sommes dans le cycle économique et les conditions des marchés financiers. Une chose est certaine : aucun style n'a *toujours* la cote. Il faut donc vous entourer de gestionnaires qui ont des styles complémentaires au vôtre pour augmenter la stabilité de votre portefeuille. Parmi les différents styles de gestion, lequel décrit le mieux le vôtre... ou celui de votre voisin ?

Le style valeur

Si c'est le vôtre : vous avez le flair pour reconnaître les aubaines parmi les bonnes sociétés au moment où le marché les boude parce qu'elles traversent une période difficile. Vous êtes dans le même camp que Warren Buffet, Sir John Templeton, Charles Brandes, tous des disciples de Benjamin Graham qui disait : «*Buy stocks like you buy groceries, not like you buy your perfume.*» (Achetez vos actions comme lorsque vous faites votre marché, pas comme lorsque vous choisissez un parfum.)

Si c'est celui de votre voisin : c'est le grippe-sou, l'avare, le radin qui veut toujours ce qu'il y a de mieux et ne pas payer cher... et qui finit par l'obtenir !

Le style croissance

Si c'est le vôtre : vous êtes un fonceur et ne craignez pas d'investir dans une société même si vous n'êtes pas le premier à en déceler tout le potentiel de croissance. En fait, nombre d'investisseurs avant vous ont repéré ce titre et ont fait augmenter son prix, mais l'avenir s'avère prometteur. Vous êtes dans le même camp que les gestionnaires Martin Hubbes de AGF, un des seuls à battre l'indice canadien régulièrement, William (Bill) Sterling de C.I. et Alan Radlo de Fidelity.

Si c'est celui de votre voisin : il passe pour un véritable dépensier et un « suiveux » qui monte dans le train alors que ce dernier est déjà en marche...

Le style axé sur la rotation des secteurs

Si c'est le vôtre : vous savez modifier la composition de votre portefeuille en fonction des perspectives économiques, car vous anticipez quels secteurs se comporteront mieux. Vous êtes dans le même camp que Nereo Piticco qui gère le fonds Elliott & Page Sector Rotation.

Si c'est celui de votre voisin : il est la girouette du quartier, un véritable vire-capot qui change son portefeuille comme il change de chemise...

Le style momentum

Si c'est le vôtre : vous savez reconnaître les tendances, celles qui persistent. Par conséquent, ce qui est cher aujourd'hui est peut-être plus cher qu'hier, mais sûrement moins cher que demain ! Vous savez quand investir même si le cours d'un titre est très élevé, car « cette fois, ce sera différent »... Vous êtes dans le même camp que Richard Driehaus, du fonds de croissance active AGF.

Si c'est celui de votre voisin : c'est celui qui a adopté la théorie de « l'investisseur plus sot que soi »[10]. Il est certain de trouver un sot qui acceptera de payer plus cher pour un titre qui était déjà surévalué quand il l'a acheté. Il est le héros déchu des années 2000, celui dont le ballon s'est dégonflé. Même que vous feignez de ne pas le connaître quand vous le croisez !

Il existe de nombreux autres styles de gestion, mais il importe de se rappeler qu'aucun style ne donne toujours raison à ses adeptes. Les « zéros » d'aujourd'hui seront les héros de demain.

──────ᔕ────── **Conseil éclair** ──────ᔓ──────

Une légende urbaine veut que, si vous détenez un titre qui a baissé substantiellement, vous devriez racheter des unités pour réduire votre coût moyen d'achat. Est-ce une bonne stratégie? Pas toujours. Un placement en baisse de 50 % doit augmenter de 100 % pour revenir à son point de départ... Regardez d'abord le poids de ce titre dans votre portefeuille (je limite habituellement à 5 % chaque position, excluant les produits gérés). Ensuite, demandez-vous quelles sont les perspectives pour ce titre et le secteur dans lequel il se trouve. Si la situation augure mal, rien ne sert de jeter plus d'argent au feu. Peut-être devrez-vous reconnaître que vous avez payé ce titre trop cher.

Dans quels domaines la gestion active est-elle susceptible de bonifier le rendement d'un portefeuille? Il faut d'abord trouver les secteurs où l'information sur les sociétés se fait plus rare, par exemple, les petites capitalisations nationales ou régionales, les sociétés à capital de risque, les sociétés privées. Un gestionnaire actif qui cherche à bien connaître les entreprises se situant dans ces sphères a de bonnes chances, lorsqu'il constitue son portefeuille, de générer un rendement plus que respectable.

Enfin, les tenants de la gestion active soutiennent souvent que l'investisseur est mieux protégé durant les périodes de marché baissier. Selon Morningstar, depuis le début du marché baissier en mars 2000 jusqu'en août 2002, seulement 53 % des gestionnaires de grandes capitalisations américaines ont fait mieux que l'indice S&P500, une fois leurs frais enlevés[11]. Cette proportion diminuerait davantage si on tenait compte des fonds communs retirés du marché ou fusionnés.

LA GESTION PASSIVE (OU INDICIELLE) : UNE MODE DÉJÀ DÉPASSÉE ?

Dans la gestion de vos investissements, doutez-vous que vous ou votre gestionnaire de fonds communs soyez capables de battre, de façon notable, constante et prévisible, votre indice de référence ? Si oui, dites-vous que vous n'êtes pas les seuls ! Les caisses de retraite, au Canada tout comme aux États-Unis, investissent une portion de leurs actifs dans des produits indiciels.

Selon le professeur Eric Kirzner de l'Université de Toronto, la première et la plus importante décision d'un investisseur a trait à la répartition de son actif. Après tout, elle est responsable de près de 94 % de la fluctuation du rendement des grands portefeuilles.

Vient ensuite le choix d'une stratégie de placement qui divise les investisseurs en deux camps : la gestion active et la gestion passive.

Des études nous éclairent sur les raisons pour lesquelles il est difficile de battre les indices boursiers à long terme. En voici quelques-unes répertoriées par Howard J. Atkinson dans son livre *Les fonds négociés en Bourse*[12].

- **La chasse aux rendements passés.** Il a été démontré que les fonds communs produisent un rendement moyen de 20 % supérieur à celui qu'obtiennent les investisseurs qui choisissent ces mêmes fonds. En effet, les investisseurs ont tendance à investir dans un fonds après qu'il a produit la plus grande partie de ses gains. Au surplus, ils ont tendance à le vendre trop rapidement.

- **Les fonds gagnants ne sont jamais les mêmes.** Des 45 fonds d'actions canadiennes qui occupaient le premier quartile (donc, les fonds plus performants) en 1995, seulement un s'y retrouvait encore en 1998, et aucun en 2000. Plus du tiers d'entre eux ont culbuté dans le pire quartile dès 1997.

- **La rotation des titres.** Le rendement des fonds gérés activement et détenus à l'extérieur d'un compte enregistré est réduit
  en moyenne de 2 % par année étant donné la rotation des titres
  qu'effectue le gestionnaire. Il faut donc que le gestionnaire
  obtienne un rendement supérieur de 2 % à son indice de
  référence, auquel il faut ajouter les frais de gestion du fonds
  (souvent de 2,5 % par année) pour égaler le rendement du
  marché.

Conscient d'être un « cas d'espèce », Warren Buffet a écrit dans les
rapports annuels de Berkshire Hathaway de 1996 et de 2003 : « La
plupart des investisseurs, qu'ils soient des individus ou des organisa-
tions, découvriront que la meilleure façon de gérer des actions ordinaires, c'est par un fonds indiciel à peu de frais. Ceux qui suivront
cette voie sont assurés de surpasser les résultats nets (après frais) de
la vaste majorité des professionnels du placement[13]. »

Dans son étude *Fact & Fantasy in Index Investing*[14], le professeur
Eric Kirzner explique pourquoi aussi peu d'investisseurs ont du succès à gérer activement leur portefeuille. L'une des causes est le *gam-
bler's ruin principle*, qui signifie qu'un investisseur a une bonne idée
à un certain moment, mais qu'il l'applique mal. Par exemple, un
investisseur a pressenti la reprise (qui s'est avérée bien courte) du
marché japonais au début de 1999 mais a placé son argent dans un
fonds commun qui ne détenait pas les bons titres. Bien que l'indice
japonais (et les investissements indiciels) ait alors augmenté de 30 %,
cet investisseur n'en a pas profité.

Le professeur Kirzner poursuit son étude en faisant ressortir
quelques avantages de l'investissement indiciel, notamment :

- **La transparence.** Le contenu d'un indice est connu en tout
  temps. Vous savez dans quoi vous investissez.

- **L'efficacité fiscale.** Les revenus imposables d'une année à
  l'autre sont quasi inexistants dans un placement indiciel.

- **Des économies de temps et d'argent.** Vous n'avez pas à analyser des titres et à les négocier continuellement. Des diverses catégories de placements indiciels, les fonds négociés en Bourse se révèlent les plus économiques. Par une seule transaction, vous pouvez investir dans des centaines d'entreprises. De plus, un placement indiciel ne nécessite pas une équipe de gestionnaires et d'analystes, ce qui entraîne aussi des économies.

- **Des frais raisonnables.** Les frais inhérents aux transactions dans la gestion active (commissions, impôts, frais de gestion, écarts dans les prix de l'offre et de la demande) sont environ six fois supérieurs à ceux des produits de gestion passive. Un gestionnaire actif doit réaliser, en moyenne, un rendement supplémentaire de 1,27 % par année pour seulement couvrir ces frais[15].

Kirzner mentionne aussi qu'une étude américaine publiée dans le *Journal of Investing* estimait qu'il était peu probable que la gestion active donne, à long terme, de meilleurs résultats que la gestion passive, compte tenu de ses coûts inhérents[16].

Probabilités que la gestion active surpasse la gestion passive

NOMBRE D'ANNÉES	1 GESTIONNAIRE	3 GESTIONNAIRES	5 GESTIONNAIRES
1	41 %	33 %	29 %
5	29 %	17 %	11 %
10	22 %	9 %	4 %
20	14 %	3 %	1 %

Une analyse des données canadiennes pour les années de 1989-1998 a donné des résultats similaires. Par conséquent, plus le nombre de gestionnaires actifs est élevé et plus le temps passe, moins grandes sont les probabilités de surpasser la gestion passive (Kirzner, p. 29).

Le professeur s'est également intéressé au phénomène du « biais du survivant » qui ne tient pas compte de tous les fonds communs retirés du marché ou fusionnés. Si une maison de gestion décide de retirer un fonds, quel genre de rendement avait-il, selon vous ? Les statistiques relatives à ces piètres investissements disparaissent comme par enchantement. Cela donne meilleure mine au rendement moyen des fonds survivants, de 0,5 % par année environ. Lorsqu'on tient compte des frais et du « biais du survivant », le rendement moyen des fonds communs gérés activement est inférieur de 2,3 % par année[17].

Greg N. Gregoriou, Ph. D. (Cand.) en finance de l'UQAM, s'est aussi intéressé au biais du survivant. « En ignorant l'impact du biais du survivant, l'investisseur ne réalise pas que les rendements moyens, sur lesquels il base encore trop souvent sa décision, sont biaisés. » Loin de se résorber, ce phénomène prend de l'ampleur et touche autant l'investisseur canadien qu'américain (ceux qui s'intéressent à cette question trouveront des explications complémentaires dans ma chronique intitulée « Sauve qui peut », parue dans *Affaires Plus* en août 2002 et reproduite à l'adresse helenegagne.com.

L'étude du professeur Kirzner, mandaté par Barclays Global Investors, visait à mieux éclairer les investisseurs sur l'essor de la stratégie indicielle depuis 30 ans. J'oserais écrire que ses conclusions ont plutôt mis le feu aux poudres entre les tenants de la gestion active et ceux de la gestion passive !

UNE PLACE POUR CHAQUE CHOSE, CHAQUE CHOSE À SA PLACE

Notre éducation nous influence toute notre vie. Comme ma mère me l'a appris, il y a une place pour chaque chose et chaque chose a sa place. Comment pourrais-je gérer un portefeuille différemment ?

Par rapport aux arguments entre la gestion active et la gestion passive, j'affiche mes couleurs.

1. Les placements gérés activement ne sont pas mauvais ; ils sont seulement moins utiles qu'on pouvait le penser.

2. Les produits d'investissement indiciels ne sont qu'un outil de plus pour bâtir de meilleurs portefeuilles.

3. À long terme et après les frais, la majorité des produits indiciels donnent de meilleurs résultats que ceux gérés activement.

4. Je favorise une répartition stratégique de l'actif qui fait place à la gestion passive et active. Pourquoi se priver de l'une ou de l'autre ? Il faut plutôt profiter des avantages de chacune et les mettre à contribution pour réduire le risque et augmenter le rendement du portefeuille.

Conseil éclair

Avez-vous confié votre capital à différentes maisons de gestion ? Êtes-vous en mesure d'en comparer le rendement aux indices de référence choisis ? Vous recevez sans doute beaucoup d'information sur vos placements, mais vous trouvez peut-être laborieux d'établir votre rendement sur l'ensemble. Les choses se compliquent davantage dès que vous avez besoin de vérifier si les revenus générés par vos investissements correspondent bel et bien à vos besoins et à votre stratégie.

Demandez à votre conseiller que soit établi un processus de vérification et de suivi de l'ensemble de vos avoirs. Ce suivi de vos investissements s'impose pour savoir si vous êtes dans la bonne voie.

NOTES

[1]   KIRZNER, Eric. *Fact and Fantasy in Index Investing*, Rotman School of Management, University of Toronto, janvier 2000, p. 9.

[2]   TAILLON, Jean. « Les actions sont plus risquées qu'on le pense », *Journal Les Affaires*, 15 juin 2002, p. 63.

[3]   BOOTH, Laurence. « Le rapport entre le risque et le rendement », *in* Chaire Bonham d'études financières de l'École des hautes études commerciales Joseph L. Rotman de l'Université de Toronto, *Guide du conseiller — analyse financière, les éléments essentiels : la recherche de pointe en matière de placements au Canada*, Toronto, Santé et Affaires, 1999, p. 18.

[4]   « Hollowing out », Financial Post, 22 mai 2002, p. 4

[5]   ATKINSON, Howard J. *Les fonds négociés en Bourse*, Éditions Transcontinental, 2003, p. 122.

[6]   CHEVREAU, Jonathan. « The bond that beats inflation », *Financial Post, 7 mai 2002, p. IN-1*

[7]   RICHARDSON, Jackie. « Datebook Networth », *Worth*, mai 2002, p. 42.

[8]   KIRZNER, Eric. *Fact and Fantasy in Index Investing*, Rotman School of Management, University of Toronto, janvier 2000, p. 18.

[9]   ATKINSON, Howard J. *Les fonds négociés en Bourse*, Éditions Transcontinental, 2003, p. 76.

[10] BOOTH, Laurence. « L'histoire des bulles spéculatives », *in* Chaire Bonham d'études financières de l'École des hautes études commerciales, Joseph L. Rotman de l'Université de Toronto, *Guide du conseiller — les placements non traditionnels*, Toronto, Santé et Affaires, 2001, p. 12.

[11] ALLERS, Kimberly L. « So much for the Stock picker's market », *Fortune*, 27 septembre 2002.

[12] ATKINSON, Howard J. *Les fonds négociés en Bourse*, Éditions Transcontinental, 2003, p. 53.

[13] Pour lire les textes complets : www.berkshirehathaway.com/letters/1996.html. ou www.berkshirehathaway.com/letters/2003.html.

[14] KIRZNER, Eric. *Fact and Fantasy in Index Investing*, Rotman School of Management, University of Toronto, janvier 2000, p. 24.

[15] *Ibid.*, p. 27.

[16] *Ibid.*, p. 28-29.

[17] *Ibid.*, p. 33

La nature humaine de l'investisseur

*Le pire ennemi de l'investisseur, ce n'est
pas la Bourse, c'est lui-même.*
Benjamin Graham

Depuis quelques années, le concept de la finance « beha-
viorale » ou « comportementale » occupe une place plus
grande dans les universités et dans les discussions entre
conseillers financiers. Cette approche remet en question plusieurs
idées reçues, notamment le fait que les investisseurs basent leurs
décisions sur des faits objectifs et rationnels.

Est-ce que comprendre davantage comment pense et réagit son
investisseur, surtout en situation de stress comme durant un long
marché baissier, aidera le conseiller à mieux le guider ? Sûrement,
alors pourquoi ne pas en discuter ouvertement ?

Certains affirment que les contraires s'attirent ; je préfère penser
que ceux qui se ressemblent s'assemblent. Dans le domaine de l'investissement, cela favorise la communication et des échanges plus positifs. Plusieurs études se sont attardées à analyser le comportement
de l'investisseur. En profitant de l'expérience des autres, vous pourrez dans bien des cas éviter des erreurs.

Je ferai ressortir ici certains traits communs des investisseurs, entre autres à l'égard du marché boursier. On verra aussi comment, en comprenant mieux le comportement de l'investisseur, le conseiller financier deviendra un meilleur guide. Mais soyez rassuré : loin de moi la prétention de me transformer en psychologue !

L'INVESTISSEUR PAR RAPPORT AU MARCHÉ BOURSIER : DE BULBE EN BULLE !

La relation entre l'investisseur et le marché boursier est l'un des meilleurs exemples de relation amour-haine ! Tout le monde aime gagner de l'argent, chacun « haït » en perdre. Aussi, nombreux sont ceux qui ne veulent pas passer à côté du « titre du siècle », peu importe quand, comment et à quel prix...

Ce phénomène existait déjà en 1550, au moment où les premières tulipes ont été importées en Hollande en provenance de la Turquie. Parce qu'ils considéraient la tulipe comme une fleur exotique, les horticulteurs ont commencé à en produire de multiples variétés, entraînant les prix à la hausse. Entre 1633 et 1637, le prix des bulbes a explosé à Amsterdam. On raconte que plusieurs n'hésitaient pas à hypothéquer leur maison pour acheter des bulbes de tulipe, alors considérés comme un placement. La bulle a éclaté lorsque le gouvernement hollandais a déclaré que les tulipes constituaient un produit et non un placement[1].

La bulle des tulipes se compare à celle des technologies. La bulle éclate lorsque investir semble aussi simple que d'acheter un billet de loterie au dépanneur : « Tout le monde le fait, fais-le donc. » Après une période où la Bourse a affiché des rendements annuels exception-nellement élevés, les investisseurs tiennent pour acquis qu'il en restera ainsi, car « cette fois, ce sera différent ». Certains appellent cette pensée magique de la cupidité, d'autres, de l'ignorance. Le résul-tat demeure le même : quand la bulle éclate, personne n'est épargné.

L'économiste John Maynard Keynes comparait le comportement des experts dans un marché boursier surévalué au jeu de la chaise musicale. Chacun sait qu'il doit se jeter sur une chaise lorsque la musique cesse, mais entre-temps cela n'a pas d'importance... tant que les cours sont à la hausse[2].

Pour aider l'investisseur à déterminer si le marché haussier est en train de devenir une bulle, un autre économiste, John Kenneth Galbraith, lui pose les questions suivantes.

- Les placements sont-ils devenus une obsession ? Investir est-il devenu un bien de consommation en soi ? L'équation risque-rendement a-t-elle été oubliée ?

- De nouveaux éléments viennent-ils accroître le prix ? Quelque chose a-t-il changé ?

- Entretenez-vous l'illusion que les valeurs continueront à grimper ?

- Ceux qui expriment des doutes ou une opinion différente sont-ils condamnés parce qu'ils ne comprennent rien[3] ?

Les médias influencent aussi grandement le comportement de l'investisseur. Même s'il sait que c'est le respect de son plan initial (sa répartition stratégique de l'actif) qui lui permettra d'atteindre ses objectifs de placement, l'investisseur est sensible (parfois vulnérable) aux informations et aux opinions véhiculées par les médias. Aussi faut-il se rappeler que l'actualité livre une information ponctuelle, alors que l'investissement porte ses fruits à long terme.

L'INVESTISSEUR PAR RAPPORT À LUI-MÊME : UN HOMME AVERTI EN VAUT DEUX

Avez-vous remarqué qu'à la suite d'un achat important, une voiture par exemple, vous êtes porté à renforcer votre choix ? Vous trouvez à votre véhicule toutes les qualités pour confirmer votre décision. La même situation se produit par rapport à vos investissements, et ce, quelle que soit la valeur de votre portefeuille.

Selon Nick Murray, «les gens ne font pas appel à la raison lorsqu'ils prennent leurs décisions de placement. Ils prennent des décisions fondées sur leurs émotions, pour ensuite les justifier avec des motifs intellectuels. L'hémisphère gauche du cerveau peut traiter une quantité infinie d'informations, mais c'est l'hémisphère droit qui prend les décisions. L'hémisphère droit ne raisonne pas : il ressent[4]. »

Le comportement des investisseurs américains diffère-t-il du nôtre ?

Bien qu'on se plaise à croire que nos décisions d'investissement sont basées sur des chiffres, il semble qu'un savant mélange d'ego et d'émotions y occupe une grande place ! Des professeurs de finance de l'université de Californie à Davis décrivent dans une étude[5] ce qu'ils appellent « trois intéressantes névroses » décelées parmi les investisseurs américains.

1. Les investisseurs tendent à effectuer trop de transactions, ont-ils conclu après avoir examiné 88 000 comptes clients d'une firme de courtage à escompte, et ce, sur 10 ans. Leur étude a montré que ceux qui transigent le plus souvent obtiennent en moyenne un rendement annuel inférieur de 5 % par rapport à ceux qui conservent leurs titres. À cela s'ajoutent les frais et l'impôt qu'engendrent de multiples transactions.

   En réalité, plus vous prenez de décisions, plus vous risquez de vous tromper. Il semble que les investisseurs actifs souffrent d'un excès de confiance ; les hommes plus que les femmes, et les hommes célibataires encore plus que les autres. Un homme averti en vaut deux !

2. Les gens ont tendance à conserver trop longtemps leurs mauvais placements.

3. Les investisseurs sont attirés par les manchettes : ils achètent des titres après en avoir entendu parler aux nouvelles. Cela s'explique par notre capacité limitée à traiter des données, ce qui conduit à prêter davantage attention aux actions ou aux fonds qui font du bruit.

Je suis toujours étonnée de constater comment la définition du risque varie d'un individu à l'autre. Outre la possibilité de manquer de capital durant votre retraite, votre comportement d'investisseur est certes un des risques majeurs auxquels vous êtes confronté ! Et quelles sont les émotions qui habitent tout investisseur ? L'appât du gain et la peur.

Un des meilleurs exemples de cette situation nous a été fourni par Peter Lynch, qui a géré entre 1977 et 1991 le fonds Magellan de Fidelity offert aux investisseurs américains. Lynch a constaté que la moitié des investisseurs avaient perdu de l'argent dans son fonds bien qu'il ait maintenu un rendement moyen annuel de 30 %. Comment expliquer cela ? Par le fait que les gens investissaient après une forte période de hausse, subissaient un recul temporaire et ne patientaient pas jusqu'à la prochaine reprise. En réalité, l'aversion aux pertes est chez l'investisseur plus grande que son aversion au risque.

Conseil éclair

Je rencontre souvent des gens qui n'ont jamais investi. Bien sûr, un questionnaire pour tracer le profil d'investisseur est un outil valable qui permet au conseiller de déterminer la répartition stratégique de l'actif avec laquelle un individu sera à l'aise. Toutefois, il n'y a rien comme une discussion franche pour valider la perception qu'il se fait de la tolérance au risque de son client. En effet, certains investisseurs réagiront différemment selon la façon dont une question leur sera posée. C'est pourquoi je préfère utiliser des chiffres plutôt que des pourcentages lorsque je discute du risque associé à un portefeuille. Par exemple, envisager une perte de 10 % sur un portefeuille de 500 000 $ est une chose ; envisager une perte de 50 000 $ est une meilleure façon de tester son profil d'investisseur…

Le recours aux placements de croissance (actions, fonds, etc.) est aujourd'hui courant. « C'est un mal nécessaire », diront certains nostalgiques des taux d'intérêt dans les deux chiffres (ceux qui plaçaient, pas ceux qui empruntaient !). On ne passe pas d'épargnant à investisseur du jour au lendemain.

Quand vient le temps de prendre vos décisions de placement, un comportement irrationnel risque d'anéantir tous les efforts que vous avez mis à accumuler votre capital et à planifier votre retraite. Tout investisseur prend ses décisions à l'aide d'un des trois outils suivants : sa logique, ses émotions ou ses illusions. Il semble que les deux derniers soient rarement de bons outils[6] !

Ainsi, lorsqu'on constate qu'à long terme les actions sont la catégorie d'actifs la plus performante, pourquoi l'investisseur n'y concentre-t-il pas une plus grande partie de ses avoirs ? Dans un état dit « d'équilibre émotionnel », la logique l'emporte dans le processus de décision. Jusqu'ici, c'est simple et… logique ! Il appert toutefois que cet état d'équilibre émotionnel peut être positif *ou* négatif.

S'il balance du côté positif, l'investisseur risque de surestimer sa maîtrise de la situation et afficher une confiance excessive. Il sera alors vulnérable sur le plan émotionnel dans un marché baissier.

Si son état penche plutôt du côté négatif, l'investisseur risque de perdre le contrôle et de baser ses décisions sur ses émotions.

L'autre possibilité est que l'investisseur base ses décisions sur ses croyances, ses préjugés et ses préférences. On parlera alors de ses «illusions cognitives». Devez-vous vous méfier de vos illusions? Peut-être. Vérifiez par vous-même à l'aide des exemples suivants.

1. Ces deux lignes sont-elles de la même longueur?

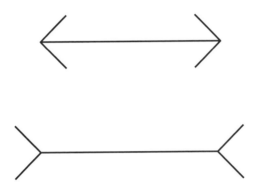

La majorité des gens ont l'illusion que la ligne du bas est plus longue, et pourtant, elles sont absolument identiques. Certains devront même mesurer avec une règle pour en être convaincus[7]! De la même façon, certains investisseurs ont parfois de la difficulté à se défaire de leurs illusions pour bien évaluer une situation et faire ensuite les bons choix.

2. Interrogés à savoir s'ils accepteraient de faire un pari où ils pouvaient soit gagner 15 000 $, soit perdre 10 000 $, la majorité des investisseurs refusaient de parier. Pourtant, ils avaient autant de chances de gagner que de perdre, mais leur aversion au risque dictait leur choix.

Par contre, quand on leur demandait de prétendre qu'ils avaient déjà un actif de un million de dollars, la majorité d'entre eux ont accepté de courir le risque de se retrouver avec 1 015 000 $ s'ils gagnaient ou, s'ils perdaient, avec 990 000 $.

Pourquoi ont-ils changé d'idée ? Parce qu'ils se sont livrés à un exercice de comptabilité mentale. Lorsqu'il est présenté en fonction de l'ensemble de la richesse d'un individu, le pari revêt une autre dimension et devient plus attrayant. Les pertes et les gains individuels semblent avoir un effet moindre[8]. En est-il de même pour vous ?

En fait, il semble que les illusions cognitives aient un impact plus grand sur la prise de décision que la logique ou les émotions. Les deux exemples précédents illustrent bien comment les illusions cognitives altèrent notre façon de penser. Elles peuvent inciter l'investisseur à adopter les comportements suivants.

- **Afficher une confiance excessive, notamment dans sa capacité de deviner la direction du marché boursier à court terme.** La confiance excessive s'installe aussi chez l'investisseur qui a connu de bons rendements dans le passé et qui suppose que cela continuera, peu importe les conditions du marché.

- **Fournir des explications après coup.** « Je le savais, je le savais donc ! » Les analystes et les médias souffrent aussi de cette illusion cognitive. Pourtant, si le passé est aussi facile à expliquer, pourquoi l'avenir est-il si difficile à prévoir ?

- **S'ancrer.** Qui ne s'est jamais entêté à conserver un titre qui a chuté jusqu'à ce qu'il retrouve sa valeur initiale ?

- **Extrapoler.** L'extrapolation nous porte à croire qu'une tendance se maintiendra indéfiniment. L'évolution du prix du pétrole dans les années 70 en est un bon exemple : certains économistes le voyaient monter à 100 $ le baril. Son prix est d'environ 30 $ (octobre 2002).

Une étude sur l'extrapolation s'est attardée au phénomène des imitateurs d'Elvis. En 1960, il y en avait 216 ; en 1970, 2 400 ; en 1980, 6 300 ; en 1992, 14 000 ; en 2010, une personne sur quatre dans le monde devrait être un imitateur d'Elvis, ce qui fait 1,4 milliard de pseudo-Elvis ! Pitié, ramenez le vrai au plus vite[9] !

L'aversion pour les pertes

On a demandé à des investisseurs quel gain minimal les ferait accepter de tirer à pile ou face s'ils risquaient de perdre 100 $. Ils ont répondu qu'un gain potentiel se situant entre 200 $ et 250 $ serait nécessaire pour qu'ils acceptent le pari.

Le risque de perdre, même un montant bien inférieur au gain potentiel, a donc un impact émotif plus fort chez l'investisseur que le risque de gagner. Le degré d'aversion pour les pertes varie aussi d'un individu à l'autre. Sachez évaluer le vôtre pour éviter de prendre des risques trop grands pour votre capacité de les supporter. Il semble que nombre d'investisseurs acceptent des placements risqués simplement parce qu'ils en sous-estiment les risques[10].

L'aversion pour les pertes habite même l'investisseur qui détient un portefeuille équilibré. Jean Bubendorff, consultant en finances personnelles, écrit : « La diversification n'est supportable que si les différents placements qui la composent vont dans le même direction... à la hausse. Tout ce qui perd de la valeur est plus risqué, donc doit bientôt être remplacé. C'est ce genre de pensées illogiques qui fait que les investisseurs ont tendance à acheter des titres et des portefeuilles déjà chers et à se débarrasser de ceux qui ont baissé. Voilà une belle manière de s'assurer de faire des rendements médiocres associés à un haut risque[11]. »

En matière de rendement, vos attentes influencent aussi votre comportement d'investisseur. Ainsi, plusieurs ont tenu pour acquis que les rendements des marchés boursiers entre 1993 et le début de 2000 étaient devenus la norme. Le réveil n'en a été que plus brutal pour eux, car leurs attentes irréalistes les ont souvent conduits à faire des placements beaucoup plus risqués que leur profil d'investisseur ne leur permettait. En fait, autant l'investisseur peut sous-évaluer les risques dans un marché haussier, autant il est susceptible de les surévaluer lors d'un marché baissier. Cela concorde avec ce que nous avons vu précédemment : l'aversion pour les pertes chez l'investisseur est plus grande que son aversion pour les risques.

 **Conseil éclair**

Dans les années de marché haussier, je me suis toujours fait un devoir de rappeler à mes clients que ces rendements supérieurs reviendraient un jour à la moyenne historique, car les marchés sont cycliques. Je me rappelle une cliente qui m'a dit que, tant que son portefeuille équilibré lui procurerait un rendement de 20 % par année, elle était très à l'aise avec le degré de risque et ne voyait pas la nécessité de le rééquilibrer… Le rôle du conseiller financier est justement de faire prendre conscience à son investisseur de la réalité historique des marchés. Il faut aussi le ramener à la répartition stratégique de l'actif établie en fonction de son profil d'investisseur.

VOTRE CONSEILLER FINANCIER : UN GUIDE

Les attentes de l'investisseur vis-à-vis de son conseiller financier ont radicalement changé dans les dernières années. À lui seul, Internet a rendu accessibles à l'investisseur presque toutes les informations relatives à chacun des placements, lesquelles étaient jadis réservées aux conseillers. De plus, les multiples modes de distribution ont rendu les produits financiers faciles d'accès.

Toutefois, l'expertise du conseiller et son habileté à vous guider, au fil des ans, pour que vous atteigniez vos objectifs demeurent essentielles.

Aussi, le rôle du conseiller est souvent d'aider l'investisseur à replacer les choses en perspective quand les événements viennent brouiller les ondes ! D'autant plus si son client est convaincu que :

- le marché continuera sans cesse à monter ;
- le marché n'en finira plus de baisser ;
- le marché va rebondir immédiatement après une baisse ;
- des placements conservateurs bougeront peu dans un marché baissier ;
- son courtier va vendre avant ;
- ses investissements visent le long terme et rien ne pourra le faire vendre avant.

COMMENT VOUS ASSURER QUE VOTRE LOGIQUE AURA LE DESSUS

Pour que votre logique ait le dessus sur vos émotions et vos illusions, assurez-vous avant d'investir que :

1. Vous savez quel élément, de votre logique, de vos émotions ou de vos illusions, influence votre décision ;

2. Vos décisions s'inscrivent dans le cadre de la répartition stratégique de votre actif (cela aide à réduire les comportements irrationnels) ;

3. Vous aurez un processus régulier de révision de votre portefeuille et que vous procéderez à un rééquilibrage lorsqu'il sera nécessaire ;

4. Votre conseiller financier saisit bien l'importance des trois points précédents !

NOTES

[1]   BOOTH, Laurence. « L'histoire des bulles spéculatives », *in* Chaire Bonham d'études financières de l'École des hautes études commerciales Joseph L. Rotman de l'Université de Toronto, *Guide du conseiller — les placements non traditionnels,* Toronto, Santé et Affaires, 2001, p. 12.

[2]   *Ibid.,* p. 17.

[3]   *Ibid.,* p. 18.

[4]   MURRAY, Nick. *The Excellent Investment Advisor,* The Nick Murray Company, 1996.

[5]   « Le profil psychologique des investisseurs », *La Presse* (d'après *USA Today*), 4 mai 2001, p. B-2.

[6]   « Comprendre le comportement des investisseurs », AGF, novembre 2000.

[7]   *Loc. cit.*

[8]   *Loc. cit.*

[9]   *Loc. cit.*

[10]   KAHNEMAN, Daniel et Mark W. RIEPE. « Aspects of Investor Psychology Beliefs, preferences and biases investment advisors should know about », *Journal of Portfolio Management,* vol. 24, n°. 4, été 1998.

[11]   BUBENDORFF, Jean. « L'investissement : une affaire de psychologie », www.canoe.qc.ca/RatioInvestir/avr11_budendorff.html.

Chapitre 10

La fiscalité : des règles à connaître

par Mario Sylvestre, CGA, planificateur financier,
en collaboration avec Richard Lalongé, CGA, planificateur financier, D. Fisc.
PWL Conseil inc.

« **L**a chose la plus difficile à comprendre au monde, c'est les impôts », a écrit Albert Einstein. Les bénéfices que vous tirerez d'une meilleure compréhension des règles fiscales récompenseront largement les efforts que vous déploierez ! En effet, si vous savez vous prévaloir des mécanismes à votre disposition, vous vous donnez la possibilité de réduire votre fardeau fiscal. Ceci est un élément clé pour atteindre, entre autres, votre objectif de maximiser votre capital retraite. Outre les règles fiscales de base, nous considérerons ce qui est à planifier pour qui veut se lancer en affaires, quitter le Canada ou assurer la transmission de son patrimoine.

TAUX PROGRESSIF, TAUX MARGINAL, TAUX EFFECTIF : COMMENT S'Y RETROUVER

Notre système d'imposition est basé sur la détermination du revenu imposable de l'individu. Un résident canadien doit déclarer ses revenus de toutes provenances. De là, on calcule l'impôt selon des taux progressifs. Le Québec et les autres provinces ont adopté le même régime d'imposition basé sur le revenu imposable. Seule l'Alberta applique un taux d'impôt uniforme de 10 % sur le revenu imposable.

Les taux d'impôt applicables en 2004 pour un résident du Québec

	Paliers d'imposition	Taux d'imposition
Fédéral	De 0 $ à 35 000 $	13,36 %*
	De 35 001 $ à 70 000 $	18,37 %*
	De 70 001 $ à 113 804 $	21,71 %*
	113 805 $ et plus	24,22 %
Québec	De 0 $ à 27 635 $	16,00 %
	De 27 636 $ à 55 280 $	20,00 %
	55 281 $ et plus	24,00 %

* Les taux sont spécifiques aux résidents du Québec et tiennent cmpte d'une réduction de 16,5 % (abbatement) qui résulte du fait que le Québec gère son propre système d'imposition et qu'il a rapatrié certains points d'impôt du fédéral.

Le taux effectif représente le pourcentage de l'impôt total à payer par rapport au revenu imposable déclaré, comme le montre le tableau suivant.

Impôts combinés fédéral et provincial (Québec) pour 2004

Revenu imposable	Taux effectif*		Taux marginal
	$	%	
20 000	3 546	17,73 %	29,36 %
27 635	5 788	20,94 %	33,36 %
30 000	6 577	21,92 %	33,36 %
35 000	8 245	23,56 %	38,37 %
40 000	10 163	25,41 %	38,37 %
55 280	16 026	28,99 %	42,37 %
60 000	18 026	30,04 %	42,37 %
70 000	22 263	31,08 %	45,71 %
80 000	26 834	33,54 %	45,71 %
113 804	42 285	37,16 %	48,22 %
140 000	54 917	39,23 %	48,22 %

* Tient compte uniquement du crédit personnel de base.

Quant au taux marginal, il se traduit par l'impôt à payer, en plus ou en moins, pour chaque dollar ajouté ou soustrait du revenu imposable. Le taux marginal d'imposition progresse jusqu'à ce qu'il atteigne le palier de revenu supérieur. Par exemple, en 2004, le taux marginal maximum combiné fédéral et provincial de 48,22 % est atteint lorsque vous avez un revenu imposable de 113 804 $. Donc, le particulier qui réside au Québec devra remettre au fisc 48,22 % de chaque dollar qui s'ajoute à son revenu imposable de 113 804 $, comme le montre le tableau précédent.

Sachez que si vous déclarez un revenu imposable de 140 000 $ et que vous cotisez 10 000 $ à votre REER, votre économie d'impôt sera de 4 822 $. Même après la déduction, votre taux marginal se situe encore à 48,22 %.

Au Canada, selon la province de résidence, le taux marginal maximum se situe entre 39 % en Alberta et 48,64 % à Terre-Neuve. À titre comparatif, aux États-Unis, le taux marginal d'imposition maximum d'un célibataire se situe entre 35 % (s'il vit au Texas ou en Floride) et 46 % (s'il vit au Montana). Là s'arrêtent les similitudes, car le taux marginal maximum est atteint aux États-Unis lorsqu'on déclare un revenu imposable de 319 100 $ US comparativement à 113 804 $ au Canada.

LA PLANIFICATION FISCALE

La fiscalité est une composante majeure de vos finances. Une planification fiscale efficace doit s'inscrire dans un processus plus large et être intégrée à la gestion du patrimoine familial, au même titre que la gestion des investissements, la gestion des risques, la planification de la retraite et la planification successorale. Les stratégies fiscales dépendent de votre situation et de vos objectifs à court, à moyen et à long terme. Les techniques décrites ci-après sont les plus couramment utilisées.

Profiter des déductions, exemptions et crédits

Lorsque vous vendez un bien, vous réalisez un profit ou une perte. À des fins fiscales, on parlera plutôt de gain ou de perte de capital, dont le taux d'inclusion est passé à 50 % en octobre 2000. Si vous faites un gain de capital de 1 000 $, 50 % de ce gain sera imposable, et ce, à votre taux marginal. Aussi, lorsque vous réalisez une perte de capital, cette perte n'est déductible qu'à l'encontre de vos gains de capital de l'année. Vous pouvez cependant appliquer cette perte contre les gains de capital déclarés dans les trois années antérieures ou la reporter indéfiniment.

Lors de la vente d'actions d'une société privée qui exploite activement une entreprise, la déduction pour gain de capital de 500 000 $ est toujours disponible. Les actionnaires désireux de rendre leur société publique auront toutefois un choix à faire.

Regroupez vos dons de charité avec ceux de votre conjoint dans une seule déclaration. Le traitement fiscal des dons de charité est avantageux lorsque ceux-ci sont supérieurs à 200 $ aux fins du fédéral et à 2 000 $ aux fins du Québec.

Finalement, pour réaliser des économies d'impôt supérieures, faites don d'un titre coté à une bourse. Le gain en capital découlant de l'opération ne sera imposable qu'à 25 % plutôt qu'à 50 %. Il faut noter qu'en règle générale, lorsque vous effectuez un don en nature (don d'un bien), l'organisme de bienfaisance émettra un reçu pour un montant équivalant à la juste valeur marchande du bien. Par contre, pour des biens qui font l'objet d'un don dans les trois ans suivant leur acquisition, la valeur du don sera limitée au coût d'achat. Cette disposition exclut les dons de valeurs cotées en bourse et les immeubles.

Convertir la source des revenus

Le conversion de vos sources de revenus peut générer des économies d'impôt substantielles grâce à un traitement fiscal favorable.

Les revenus d'intérêts sont imposés comme les autres revenus selon les tables d'impôt du fédéral et du Québec. Par contre, seulement la moitié du gain de capital est imposable : le taux d'imposition du gain de capital représente donc 50 % du taux d'imposition applicable aux autres revenus. Quant aux dividendes de sociétés canadiennes, ils bénéficient de crédits d'impôt avantageux, tant au fédéral qu'au provincial, ce qui en réduit le taux d'imposition.

Taux d'impôt marginaux fédéral et provincial des particuliers 2004, résidents du Québec

REVENU IMPOSABLE	TAUX MARGINAL : AUTRES REVENUS INCLUANT LES INTÉRÊTS	TAUX MARGINAL : GAIN EN CAPITAL	TAUX MARGINAL : DIVIDENDES
7 844 $	16,00 %	8,00 %	6,46 %
8 012 $	29,36 %	14,68 %	9,24 %
27 635 $	33,36 %	16,68 %	14,24 %
35 000 $	38,37 %	19,19 %	20,51 %
55 280 $	42,37 %	21,19 %	25,51 %
70 000 $	45,71 %	22,86 %	29,69 %
113 804 $	48,22 %	24,11 %	32,82 %

 **Conseil éclair**

Vous devriez conserver à l'extérieur de votre REER les placements qui génèrent des revenus dont le traitement fiscal est avantageux, mais regrouper dans votre REER les placements générant des intérêts.

Portez particulièrement attention à certains placements détenus à l'extérieur du REER, comme les coupons détachés. Vous devez en déclarer les intérêts annuellement et payer l'impôt selon votre taux marginal. Vous touchez les intérêts de votre coupon seulement à son échéance (dans 2, 3 ou 10 ans), mais vous payez de l'impôt chaque année sur ces intérêts courus que vous n'encaissez pas. Conservez ce type de placement à l'intérieur de votre régime enregistré.

Certains types de revenus permettent des déductions plus intéressantes que d'autres. Par exemple, les déductions fiscales reliées à un revenu d'entreprise sont beaucoup plus étendues que celles d'un revenu d'emploi. Si vous avez un certain degré d'autonomie et d'indépendance dans votre emploi, songez à devenir consultant.

Étaler des revenus dans le temps pour en différer l'imposition

Vous étalerez des revenus dans le temps pour les reporter sur une année où votre taux marginal d'imposition sera moindre. Ce faisant, vous pourrez peut-être aussi bénéficier de nouveaux allègements fiscaux.

Les régimes de revenu différé, comme le REER, le RPA (Régime de pension agréé), le RPDB (Régime de participation différée aux bénéfices), permettent de différer des revenus. Vous réduisez votre revenu imposable de l'année courante en effectuant votre cotisation au REER par exemple. En plus, les revenus générés à l'intérieur du REER fructifient à l'abri de l'impôt. À votre retraite, lorsque vous encaisserez le capital accumulé dans votre REER, le montant touché sera pleinement imposable. On peut présumer qu'à ce moment votre taux marginal d'imposition sera plus bas que pendant votre vie active.

La fin de l'année approche et vous désirez vendre un bien qui vous procurera un gain important ? À moins que sa valeur marchande risque de diminuer, vous feriez mieux d'attendre au début de l'année suivante pour vendre : vous reportez ainsi le paiement de l'impôt d'une année. Vous pourrez bénéficier du rendement sur la totalité du capital pendant une année complète, sauf si vos sources de revenus vous obligent à verser des acomptes provisionnels importants au fisc.

Vendez-vous un bien à profit avec une balance de paiement à recevoir ? Songez à étaler le gain sur une période maximale de cinq ans plutôt que de payer l'impôt en totalité l'année de la vente.

Fractionner les revenus avec des membres de la famille

Le fractionnement de vos revenus avec des membres de votre famille réduit votre charge fiscale totale, puisque vous profitez des taux progressifs. Il permet également de multiplier et de maximiser l'utilisation des crédits d'impôt personnels.

Prenons par exemple un couple dont un seul conjoint reçoit un salaire annuel de 175 000 $ provenant de son entreprise. Sa charge fiscale est supérieure de 9 347 $ par année à celle d'un couple dont les deux conjoints reçoivent chacun un salaire annuel de 87 500 $ de l'entreprise familiale.

Comme chacun d'eux se crée un espace REER de 15 500 $, le couple pourra épargner 31 000 $, plutôt que les 15 500 $ dans un seul compte REER. En plus, si les deux conjoints participent à l'actionnariat de l'entreprise familiale, chacun pourra utiliser la déduction pour gain de capital de 500 000 $ au moment de la vente de l'entreprise si, bien entendu, les actions sont admissibles. Le couple pourrait alors mettre à l'abri de l'impôt une plus-value pouvant aller jusqu'à 1 000 000 $, plutôt que 500 000 $ dans le cas où un seul conjoint participe à l'actionnariat.

Répartir les revenus entre un particulier et une entité légale

Une société par actions qui exploite une entreprise activement pourra bénéficier d'un taux d'impôt moindre sur les premiers 250 000 $ de revenu d'entreprise. Le taux se situe à environ 22 %. Le taux est réduit à 13 % si la société par actions, créée avant le 30 mars 2004, se qualifiait pour le congé fiscal de cinq ans au Québec. La création d'une société par actions est avantageuse dans la mesure où vous n'avez pas besoin des bénéfices de l'entreprise pour combler vos besoins personnels.

Vous pourrez également choisir que votre société vous rémunère sous forme de dividendes ou de salaire. En plus, divers articles de la loi permettent le transfert ou l'échange d'actions s'il y a réorganisation, et ce, sans conséquences fiscales immédiates.

La fiducie testamentaire permet également une certaine souplesse quant à la répartition des revenus entre les bénéficiaires de la fiducie et la fiducie elle-même. Une fiducie testamentaire est imposée selon les taux d'impôt progressifs en vigueur dans l'année. La fiducie testamentaire entre en vigueur au décès du contribuable.

D'autres éléments à considérer dans la planification fiscale

Dans votre planification fiscale, il faut évaluer bien entendu l'effet de la stratégie sur votre charge fiscale totale, mais aussi les coûts relatifs aux autres éléments. Les charges sociales pour un résident du Québec peuvent être l'assurance emploi, la cotisation au Régime des rentes du Québec, la cotisation au Fonds de services de santé et la cotisation au régime d'assurance médicaments du Québec.

Le remboursement de la pension de la Sécurité de la vieillesse

Si vous êtes un retraité de 65 ans et que vos revenus sont élevés, vous devez rembourser en partie ou en totalité votre pension de la Sécurité de la vieillesse (PSV). En 2004, ce remboursement s'effectue à raison de 15 % pour chaque dollar de votre revenu net qui excède 59 790 $. Si vous déclarez un revenu de 96 972 $ en 2004, vous devrez rembourser la totalité de votre prestation, soit environ 5 600 $.

Certaines stratégies permettent de réduire le remboursement de la PSV, surtout pour les gens qui touchent des revenus à l'intérieur de cette fourchette.

Les moyens les plus efficaces sont souvent les plus simples. Assurez-vous d'abord de réclamer toutes les déductions auxquelles vous avez droit, car la récupération de la PSV est fonction de votre revenu net.

Revoyez aussi la structure de vos investissements détenus à l'extérieur de votre REER. Par exemple, seulement 50 % du gain de capital est imposable, alors que les intérêts le sont en totalité. Les dividendes de sociétés canadiennes sont quant à eux majorés à 125 %, chiffre à partir duquel on calcule le crédit d'impôt pour dividendes. C'est le chiffre majoré qui est considéré pour la récupération. Aussi, plusieurs fiducies de redevances versent des revenus profitant d'un traitement fiscal avantageux, mais prenez garde de considérer *d'abord* la qualité de l'investissement *avant* son avantage fiscal.

Si vous avez un conjoint et qu'un de vous deux a un taux d'imposition élevé, établissez le plus tôt possible des stratégies de fractionnement du revenu.

Partagez la prestation de la RRQ entre conjoints. Les deux conjoints doivent avoir atteint l'âge de 60 ans avant d'en faire la demande.

Profitez des avantages du REER au conjoint. Cette stratégie permet au conjoint ayant le taux d'imposition plus élevé de bénéficier de la déduction fiscale dans l'année de la cotisation. Le conjoint dont le taux d'imposition est inférieur paiera moins d'impôt sur ses retraits éventuels.

Une autre avenue à considérer consiste à ce que les retraits de votre FERR soient élevés une année et se limitent au minimum l'année suivante. Au lieu de rembourser votre PSV chaque année, vous pourriez la conserver une année sur deux.

L'impôt minimum de remplacement (IMR)

En plus de l'impôt régulier, il faut parfois considérer en parallèle et de façon indépendante l'impôt minimum de remplacement. Dans pareil cas, vous devez payer au fisc le plus élevé de l'impôt régulier ou de l'impôt minimum. Si l'IMR excède l'impôt régulier, vous pourrez récupérer le montant d'impôt supplémentaire payé sur les sept prochaines années, dans la mesure où votre impôt régulier sera plus élevé que votre impôt minimum de remplacement. L'IMR touche surtout les contribuables qui investissent dans les abris fiscaux ou qui réalisent un gain de capital important. C'est le cas du contribuable qui vend son entreprise et utilise l'exonération de gain de capital de 500 000 $. Le calcul de l'impôt minimum de remplacement est complexe.

LE FRACTIONNEMENT DU REVENU AVEC LES MEMBRES DE LA FAMILLE : RÈGLES ET STRATÉGIES

Quand on parle de fractionnement du revenu, cela sous-entend des stratégies fiscales qui auront pour objectif de réduire la charge fiscale d'une famille grâce au transfert d'une partie des revenus d'un membre de la famille, se situant à un palier d'imposition supérieur, à un autre membre de la famille, qui profite d'un taux inférieur. Cela est très avantageux pour ces raisons :

- chaque contribuable canadien est imposé sur une base individuelle ;

- plus le revenu imposable est élevé, plus le taux d'imposition augmente ;

- la plupart des crédits personnels, lorsqu'ils ne servent pas à réduire l'impôt, perdent toute valeur.

Cependant, le fractionnement du revenu implique souvent le transfert d'un bien à un autre membre de la famille (conjoint ou enfant), entraînant le transfert du droit de propriété, donc la perte de contrôle du bien.

Le fractionnement du revenu demeure un moyen de réduire le fardeau fiscal, et ce, même si les autorités en ont restreint la portée. Des mesures souvent simples peuvent être mises en place pour réduire votre fardeau fiscal et vous permettre d'atteindre vos objectifs d'épargne en vue de la retraite.

Le transfert de biens entre personnes liées

Au moment du transfert d'un bien à une personne liée, vous serez assujetti à l'impôt sur la plus-value du bien, soit la différence entre la juste valeur marchande (JVM) du bien à la date du transfert et son coût. Pour le bénéficiaire, le coût du bien ainsi acquis sera égal à sa juste valeur marchande à la date du transfert.

Cette règle générale fait en sorte que pour des biens tels que des actions d'entreprise, vous devez déclarer et payer l'impôt sur le gain de capital à la suite du transfert des actions à une personne liée. Par ailleurs, s'il en découle une perte plutôt qu'un gain, la perte sera refusée au moment du transfert. Elle sera cependant reconnue lors de la vente à une tierce partie indépendante.

Dans le cas de transactions qui se font à un prix de vente supérieur à la JVM, ou à un prix de vente de 1 $, vous pourriez être assujetti à une double imposition.

La règle générale ne s'applique pas au transfert de biens entre conjoints. Si vous transférez un bien à votre conjoint, vous paierez l'impôt lorsque le bien sera réellement vendu à une tierce personne, à moins que vous ne choisissiez de payer de l'impôt sur la plus-value à la date du transfert.

Les règles d'attribution

Lorsque des biens sont transférés au conjoint[1] ou à un enfant mineur, des règles d'attribution s'appliquent afin de déterminer qui doit être imposé – l'auteur du transfert ou le bénéficiaire – sur les revenus (pertes) provenant de ces biens et sur le gain (perte) réalisé à la vente ultérieure.

Lorsque le bien est transféré ou prêté au conjoint, les règles d'attribution prévoient que l'auteur du transfert ou du prêt doit ajouter à ses revenus les revenus ou les pertes provenant de ce bien ou du bien substitué, ainsi que les gains ou les pertes de capital.

Voyons quelques exemples d'application des règles d'attribution.

■ ■ ■ Le cas des Tremblay

Monsieur Tremblay donne à sa conjointe 2 000 actions d'ABC inc. Les dividendes reçus et le gain ou la perte de capital réalisé à la disposition des actions s'ajouteront au revenu de monsieur Tremblay.

---

[1] Aux fins de la Loi de l'impôt sur le revenu, le terme « conjoint » inclut le conjoint marié, le conjoint de fait et le conjoint de même sexe.

Même si sa conjointe vend les actions et les remplace par des obligations municipales (bien substitué), les intérêts touchés sur ces obligations, de même que tout gain ou perte de capital, seront imposables pour monsieur Tremblay.

Dans le cas du transfert ou du prêt d'un bien à un enfant mineur apparenté (enfant, petit-enfant, nièce, neveu), l'auteur du transfert ou du prêt doit également inclure dans ses revenus, en vertu des règles d'attribution, les revenus ou pertes provenant de ce bien. Par contre, les gains ou pertes de capital engendrés par ce bien ne sont pas visés par les règles d'attribution et ne seront pas attribués à l'auteur du transfert. L'application des règles d'attribution cesse l'année où l'enfant atteint l'âge de 18 ans.

■ ■ ■ Le cas des Bilodeau

Monsieur Bilodeau a transféré 1000 actions d'ABC inc. à son fils Joseph, âgé de 15 ans. Un an plus tard, Joseph reçoit un dividende de 300 $ pour les actions qu'il détient et, dans la même année, Joseph réalise un gain de capital de 1 500 $ à la suite de la vente de ses actions. Monsieur Bilodeau sera imposé sur les dividendes de 300 $. Quant à Joseph, il inclura le gain de capital dans ses revenus.

Je vous rappelle que le transfert lui-même d'un bien à un enfant mineur s'effectue généralement à la JVM. Par conséquent, l'auteur du transfert réalise un gain ou une perte à la date du transfert.

Il faut aussi prendre garde à certains types de revenus gagnés par un enfant mineur, comme des dividendes imposables et d'autres avantages conférés de sociétés privées canadiennes ou étrangères, car ils sont visés par un impôt sur le revenu fractionné. Ces revenus seront imposés au taux marginal d'imposition le plus élevé plutôt qu'à celui correspondant à son niveau de revenu.

■ ■ ■ Le cas des Brodeur

À la suite d'une réorganisation de l'entreprise, la fille de madame Brodeur, Marie, âgée de 16 ans, reçoit des actions de la société privée dont sa mère est la principale actionnaire. Un an plus tard,

Marie reçoit un dividende de 10 000 $. Marie sera imposée sur ce dividende au taux marginal le plus élevé, et ce, même si c'est son seul revenu pour l'année en question. De plus, Marie ne bénéficiera pas du crédit d'impôt personnel de base.

Finalement, les règles d'attribution peuvent aussi s'appliquer lorsqu'un particulier fait un prêt à un taux avantageux à un autre particulier avec lequel il a un lien de dépendance (indépendamment de son âge). Ainsi, les règles d'attribution s'appliquent si un particulier fait un prêt sans intérêts ou à faible taux à son enfant majeur par exemple. Les règles s'appliqueront dans la mesure où le principal but du prêt est de fractionner le revenu pour réduire l'impôt.

Le bénéficiaire et l'auteur du transfert sont solidairement responsables du paiement des impôts résultant de l'application des règles d'attribution.

Les stratégies de fractionnement du revenu

Malgré tout ce qui précède, il existe encore des possibilités de fractionner votre revenu avec les membres de la famille, que ce soit votre conjoint ou vos enfants. Il est important de bien documenter toutes les transactions, prêts et transferts que vous effectuez avec eux. Voici quelques stratégies simples.

Transfert d'un bien à la juste valeur marchande (JMV) avec contrepartie équivalente

Les règles d'attribution ne s'appliquent pas si l'auteur du transfert fait le choix de transférer le bien à la JVM, qu'il reçoit une contrepartie égale à la JVM du bien ou une créance égale à la valeur du bien transféré. La créance doit alors porter intérêt au taux minimal égal au taux prescrit par l'ARC à la date du prêt. De plus, les intérêts sur la créance doivent être payés annuellement, au plus tard le 30 janvier de l'année suivante.

Le faible niveau du taux prescrit en 2004 (3 % pour l'année, sauf 2 % au troisième trimestre) favorise la mise en place de prêts entre conjoints dans la mesure où l'emprunteur a un taux d'imposition inférieur. Tout rendement supérieur au taux prescrit se traduira par des économies d'impôt pour le couple.

Revenu de deuxième génération

Si le revenu sujet aux règles d'attribution est réinvesti par le bénéficiaire, le revenu qu'il générera ensuite ne le sera pas. Supposons que vous transférez une obligation de 100 000 $ à votre conjoint et que ce placement génère un revenu d'intérêt annuel de 5 000 $. En tant qu'auteur du don, vous devez inclure annuellement dans vos revenus ces 5 000 $ en vertu des règles d'attribution. Par ailleurs, si votre conjoint réinvestit ces 5 000 $, à titre de bénéficiaire, il devra payer de l'impôt sur l'intérêt généré.

Prêt ou transfert d'un bien pour gagner un revenu d'entreprise

Les règles d'attribution ne s'appliquent pas au revenu d'entreprise. Ce sera donc le bénéficiaire, conjoint ou enfant, qui paiera de l'impôt sur le revenu d'entreprise ou qui déduira, s'il y a lieu, la perte de son revenu imposable.

Embauche du conjoint ou d'un enfant

Si vous exploitez une entreprise, songez à verser un salaire à votre conjoint ou à votre enfant. Le salaire doit être raisonnable eu égard aux services effectivement rendus. Toutefois, il faudra au préalable bien évaluer les incidences des avantages sociaux à payer par rapport aux économies d'impôt potentielles.

Gain de capital réalisé par un enfant mineur

Les règles d'attribution ne s'appliquent pas au gain de capital réalisé par un enfant mineur. Vous pourriez faire un prêt sans intérêts à votre enfant afin de lui permettre d'acheter des actions avec un potentiel de plus-value. Les revenus annuels, comme les dividendes, vous seront attribués, mais la plus-value réalisée à la vente des actions sera imposable entre les mains de l'enfant.

Paiement des dépenses familiales

Lorsque les deux conjoints touchent un revenu, les dépenses familiales courantes pourraient être payées par le conjoint dont le revenu se situe dans une tranche d'imposition plus élevée. Ainsi, le conjoint au revenu inférieur aura plus de liquidités pour investir et paiera moins d'impôt sur le rendement de ses placements non enregistrés.

Le conjoint ayant le revenu le plus élevé pourrait également payer les impôts et les acomptes provisionnels de l'autre, voire lui fournir les liquidités pour cotiser à son REER personnel.

Cotisation au REER au conjoint

Contrairement à la stratégie précédente, les cotisations sont ici déductibles du revenu imposable du cotisant. Les prestations reçues à l'encaissement seront imposables pour le conjoint, sauf s'il effectue un retrait avant qu'il se soit écoulé trois 31 décembre depuis la dernière cotisation au REER au conjoint.

Le tableau suivant montre la charge fiscale d'un couple dont les deux conjoints sont âgés de 66 ans. Dans le premier cas, un seul conjoint a cotisé à son propre REER. Dans le second cas, un seul a cotisé au REER, mais il a réparti de façon équivalente ses cotisations entre son REER personnel et le REER au conjoint. Cette personne a aussi décidé de partager sa rente de la RRQ avec son conjoint (pour ce faire, les deux conjoints doivent être âgés d'au moins 60 ans).

	CAS 1		CAS 2	
	Madame	Monsieur	Madame	Monsieur
Valeur du REER transformé en FERR	900 000	0	450 000	450 000
Revenus de retraite FERR PSV RRQ	72 000 5 577 9 770	0 5 577 0	36 000 5 577 4 885	36 000 5 577 4 885
Total des revenus	87 347	5 577	46 462	46 462
Impôt à payer + charges sociales	31 467	0	12 360	12 360
Revenu disponible	55 880	5 577	34 102	34 102
Revenu familial disponible	61 457		68 204	
Économie d'impôt annuelle	0		**6 747**	

LE TRAVAILLEUR AUTONOME

La ligne de démarcation n'est pas toujours évidente pour déterminer si, à des fins fiscales, vous êtes un employé ou un travailleur autonome. Il est possible de demander à l'ARC de déterminer officiellement votre statut[2].

Vous aurez le statut de travailleur autonome si :

- vous fournissez votre matériel, tant les fournitures que l'équipement ;

- vous êtes payé sans prélèvements d'impôt à la source en soumettant une facture selon l'achèvement des travaux ou selon l'entente avec votre client ;

- vous offrez des services à plusieurs clients ;

---

2 L'Agence du revenu du Canada (ARC) a publié le guide *Employé ou travailleur indépendant ?*, qui traite des facteurs servant à déterminer le statut d'un travailleur. Ce guide est disponible à http://www.cra-arc.gc.ca/F/pub/tg/rc4110/rc4110fd.html.

- vous possédez ou louez vos locaux, ou encore vous avez un bureau à domicile ;

- vous décidez où, quand et comment votre travail sera exécuté.

Le fait d'être travailleur autonome signifie que vous exploitez une entreprise individuelle. Vous pouvez donner un nom à votre entreprise. Dans ce cas, vous devez immatriculer la raison sociale de votre entreprise individuelle auprès du Registraire des entreprises du Québec (www.req.gouv.qc.ca). Vous n'avez pas à le faire si vous fonctionnez sous votre nom.

À titre de travailleur autonome :

- vous ne bénéficiez plus d'une certaine protection sociale, comme celle prévue dans la Loi sur les normes de travail ;

- votre revenu d'entreprise n'est pas admissible aux fins de l'assurance emploi ;

- vous devez cotiser au RRQ en payant les parts de l'employé et de l'employeur, soit le double de ce que paie un employé. En 2004, ce montant s'élève à 3 663 $. La moitié est déductible de vos autres revenus ; l'autre moitié est prise en considération dans le calcul de vos crédits d'impôt personnels.

Pour qu'une entreprise soit reconnue à des fins fiscales, il faut avoir un but commercial et un espoir raisonnable de faire des profits. Il est possible que sur une, deux ou même trois années consécutives vous réalisiez des pertes, sans que la profitabilité éventuelle de l'entreprise soit mise en doute. Toutefois, si vous réalisez année après année des pertes, le fisc pourrait vous refuser ces pertes d'entreprise sur la base que vous n'aviez pas d'espoir de profit et que l'activité que vous exercez est plutôt de nature personnelle que commerciale.

Lorsque vous facturez votre client, le revenu d'entreprise que vous encaissez n'est normalement pas diminué de retenues d'impôt à la source. Les dépenses engagées pour gagner ce revenu sont généralement déductibles, dans la mesure où elles sont raisonnables et qu'elles ne sont pas expressément interdites par les lois de l'impôt fédéral et provincial. Vous devez documenter l'ensemble de vos revenus et dépenses par le maintien d'un système de registres. Vous devrez conserver pendant un minimum de six ans la documentation relative à l'exploitation de votre entreprise.

À noter que si votre chiffre d'affaires excède les 30 000 $, vous devez vous inscrire au fichier de la taxe sur les produits et services (TPS) et au fichier de la taxe de vente du Québec (TVQ). Heureusement, le ministère du Revenu du Québec administre les deux taxes, si bien que vous n'aurez qu'une demande d'inscription à faire pour les deux taxes.

DEVRIEZ-VOUS INCORPORER VOTRE ENTREPRISE ?

Y a-t-il un bon moment pour constituer votre entreprise en société par actions ? Il n'existe pas de réponse toute faite, mais certains guides vous permettent d'évaluer l'à-propos d'incorporer une entreprise. Lorsque celle-ci génère des pertes, généralement dans les premières années d'exploitation, il est préférable de l'exploiter sur une base individuelle afin de vous permettre de déduire les pertes d'entreprise à l'encontre de vos autres revenus. Lorsque vous aurez incorporé votre entreprise, les pertes ne pourront plus être déduites de vos revenus personnels, car la société par actions est une entité distincte de l'individu.

Cependant, si vous prévoyez que votre entreprise générera des bénéfices rapidement, vous devriez l'incorporer dès le début de ses activités.

C'est souvent lorsque vos revenus d'entreprise excèdent vos besoins personnels qu'il est temps de songer à l'incorporer. Vous pourrez alors profiter des taux d'imposition plus faibles accordés sur les premiers 250 000 $ (300 000 $ en 2005) de revenus d'entreprise gagnés par l'intermédiaire d'une société privée sous contrôle canadien.

L'incorporation de l'entreprise permettra donc des économies d'impôt, mais celles-ci devront être évaluées en fonction de ses frais, de la mise en place et du maintien de l'incorporation.

Prendre la décision d'incorporer une entreprise dépend des avantages fiscaux mais également des autres facteurs, tant financiers que légaux liés à son exploitation, et de la situation particulière de l'entrepreneur. Voici trois sites qui fournissent des informations utiles et les étapes à suivre pour incorporer une entreprise.

www.req.gouv.qc.ca/demarrer/immatriculer/immatriculer.htm

www.strategis.ic.gc.ca

www.portaildesaffaires.ca/fr/hi/

L'entrepreneur incorporé

L'entreprise peut être exploitée entre autres par un individu ou encore par une société par actions. Une société par actions a une personnalité distincte tant du point de vue juridique que fiscal. Cela lui permet d'avoir un patrimoine qui lui est propre.

Du point de vue juridique, le principal avantage est de limiter la responsabilité des actionnaires à leur mise de fonds. Il arrive que cet avantage perde de son utilité, car les créanciers exigent souvent un cautionnement personnel. Dans ce cas, attention : cette responsabilité peut parfois être conjointe ou solidaire.

Du point de vue fiscal, outre le fait de reporter une partie de l'impôt sur les revenus d'entreprise inférieurs à 250 000 $, les principaux avantages de la société par actions sont les suivants :

- obtenir une certaine souplesse quant au type de revenu versé aux actionnaires-dirigeants ;

- profiter de certains allègements fiscaux, comme le congé fiscal au Québec pour les entreprises qualifiées et dont le premier exercice financier a débuté avant le 30 mars 2004 ;

- partager les revenus avec d'autres membres de la famille sous réserve des règles d'attribution ;

- profiter de l'exonération du gain de capital à la vente des actions si celles-ci sont admissibles ;

- inclure des membres de la famille, directement ou par le biais d'une fiducie, dans l'actionnariat de la société.

Par contre, la société par actions exige une administration et une gestion accrues qui peuvent coûter cher.

Salaire ou dividende ?

L'individu exploitant une société par actions peut choisir de recevoir une rémunération sous forme de salaire ou de dividendes, ou encore il peut choisir de réinvestir ses bénéfices dans la société. Les lois fiscales prévoient un processus d'intégration qui, de façon générale, évite la double imposition lors de la distribution des bénéfices au particulier. Ainsi, l'impôt payé par un individu exploitant une entreprise individuelle est égal à celui payé par l'individu qui l'exploite à l'aide d'une société par actions.

Par ailleurs, le fisc accorde une déduction d'impôt (DPE, déduction pour petite entreprise) sur les premiers 250 000 $ de revenus d'une entreprise exploitée activement au Canada. Cette déduction permet à la société par actions de bénéficier d'un taux d'imposition d'environ 22 % sur les premiers 250 000 $ de revenus d'entreprise.

Ce taux est réduit à environ 13 % pour la société qui bénéficie encore de l'exemption d'impôt de cinq ans au Québec. Pour se prévaloir de cette exemption, la société par actions devait, entre autres, être constituée avant le 30 mars 2004 et ne pas être la continuation d'une entreprise existante.

Dans ce contexte, il peut parfois se révéler avantageux de choisir entre un dividende ou un salaire, ou une combinaison des deux. La combinaison maximale dépendra de chaque situation, c'est-à-dire de vos besoins financiers personnels, de vos autres sources de revenus, de votre taux marginal d'imposition, des besoins financiers de la société, des revenus générés par la société, des charges sociales, etc. Les calculs étant complexes, l'aide d'un professionnel devient nécessaire.

Certaines tendances peuvent se dégager. Par exemple, si la société génère des revenus supérieurs à 250 000 $, vous avez intérêt à ramener ou à réduire le revenu imposable de la société à 250 000 $. Comment ? En vous versant un salaire ou une prime. Ainsi, vous bénéficiez du taux d'impôt plus bas accordé aux sociétés exploitant une petite entreprise et excluez les revenus de la société qui excèdent 250 000 $ du taux d'imposition plus élevé des sociétés. Vous favoriserez également le versement d'un salaire ou d'une prime pour maximiser vos cotisations au REER.

Si le revenu de l'entreprise est inférieur à 250 000 $, le versement d'un dividende est plus avantageux d'un point de vue fiscal. Vous devez toutefois considérer d'autres éléments dans votre analyse, comme le fait que le versement d'un salaire permette de cotiser au REER et au RRQ. Vous devrez faire des compromis selon votre situation.

Notez que le seuil de 250 000 $ en 2004 passera à 300 000 $ en 2005.

La cession de votre entreprise

Chaque entrepreneur doit établir ses objectifs à long terme et prévoir la cession de son entreprise. Il sera question de diverses façons permettant le transfert d'une entreprise. Les moyens utilisés dépendront des objectifs de l'entrepreneur, qu'il s'agisse d'assurer la continuité de l'entreprise s'il existe une relève au sein de la famille, ou de vendre à des gens d'affaires indépendants ou à des employés clés.

Avant de procéder à la transmission de l'entreprise, il est impératif de préparer un plan d'action impliquant des professionnels de la planification financière, du droit et de la fiscalité. Les actions de l'entreprise devront faire l'objet d'une évaluation préalable afin de déterminer si le produit de la vente pourra assurer votre sécurité financière et subvenir à vos besoins financiers au moment de la retraite.

Voici quelques techniques à considérer pour la transmission de votre entreprise.

- Le **gel successoral** permet de réduire les conséquences fiscales découlant du transfert de votre entreprise aux membres de votre famille. Il vise à cristalliser la valeur de votre entreprise, de sorte que la croissance future se matérialise dans les mains de vos successeurs ;

- La **vente des actions** à un acheteur potentiel ou à un enfant permet de réclamer dans certains cas l'exonération pour gain de capital de 500 000 $;

- La **donation entre vifs** nécessite seulement un acte de donation. Elle engendre, tout comme la vente directe, une disposition des actions à leur juste valeur marchande ;

- La **vente d'éléments d'actif** consiste à vendre ces derniers à une nouvelle compagnie opérante. On l'appelle aussi « gel renversé ». Elle offre à l'entrepreneur une certaine souplesse quant au choix des biens devant faire l'objet de la transmission ;

- La **vente à une société de portefeuille** (ou *holding*) consiste à vendre les actions de la compagnie opérante à une société de portefeuille dont les actions ordinaires sont détenues par les membres de la famille directement ou par l'intermédiaire d'une fiducie.

QUITTER LE CANADA

Voilà, vous êtes rendu à un tournant de votre vie ! Votre employeur vous offre une promotion à l'étranger ? Vous désirez prendre votre retraite dans le pays de vos rêves ? Ou, tout simplement, vous désirez quitter le Canada, car vous trouvez le fisc trop vorace ? Quelles que soient les raisons de votre départ du Canada, cela ne se fera pas sans conséquences fiscales.

Bien entendu, la personne qui désire quitter le Canada devra s'enquérir des lois fiscales du pays d'adoption et de leurs conséquences. De plus, le Canada a conclu des conventions fiscales avec un grand nombre de pays. Un des principaux objectifs d'une convention fiscale est d'éviter que le contribuable soit soumis à une double imposition. Sans cette convention, vous pourriez être assujetti à l'impôt deux fois sur les mêmes revenus : celui des lois internes du Canada et celui du nouveau pays de résidence. Vous avez donc intérêt à vérifier si le Canada a conclu une convention avec votre nouveau pays de résidence et à confirmer son application.

Le statut de résidence : une question de fait

La Loi de l'impôt sur le revenu ne définit pas le terme «résident canadien». Par ailleurs, différents jugements reconnaissent qu'un particulier «réside habituellement» au Canada aux fins de l'impôt si le Canada est l'endroit où, dans le cours ordinaire de sa vie quotidienne, il vit de façon régulière, normale ou habituelle. L'Agence du revenu du Canada (ARC) a précisé les facteurs ou les critères qui permettent de déterminer l'endroit où l'on vit habituellement.

L'ARC précise qu'un des facteurs ou des critères n'est pas à lui seul concluant et qu'il faut analyser l'ensemble des faits pertinents à la situation, ce qui comprend les liens de résidence maintenus avec le Canada, les liens de résidence ailleurs qu'au Canada, la régularité et la durée des visites au Canada.

De façon générale, si vous quittez le Canada et désirez obtenir le statut de non-résident aux fins de l'impôt du Canada, vous devrez vendre ou abandonner votre logement au Canada et établir une nouvelle résidence permanente dans le pays d'adoption. Votre conjoint ou conjoint de fait et vos enfants à charge devront également émigrer du Canada. Vous devrez vendre vos biens personnels ou les apporter dans votre nouveau pays et rompre vos liens sociaux avec le Canada. Finalement, après votre émigration du Canada, vous devrez limiter le nombre et la durée des visites au Canada. La durée de ces visites devra totaliser moins de 183 jours (incluant les journées incomplètes) par année.

Certains Canadiens séjournant à l'étranger sont présumés résidents canadiens à des fins fiscales. C'est le cas notamment des membres des Forces canadiennes et des représentants du Canada (ambassadeurs, fonctionnaires, etc.).

Vous pouvez soumettre à l'ARC une demande de détermination du statut de résidence à des fins fiscales à l'aide du formulaire NR-73. Ce formulaire n'est pas obligatoire, mais il peut s'avérer utile puisqu'il résume les critères utilisés par l'ARC pour établir le statut de résidence aux fins fiscales.

L'assujettissement à l'impôt canadien

Le non-résident canadien, de manière générale, sera assujetti à l'impôt canadien uniquement sur ses revenus de source canadienne.

Il est à noter que l'année où le particulier quitte le Canada, il sera assujetti à l'impôt canadien à titre de résident jusqu'à la date de son départ. Pour l'autre partie de l'année, soit après la date de départ, il sera assujetti à l'impôt canadien à titre de non-résident, sur ses revenus de source canadienne uniquement.

Vous avez tout d'abord les revenus de source canadienne qui sont imposables selon les taux progressifs de la table d'impôt des particuliers, soit :

- les revenus d'emploi de source canadienne ;

- les revenus d'entreprise exploitée activement ;

- les gains réalisés à la disposition de certains biens canadiens imposables, comme un immeuble situé au Canada.

Pour les intérêts, les dividendes, les pensions, les rentes, les retraits des régimes enregistrés, les loyers bruts, etc., de source canadienne, le Canada fera prélever un impôt à la source de 25 %.

Conseil éclair

Après avoir émigré du Canada, songez à liquider votre REER. Le taux de retenue à la source pour un non-résident est de 25 % sur les retraits d'un REER. Si vous liquidez le régime lorsque vous êtes un résident canadien, les retraits pourraient être imposés au taux marginal maximal soit 48,22 %.

Si le Canada a conclu une convention avec votre nouveau pays de résidence, celle-ci peut prévoir une baisse ou tout simplement l'élimination du taux d'imposition de 25 %.

L'année de votre émigration du Canada, les biens détenus à la date de départ seront réputés avoir été vendus à leur juste valeur marchande. Certains biens sont exclus de cette règle, dont les plus courants sont :

- les biens immobiliers situés au Canada ;

- certains droits de pension, incluant un REER ou un FERR ;

- les biens détenus par un résident canadien temporaire (moins de 60 mois) ;

- les biens utilisés d'une entreprise exploitée dans un établissement stable au Canada ;

- certaines options d'achat d'actions.

Les autres biens seront assujettis à la vente présumée l'année de l'émigration. Vous trouverez dans cette catégorie, entre autres, les actions de sociétés cotées en Bourse, les actions d'une société privée canadienne, les biens immobiliers détenus à l'extérieur du Canada, etc.

Conseil éclair

Si après avoir émigré vous vendez un bien qui sera assujetti à l'impôt canadien, comme un immeuble situé au Québec, demandez un certificat de décharge à l'ARC et à Revenu Québec à l'aide des formulaires prévus à cette fin. Ce certificat permet de calculer les retenues à la source sur le gain plutôt que sur le prix de vente. Les taux de retenue sont de 25 % au fédéral et de 12 % au Québec.

Qu'en est-il des snowbirds ?

Certains résidents canadiens séjournent une partie de l'année dans le sud des États-Unis. Des formalités doivent alors être réglées auprès des autorités fiscales américaines.

D'abord, assurez-vous de séjourner aux États-Unis moins de 183 jours dans une année. Sinon, vous serez considéré comme un résident étranger des États-Unis et assujetti à l'impôt américain sur vos revenus mondiaux.

Les dispositions des lois fiscales américaines prévoient, en plus du critère de 183 jours, un critère de présence importante. Il s'applique si vous avez séjourné aux États-Unis de 31 jours à 182 jours dans l'année. Le critère de présence importante se détermine à partir du nombre de jours (ou fractions de jours) passés aux États-Unis dans l'année courante et les deux années précédentes de la façon suivante :

- la totalité des jours passés aux États-Unis dans l'année courante plus :

- un tiers des jours passés aux États-Unis l'année précédente et

- un sixième des jours passés aux États-Unis la seconde année précédente.

Si le total excède les 182 jours, vous serez également considéré comme un résident étranger et donc assujetti à l'impôt américain sur vos revenus de toutes provenances sauf si :

- vous avez séjourné moins de 183 jours aux États-Unis dans l'année courante ;

- votre résidence fiscale est située au Canada ;

- vous avez des liens plus étroits avec le Canada qu'avec les États-Unis.

Pour vous exclure de l'impôt américain à titre de résident en vertu de ces conditions, vous devez remplir le formulaire 8840, *Closer Connection Exception Statements*, au plus tard le 15 juin de l'année suivante, afin de signifier à l'Internal Revenue Service (IRS) que vous avez maintenu votre domicile fiscal au Canada.

Consultez le guide publié par l'ARC, *Résidents canadiens qui séjournent dans le Sud*, à l'adresse suivante :

www.cra-arc.gc.ca/F/pub/tg/p151/p151-f.html

Les impôts successoraux américains pour les non-résidents américains

Le fisc américain prélève un impôt successoral au décès. Cet impôt successoral pourrait s'appliquer également à un résident canadien dans la mesure où sa succession imposable est supérieure à 60 000 $ US et que cette personne détient entre autres les biens suivants :

- terrains et immeubles situés aux États-Unis ;

- actions de sociétés américaines ;

- biens personnels situés aux États-Unis ;

- régimes de retraite détenus aux États-Unis.

L'impôt successoral fédéral américain est calculé sur la valeur marchande totale des biens de source américaine ou situés aux États-Unis, moins certains transferts et/ou dettes. La facture d'impôt peut être assez élevée, les taux applicables allant de 18 % à 48 %, sans compter que certains États prélèvent également des impôts successoraux.

Toutefois, la convention fiscale canado-américaine prévoit un crédit avantageux qui fait en sorte que vous n'aurez pas d'impôt successoral à payer si la valeur totale de votre succession mondiale n'excède pas 1 500 000 $ US. Pour bénéficier de ce crédit, une déclaration d'impôt successoral doit être produite. De plus, dans le cas où la valeur totale de la succession mondiale est inférieure à 1 200 000 $ US, la convention prévoit que vous ne serez pas assujetti à l'impôt successoral américain. Cette règle exclut les biens qui auraient été imposables aux États-Unis au moment de leur vente, par exemple les immeubles qui y sont situés.

Consultez un spécialiste si vous détenez un immeuble aux États-Unis ou encore si la valeur totale mondiale de vos biens excède 1 200 000 $ US ou s'approche de ce plafond.

L'ALLOCATION DE RETRAITE

Une allocation de retraite est une somme qu'un employé reçoit au moment où il prend sa retraite ou s'il perd son emploi. L'allocation de retraite peut comprendre le remboursement des congés de maladie dont il n'a pas profité.

En règle générale, la somme, qui peut être versée par tranches, est incluse dans le revenu lorsqu'elle est reçue. Elle est assujettie à une retenue d'impôt par l'employeur pouvant atteindre 35 % lorsque le montant est de 15 000 $ ou plus. Par contre, la Loi de l'impôt sur le revenu permet au contribuable de reporter la totalité ou une partie de l'impôt sur le revenu en transférant ce paiement dans son REER. Le contribuable inclura l'allocation de retraite dans son revenu et pourra se prévaloir d'une déduction pour le montant transféré dans son REER.

La somme que le contribuable peut transférer correspond à la combinaison de ces deux éléments :

- 2 000 $ par année (complète ou partielle) d'emploi avant 1996, chez l'employeur qui a effectué le paiement ;

- 1 500 $ par année (complète ou partielle) d'emploi avant 1989, pour lesquelles les cotisations de l'employeur au régime de retraite ne sont pas acquises au moment du versement.

Il est important de noter que les années d'emploi après 1995 n'entrent pas dans le calcul du montant pouvant être transféré.

■ ■ ■ Le cas de Mireille

Mireille travaille pour Gestion inc. depuis le 2 octobre 1986. Gestion inc. n'a aucun régime de retraite à l'intention de ses employés. À la suite d'une restructuration, Mireille a perdu son emploi. On lui a versé 24 000 $ d'indemnité de départ, plus 1 500 $ pour des congés de maladie accumulés et non utilisés.

Indemnité de départ	24 000 $
Congés de maladie	<u>1 500 $</u>
Allocation de retraite	**25 500 $**
2 000 $ pour les années de service avant 1996, soit 10 ans	20 000 $
+	
1 500 $ pour les années de service avant 1989, soit 3 ans	<u>4 500 $</u>
Montant admissible au transfert dans un REER	**24 500 $**
Solde imposable	**1 000 $**

Conseil éclair

Si votre indemnité de départ excède le montant transférable à l'abri de l'impôt, vous aurez avantage à profiter de vos cotisations REER inutilisées.

Une allocation de retraite ne comprend pas la somme versée à la suite du décès d'un employé, le versement d'une prestation de retraite ou la somme versée pour des vacances accumulées et inutilisées.

LA RÉSIDENCE PRINCIPALE

La notion de résidence principale est importante autant du point vue juridique que fiscal. Elle détermine l'endroit où vous devez produire votre déclaration de revenus et le district judiciaire dans lequel vous pouvez exercer vos droits civils.

Selon la Loi de l'impôt sur le revenu, une résidence principale peut être l'un des logements suivants :

- une maison, un chalet, un condominium ;

- un logement dans un immeuble d'habitation, un appartement dans un duplex ;

- une roulotte, une maison mobile, une maison flottante.

Pour que le bien puisse être admissible en vertu de cette loi à la désignation de résidence principale, il faut d'abord en être propriétaire, seul ou avec une autre personne. De plus, un contribuable ne peut désigner qu'un seul bien comme résidence principale pour une année.

■ ■ ■ Le cas de Pascal

Pascal possède une résidence depuis 1985. Il a acheté un chalet en 1995 qu'il a vendu en 2004. Il peut donc faire le choix de déclarer son chalet comme étant sa résidence principale pour les années 1995 à 2004. Par contre, pour ces mêmes années, il ne pourra pas désigner sa résidence achetée en 1985 comme étant sa résidence principale.

En règle générale, vous ou votre conjoint, ex-conjoint ou enfant devez habiter le logement qui représente la résidence principale. Selon la jurisprudence, un logement peut être désigné comme étant une résidence principale s'il est normalement habitable dans l'année par le contribuable.

La désignation de votre résidence principale se fait au moment de la vente. Comme l'a illustré l'exemple précédent, il est possible de désigner deux biens comme étant sa résidence principale, mais pour des années différentes.

LA PLANIFICATION POST MORTEM

L'expression « planification post mortem » signifie les divers choix légaux ou fiscaux qui sont effectués postérieurement au décès d'un contribuable.

Immédiatement avant son décès, le contribuable est généralement réputé avoir disposé de tous ses biens pour un montant égal à leur juste valeur marchande (JVM). Lorsque la JVM excède le coût du bien, il en résulte un gain de capital imposable à 50 % dans la déclaration de revenu du défunt. De plus, la déclaration doit aussi inclure la juste valeur marchande de tout régime enregistré au moment du décès.

La disposition présumée est évitée pour le défunt dans la mesure où le bien en immobilisation est transféré au conjoint ou à une fiducie exclusive au conjoint. Dans ces conditions, le contribuable est réputé avoir reçu le bien pour un montant égal au prix de base rajusté (normalement le coût). Cette mesure permet de différer l'imposition de la plus-value jusqu'à la disposition réelle ou au décès du conjoint. L'application est automatique et ne requiert aucun choix ni formulaire. Par contre, il est possible de transférer ce bien à la juste valeur marchande.

La définition du conjoint au sens fiscal comprend la personne avec qui vous êtes légalement marié, ou une personne de sexe opposé ou de même sexe qui vit avec vous en union de fait, depuis au moins 12 mois sans interruption, ou est la mère ou le père de votre enfant.

 **Conseil éclair**

Le transfert à la juste valeur marchande peut s'avérer avantageux si le défunt dispose de pertes de capital reportées ou que la disposition du bien à la juste valeur marchande engendre une perte de capital.

Au décès, l'impôt payable sur la valeur accumulée d'un REER peut être évité si le conjoint, un enfant ou petit-enfant à la charge du défunt est nommé bénéficiaire.

Lorsque le bénéficiaire du REER ou du FERR est un enfant ou un petit-enfant qui était à la charge financière du défunt, la valeur du REER ou du FERR est imposable entre les mains du bénéficiaire. À ce moment, le REER ou le FERR pourrait servir à acheter une rente et permettre de différer l'impôt sur plusieurs années. Cette période de report devra prendre fin avant que l'enfant atteigne l'âge de 18 ans. Si l'enfant ou le petit-enfant est atteint d'une infirmité mentale ou physique, le montant peut être transféré dans le REER ou le FERR de l'enfant.

Du point de vue fiscal, un enfant ou petit-enfant est considéré comme étant à charge s'il est âgé de moins de 18 ans et si son revenu pour l'année précédant l'année du décès était inférieur au crédit personnel de base pour cette année. Pour un enfant ou petit-enfant ayant une déficience physique ou mentale, le seuil du revenu qui sert à déterminer si la personne était financièrement à la charge du contribuable décédé est de 14 035 $ en 2004 et de 14 498 $ en 2005. Ce montant est indexé annuellement.

Les pertes de capital reportées dans l'année du décès viennent d'abord réduire le gain de capital de l'année. Les pertes inutilisées réduisent ensuite les revenus de toute provenance du contribuable dans l'année du décès et l'année précédente. Il faut toutefois faire attention à l'exonération pour gain de capital qui aurait été prise au cours des années antérieures. En effet, elle réduit le montant de la perte déductible à l'encontre de tous les revenus réalisés dans l'année.

La prestation consécutive au décès est une somme versée au décès d'un employé, en reconnaissance des services rendus par ce dernier dans ses fonctions. La particularité de cette prestation est le fait que, jusqu'à concurrence de 10 000 $, elle constituera un montant reçu en franchise d'impôt pour le bénéficiaire décédé. Les paiements des congés et des vacances accumulés, les sommes reçues d'une caisse de retraite ou la prestation de décès versée par la RRQ ne sont pas considérés comme des paiements admissibles.

La Loi de l'impôt sur le revenu permet au liquidateur de contribuer au REER au conjoint survivant au plus tard 60 jours suivant la fin d'année durant laquelle le contribuable est décédé. Cette contribution est permise jusqu'à concurrence des droits de cotisation inutilisés au moment du décès. Le montant de cette contribution permettra de réduire le revenu imposable dans la déclaration de revenus finale du contribuable décédé.

La date limite pour la production de la déclaration de revenus finale est la plus tardive des dates suivantes :

- le 30 avril de l'année suivant le décès (le 15 juin si le contribuable exploitait une entreprise) ;

- six mois après la date du décès.

La déclaration finale de la personne décédée fait état des revenus gagnés entre le 1er janvier de l'année du décès et la date de décès. Il est possible d'exclure certains revenus de la déclaration ordinaire afin de les inclure dans des déclarations distinctes. Cela permet de produire une déclaration de revenus, comme si la déclaration était celle d'une autre personne, pouvant ainsi multiplier l'usage de certains crédits personnels. Le représentant légal peut exercer ce choix pour :

- les valeurs des droits ou biens ;

- les revenus provenant d'une fiducie testamentaire ;

- les revenus d'une entreprise individuelle ou d'une société de personnes.

Conseil éclair

Si vous choisissez la déclaration distincte, sachez que vous avez jusqu'à la plus éloignée des dates suivantes pour la produire et en payer le solde :

- 90 jours après la date d'expédition de l'avis de cotisation ou de nouvelle cotisation établie pour la déclaration finale ;

- un an après la date du décès.

Les droits ou biens comprennent entre autres : les dividendes déclarés mais non payés à la date du décès ; les crédits de congés annuels inutilisés ; les coupons d'intérêts échus mais non encaissés sur des obligations ; l'inventaire d'un agriculteur.

Le liquidateur du défunt peut déclarer le montant reçu à titre de droits ou de biens dans la déclaration finale du défunt, dans une déclaration distincte ou encore il peut transférer les droits ou biens directement aux bénéficiaires, de sorte que le revenu sera imposable entre leurs mains.

Dans l'année du décès du contribuable, son liquidateur peut demander un crédit d'impôt pour frais médicaux pour une période de 24 mois prenant fin le jour du décès plutôt que de 12 mois.

Les frais funéraires ne sont pas déductibles.

La prestation de décès versée par la RRQ est imposable entre les mains des bénéficiaires de la succession et non dans la déclaration de revenus du défunt.

Il est possible de différer sur 10 ans les impôts exigibles au décès. Évidemment, des intérêts seront exigés par nos bons gouvernements.

LES DONS PLANIFIÉS

Les dons planifiés à un organisme de bienfaisance reconnu s'inscrivent dans votre démarche de planification financière et successorale. Ils vous permettent de soutenir une cause qui vous tient à cœur, mais aussi de bénéficier de certains avantages fiscaux. Dans ce sens, les dons planifiés intéressent autant le donateur que le bénéficiaire.

Conseil éclair

Si les techniques de dons planifiés sont peu connues des Québécois, elles sont encore moins utilisées. Les incitatifs fiscaux récemment améliorés contribueront certes à attirer l'attention des donateurs potentiels. **Mais la volonté ferme de donner à un organisme doit être votre motivation première.**

Peut-être avez-vous déjà une cause qui vous tient à cœur et un organisme auquel vous souhaitez donner? Si tel n'est pas le cas, prenez le temps de faire votre choix. Rencontrez un représentant de l'organisme choisi pour bien connaître ses objectifs et discuter de vos intentions. Votre planificateur financier veillera à ce que tout soit mis en place pour respecter votre désir.

Le don testamentaire

Le don testamentaire est la forme de don planifié la plus courante. Il consiste à prévoir dans votre testament un montant qui sera versé, après votre décès, à un organisme de bienfaisance enregistré auprès de l'ARC. La succession obtiendra un reçu pour la valeur du don. Ce don est révocable et il entre en vigueur seulement au décès du donateur. Pour éviter que les héritiers contestent un don testamentaire, il est fortement recommandé de l'inclure dans votre testament notarié.

■ ■ ■ **Le cas de Jean**
Jean prévoit un don de 50 000 $ à Centraide dans son testament.

Valeur marchande du don	50 000 $
Crédit d'impôt fédéral	14 474 $ (1)
Crédit d'impôt provincial	11 920 $ (2)

En tenant compte de l'abattement du Québec, les économies d'impôt, dans cet exemple, atteignent 24 006 $, soit 48 % de la valeur du don. Les dons versés à un organisme de bienfaisance enregistré auprès de l'ARC sont admissibles à des crédits d'impôt :

(1) au fédéral

- pour le premier 200 $ de dons versés au cours d'une année, le crédit d'impôt s'élève à 16 % ;

- sur tout excédent du 200 $, le crédit pour don passe à 29 %.

(2) au Québec

- le taux de crédit pour don de charité est établi à 20 % pour les premiers 2 000 $;

- à 24 % pour l'excédent.

Le montant maximal admissible pour un don, au cours d'une année fiscale, est fixé à 75 % du revenu net du particulier. Il est possible de reporter l'excédent sur les cinq années suivantes. Cette limite est portée à 100 % pour l'année du décès du particulier et l'année précédente.

Le don d'une assurance vie

Le don d'un contrat d'assurance vie permet à l'organisme de votre choix de bénéficier de sommes importantes. Il est possible de procéder de deux façons qui résulteront pour le donateur en un avantage fiscal à son décès (1) ou de son vivant (2) :

(1) Souscrire un contrat d'assurance vie sur lequel l'organisme de bienfaisance est nommé bénéficiaire de la totalité ou d'une partie du capital-décès. Cette disposition peut se faire dans le contrat lui-même ou par testament. Tant au fédéral qu'au provincial, le don permet un crédit d'impôt dans la déclaration fiscale du défunt.

(2) Céder un contrat d'assurance vie à un organisme de bienfaisance en le nommant à la fois bénéficiaire et propriétaire.Le donateur paie les primes chaque année. Il obtient en retour un reçu fiscal correspondant au montant de la prime versée dans l'année. Au décès du donateur, l'organisme reçoit le capital-décès.

Le legs d'un REER ou d'un FERR

Cette forme de don planifié consiste à nommer l'organisme de bienfaisance bénéficiaire du REER ou du FERR. Tout comme pour le contrat d'assurance vie, cette disposition peut se faire dans le contrat de rente ou par testament. Il faut noter que cela n'empêche pas de devoir déclarer la juste valeur marchande du régime dans la déclaration fiscale de l'année du décès du donateur et de payer des impôts sur cette somme. Cependant, l'organisme de bienfaisance qui reçoit le REER ou le FERR émettra, au nom de la succession, un reçu d'impôt pour la totalité de la somme.

La rente viagère

Un donateur peut remettre un capital à une œuvre de bienfaisance (pas une fondation) qui achètera, auprès d'une compagnie d'assurances, ou émettra une rente viagère en fonction des critères souhaités par le donateur : nombre d'années pour la garantie, portion imposable, etc. L'organisme de bienfaisance reçoit la prestation de rente et verse chaque année un montant au donateur, sa vie durant. À partir de tables de calcul, la partie qui représente le don du capital n'est pas imposée. Par contre, si le donateur décède avant la fin de la période garantie, l'organisme continue de recevoir la rente jusqu'à la fin de la période assurée. Les héritiers n'ont aucun droit sur la rente ; c'est pourquoi elle est parfois appelée « la rente à fonds perdus ».

■ ■ ■ **Le cas de Pauline**

À 82 ans, Pauline a remis 50 000 $ à une œuvre de bienfaisance pour souscrire à une rente. Compte tenu de son espérance de vie, l'organisme pourrait lui remettre environ 4 000 $ par année. Pauline recevra un reçu d'impôt de 50 000 $ au moment du don. Dans certains cas, seulement une partie de la prestation de rente pourrait être imposable chaque année.

Le don en nature

Avez-vous l'intention d'effectuer un don, sans avoir les liquidités ? Détenez-vous des placements dont la valeur a augmenté ? Envisagez de donner directement vos titres à un organisme de bienfaisance plutôt que de réaliser un gain de capital avant d'effectuer votre don.

Le don des titres occasionnera un gain de capital, mais vous pourrez réduire de 50 % ce gain de capital imposable. De plus, vous obtiendrez un reçu de l'organisme pour un montant équivalent à la juste valeur marchande des titres à la date du transfert. Les biens admissibles à cette réduction comprennent, entre autres, les actions cotées en Bourse, les obligations et les unités de fiducie.

■ ■ ■ Le cas de Marc

Marc possède un certificat de 1 000 actions de XYZ inc. Le prix d'achat des actions était de 6 000 $; la juste valeur marchande des actions est de 36 000 $. Pour un don de ce montant, Marc bénéficiera de crédits d'impôt totalisant 18 974 $. Marc décide toutefois de céder son certificat à un organisme de bienfaisance.

Valeur marchande des actions	36 000 $
Moins le coût d'achat	6 000 $
Gain de capital	30 000 $
Gain de capital imposable (30 000 $ x 50 % x 50 %*)	**7 500 $**

*La réduction supplémentaire sur le gain en capital accordée par les gouvernements pour un don en nature.

Comme Marc a cédé ses titres à l'organisme plutôt que de les vendre lui-même, il en résulte un gain de capital imposable de 7 500 $ plutôt que de 15 000 $. L'économie d'impôt pourra atteindre 3 616 $ si le taux marginal de Marc est maximal.

Les diverses modifications apportées à la Loi de l'impôt sur le revenu au cours des dernières années ont créé ces nouvelles stratégies pour favoriser les dons planifiés. L'analyse de votre situation est indispensable afin de déterminer la stratégie qui vous permettra de maximiser votre don tout en réduisant vos impôts.

Il n'y a qu'une catégorie de gens qui pensent plus
à l'argent que les riches : ce sont les pauvres.
Oscar Wilde

L'assurance :
ne rien laisser au hasard

S 'il est un sujet qui me fait mourir d'ennui, c'est bien l'assurance. Et vous ? Peut-être alors est-il temps d'aborder la question des assurances sous un autre angle. Je propose de la considérer comme une stratégie non pas pour procurer à vos héritiers ce que vous-même n'avez pas de votre vivant, mais plutôt pour respecter votre qualité de vie, la vôtre comme celle de ceux qui vous sont chers.

Le principe de l'assurance est simple : vous payez une prime contre laquelle vous, ou vos héritiers, ou les deux, êtes protégés si un risque se matérialise. Ce risque peut aussi bien être une invalidité, une maladie grave ou un décès. Comme vous n'échapperez pas à au moins un de ces trois risques, commençons par l'assurance vie.

Souvent, mes clients dans la cinquantaine ou la soixantaine affirment ne plus avoir besoin d'assurance vie étant donné qu'ils n'ont personne à leur charge. Il est vrai que la première raison d'assurer notre vie est de protéger ceux qui dépendent financièrement de nous. Une fois les enfants partis de la maison, certains annulent leur contrat d'assurance sans autre questionnement.

Mis à part la protection de personnes à charge (conjoint, enfants, petits-enfants), les principales raisons qui peuvent vous inciter à conserver votre assurance vie sont :

- constituer un patrimoine instantané dès votre décès ;

- protéger les actifs que vous avez accumulés au fil des ans, contre des créanciers actuels ou potentiels (une poursuite peut prendre des années à se régler) ;

- profiter de la stratégie de rente assurée, qui implique que vous avez utilisé une portion de votre capital non enregistré pour acquérir une rente viagère qui cesse dès votre décès, mais dont l'assurance remettra dans les mains de vos héritiers ce capital ;

- payer les impôts exigibles à votre décès ;

- faire un don à un organisme de charité.

Vos besoins en assurance varieront selon votre âge, vos revenus, vos actifs et l'étape de vie à laquelle vous êtes rendu. L'espérance de vie qui augmente jumelée au coût de la vie font en sorte que certains auront besoin d'utiliser une grande partie, sinon la totalité de leurs actifs pour financer leur retraite. La mise en place d'une assurance vie, ou le maintien d'un contrat s'il répond toujours à vos besoins, vous permettra de puiser dans votre capital avec moins de remords.

Seriez-vous étonné de savoir que, même mort, vous allez payer de l'impôt ? En fait, l'impôt au décès devient exigible si vous n'avez pas de conjoint ou si vous léguez des biens imposables à toute autre personne que votre conjoint.

D'abord les fleurs : qu'est-ce qui n'est pas imposable au décès ?

• La résidence principale.

• Les biens meubles.

• Le produit d'une assurance vie.

• Les placements non enregistrés sauf leur rendement couru de l'année, qu'il soit en intérêts ou en dividendes.

Maintenant, le pot : qu'est-ce qui est imposable au décès ?

• Tous les régimes enregistrés : REER, FERR, CRI, FRV, RPDB, etc.

• 50 % du gain en capital cumulé sur une entreprise, sur des placements non enregistrés, des immeubles à revenu, une résidence secondaire, des terrains, etc.

• La récupération d'amortissement (qui est une dépense fiscale autorisée si vous détenez un immeuble à revenu, par exemple, mais qui constitue un impôt différé).

Nos actifs les plus importants tombent dans la catégorie de ce qui est imposable au décès. À moins de ne pouvoir les transférer à un conjoint, vous serez réputé avoir disposé de tous ces biens avant d'avoir fermé les yeux.

La facture d'impôt que votre succession devra régler avant d'hériter de vos biens peut être salée. Avez-vous pensé à ce qui suit ?

• Les régimes enregistrés englobent des sommes de plus en plus importantes. Aux contributions annuelles a pu s'ajouter une indemnité de départ, sans compter un fonds de pension que vous pourrez avoir transféré à l'abri de l'impôt. Malgré les retraits que vous ferez durant votre retraite, il est fort probable que le solde entraînera des impôts à payer non négligeables.

- Qu'en est-il de votre entreprise que vous bâtissez depuis tant d'années ? Vos héritiers auront-ils les liquidités pour payer l'impôt sur le gain en capital ?

- Le gain en capital sur ces actions que vous détenez depuis belle lurette devra aussi être déclaré. Durant un marché baissier, le moment serait loin d'être propice pour vendre ces titres afin d'en payer l'impôt.

- Pensez aussi à votre quadruplex que vous avez acquis dans les années 60 à petit prix et dont vous n'occupez qu'une partie. Le gain en capital sur la portion locative sera imposable, sans compter la récupération d'amortissement. Vos héritiers seront-ils forcés de faire une « vente de feu » ? L'immobilier est un secteur cyclique...

- Enfin, un bien parmi vos actifs est susceptible de créer la plus grande polémique entre vos enfants : le chalet familial. Pourquoi ? Parce c'est souvent là que les meilleurs souvenirs d'enfance se trouvent, parce que c'est souvent là que vos enfants souhaitent passer du bon temps avec leurs propres enfants. Ce chalet, acheté pour une bouchée de pain il y a tant d'années, que vous avez vous-même rénové ou dont les travaux ont été effectués par « des amis » risque de causer des maux de tête quand viendra le temps de payer l'impôt sur le gain en capital...

Il est aujourd'hui fréquent de prévoir que les impôts successoraux se chiffreront dans les centaines de milliers de dollars.

Certains se diront que leurs héritiers « s'arrangeront avec ce qui restera ». Toutefois, personne ne m'a encore avoué avoir écrit dans son testament : « Je lègue la moitié de mes actifs à l'impôt ; le solde, à mes enfants. »

Les gens sérieux avec leur argent, ceux qui ont bâti leur capital avec discipline et efforts durant tant d'années, verront plutôt à mettre en place des stratégies qui favoriseront la conservation de leur patrimoine dans les mains de ceux qu'ils aiment. La solution la plus efficace se trouve dans l'assurance vie.

Conseil éclair

Si vous ne voyez pas pourquoi vous devriez payer des primes d'assurance vie alors que le capital profitera à vos héritiers, je vous suggère de leur offrir d'en assumer le coût. Vous serez peut-être étonné de constater à quel point ils ont à cœur de protéger le patrimoine familial.

L'ASSURANCE VIE

En matière d'assurance, la première chose à faire est de vous trouver un conseiller en sécurité financière (c'est le nouveau terme pour désigner les gens autorisés à vendre de l'assurance). Comme pour tous les aspects de votre situation financière, vous êtes devant une alternative : essayer de tout comprendre *ou* faire confiance à quelqu'un de compétent. La deuxième option vous laissera plus de temps pour faire ce que vous aimez.

Conseil éclair

Mes clients plus âgés qui ont besoin d'assurance vie craignent souvent d'être refusés parce qu'ils prennent des médicaments et que leur état de santé n'est pas parfait. Les assureurs prennent cela en considération et sont fort conscients que, à 60 ou 70 ans, certaines pièces ne sont plus sur la garantie ! Pour savoir ce qu'il en est vraiment, je propose à mes clients que nous « allions à la pêche » ensemble. C'est une façon imagée d'expliquer que nous soumettrons la proposition auprès de quelques

assureurs. D'ici à ce que nous ayons une confirma-
tion d'acceptation et le montant de la prime, la
réflexion continue. Tant qu'ils n'ont pas payé, ils ne
sont pas engagés.

Vous devez quand même connaître certaines notions de base pour
être sûr que vous et votre conseiller en sécurité financière parlez la
même langue. En voici l'ABC.

Il y a deux principales catégories d'assurance vie : la temporaire
et la permanente.

L'assurance vie temporaire

L'assurance vie temporaire vous protège pour une période donnée : 1, 5, 10 ou 20 ans. Elle est renouvelable jusqu'à un certain âge
(la plupart le sont jusqu'à 80 ans), sans examen médical (vous en
aurez passé un initialement), et ses primes préétablies augmenteront
à chaque période. Si votre état de santé s'est maintenu et que votre
prime doit augmenter, il peut être plus avantageux de souscrire une
nouvelle assurance plutôt que de conserver le contrat actuel. Pour
cela, nous soumettons la proposition à d'autres assureurs avant
l'échéance du contrat déjà en vigueur.

Vous ne payez que pour la protection d'assurance : aucune
somme ne vous sera retournée si vous mettez fin au contrat. On
utilise ce type d'assurance pour couvrir un risque temporaire, par
exemple, pendant que les enfants sont à votre charge ou que vous
payez votre hypothèque. Votre assurance temporaire peut aussi être
convertie (en général jusqu'à 65 ans) en assurance permanente
selon certaines conditions.

Conseil éclair

Si vous participez à un programme d'assurance collective avec votre employeur et que vous prenez votre retraite, vérifiez attentivement les modalités de maintien de votre assurance. Souvent, les primes augmentent suivant le désir de l'assureur. Si vous avez un besoin permanent d'assurance et que vous êtes assurable, mieux vaut avoir un contrat vous garantissant une prime fixe. Lorsque les règles du jeu changent dans un régime collectif, vous ne maîtrisez plus la situation. Aussi, si cela survient à un moment où vous n'êtes plus assurable ou que vous l'êtes moyennant une surprime importante, les conséquences seront désastreuses.

Il existe aussi un type d'assurance temporaire dont la prime est fixe jusqu'à 100 ans. On la dit temporaire, car elle ne comporte aucune accumulation. À mes yeux, il s'agit plus d'une assurance permanente étant donné qu'elle répond à vos besoins permanents d'assurance, qu'il s'agisse de la création d'un patrimoine instantané ou de fonds pour régler les impôts au décès. Comme la prime est fixe jusqu'à 100 ans, elle coûte au départ plus cher qu'une assurance temporaire renouvelable tous les 10 ans, par exemple. Conservée à long terme, elle coûtera toujours moins cher que les impôts à payer au décès.

Conseil éclair

Vos primes d'assurance vie seront plus élevées si vous êtes fumeur. Constatant les écarts, un de mes clients a cessé de fumer. Un an plus tard, jour pour jour, nous avons demandé à l'assureur de lui accorder le taux réservé aux non-fumeurs. Dans les semaines qui ont suivi, il a reçu un chèque pour rembourser l'excédent de primes depuis la date anniversaire! Alors, si vous cessez de fumer, faites réviser votre prime.

L'assurance vie permanente

L'assurance vie permanente, ou entière, garantit que votre bénéficiaire recevra le capital assuré, peu importe l'âge auquel vous décéderez. La prime que vous payez est habituellement nivelée pour toute la durée du contrat. L'assurance permanente est souvent pourvue d'un droit aux participations non garanties de l'assureur, comparables à des ristournes.

Certains types d'assurances permanentes comportent un volet « placement ». C'est le cas pour l'assurance vie universelle dont nous avons vu le fonctionnement précédemment (l'assurance vie universelle est aussi offerte avec du temporaire).

Utilisée dans un contexte de planification successorale, une assurance vie universelle permet d'y faire des dépôts plus élevés durant un certain nombre d'années. Vous pourriez ne pas avoir à y déposer chaque année compte tenu que les placements, dont le rendement croît à l'abri de l'impôt, devraient éventuellement couvrir la prime. Versés au décès, le capital assuré et la valeur des placements peuvent varier et sont libres d'impôt.

Ce type d'assurance connaît une popularité croissante par les temps qui courent et il n'est pas aisé de comparer les produits des diverses compagnies d'assurances. Plusieurs conseillers en sécurité financière y perdent leur latin… Comme il s'agit d'une décision financière majeure, vous devez considérer plusieurs possibilités avant d'arrêter votre choix. Ne vous limitez surtout pas à comparer des projections d'accumulation ; assurez-vous plutôt que les caractéristiques du produit vous procurent la plus grand flexibilité possible. Même avec la meilleure des planifications, la vie nous oblige parfois à changer notre plan de match !

 **Conseil éclair**

On dit que deux têtes valent mieux qu'une : c'est la même chose en assurance ! En effet, si le capital-décès ne sera requis qu'une fois que les deux conjoints seront décédés, pour payer les impôts par exemple, vous pourriez épargner des milliers de dollars en optant pour une assurance vie conjointe, payable au dernier décès. Les primes sont moins élevées, car l'assureur ne paiera le capital-décès qu'une fois que vous aurez décédé tous les deux. Par exemple, pour un homme de 70 ans et une femme de 67 ans, non fumeurs et en bonne santé, il en coûterait environ 1 900 $ par année pour une assurance conjointe de 100 000 $, payable au deuxième décès. Cette prime équivaut à celle que paierait un homme de 57 ans qui s'assurerait.

L'assureur fait faillite[1]

Si votre assureur fait faillite, un organisme canadien, subventionné par l'industrie elle-même, prendra la relève et protégera les assurés à l'intérieur de certaines limites. Ainsi, la Société d'indemnisation pour les assurances de personnes (SIAP) du Canada garantit :

- chacun de vos contrats d'assurance vie jusqu'à concurrence de 200 000 $ par institution ;

- les contrats de capitalisation non enregistrés (du type CPG) et la valeur de rachat des polices d'assurance vie jusqu'à un maximum de 60 000 $ par institution ;

- vos REER et FERR combinés, jusqu'à 60 000 $ par institution ;

- vos prestations de rente et d'invalidité jusqu'à 2 000 $ par mois par institution ;

- les autres prestations d'assurance maladie jusqu'à 60 000 $ par institution.

Ces protections ont trait aux compagnies d'assurances ; celles offertes pour vos épargnes dans une banque ou une caisse populaire relèvent d'autres organismes de protection et leurs paramètres peuvent différer.

Conseil éclair

Lorsque vous souscrirez une assurance ou une rente viagère, demandez à votre conseiller en sécurité financière si vous serez entièrement protégé en cas de défaut de l'assureur. Peut-être vaut-il mieux transiger avec plus d'une compagnie d'assurances.

L'importance de désigner un ou des bénéficiaires

Le nom d'un ou de plusieurs bénéficiaires devrait toujours être inscrit sur un contrat d'assurance vie pour deux raisons : parce que nous ne pouvons jamais prévoir quel pépin financier nous attend au détour et parce que, en théorie, nous n'avons aucun contrôle sur le jour et l'heure de notre mort. Dans la mesure où vous êtes le titulaire du contrat d'assurance, vous pouvez en nommer le bénéficiaire.

En désignant un ou des bénéficiaires, vous êtes certain que le capital-décès leur reviendra directement, sans qu'ils aient à attendre que votre succession soit réglée. Pour éviter toute ambiguïté, nommez vos bénéficiaires et précisez leur lien par rapport à vous : conjoint, enfants nés et à venir, père, mère...

Si vous désignez vos ayants droit, vos héritiers légaux ou votre succession comme bénéficiaires, le capital-décès sera initialement versé à la succession, qui devra ensuite régler toute créance avant de diriger le résidu vers qui de droit... le cas échéant. Cette mise en garde ne devrait pas se limiter aux gens d'affaires ou aux professionnels.

Bénéficiaire révocable ou irrévocable ?

En général, le bénéficiaire est révocable sauf si le titulaire du contrat a clairement stipulé qu'il est irrévocable.

Par ailleurs, depuis 1976, le conjoint marié désigné bénéficiaire est un bénéficiaire irrévocable, à moins que le titulaire n'ait stipulé qu'il est révocable.

Qu'en est-il du conjoint de fait ? Ici, les choses se compliquent. En effet, si vous nommez votre conjoint de fait bénéficiaire irrévocable et que les choses tournent au vinaigre entre vous, sa signature sera nécessaire pour que vous puissiez le remplacer.

Votre contrat d'assurance vie est-il saisissable ?

Votre contrat d'assurance vie est insaisissable si vous avez nommé un bénéficiaire irrévocable. Les créanciers ne pourront pas réclamer le rachat du contrat (s'il y a des valeurs accumulées dans une assurance vie universelle, par exemple) à moins qu'il soit démontré qu'il avait pour but implicite d'en soustraire le montant à vos créanciers.

Le Code civil du Québec accorde aussi un privilège d'insaisissabilité si votre bénéficiaire est : votre conjoint marié, un ascendant (père, mère, grand-parent) ou un descendant (enfant ou petit-enfant). Une fois que le bénéficiaire aura reçu le capital-décès, le montant ne pourra pas en être saisi, car il n'appartient ni à la succession ni au patrimoine du titulaire[2].

Quelques suggestions de la Chambre de la sécurité financière

Suivez ces conseils pour vous assurer que tout se passera comme vous le souhaitez :

- Nommez un bénéficiaire à titre révocable, au cas où vous changeriez d'idée ;

- Si vous avez plus d'un bénéficiaire, ne faites pas de partage précis de l'argent qui leur revient. Si un de vos bénéficiaires est décédé, la part des autres augmentera automatiquement.

- Si vous désignez vos enfants ou petits-enfants comme bénéficiaires sans les nommer, indiquez « enfants nés et à naître » ; vous inclurez ainsi les naissances futures et les adoptions.

- Nommez un autre bénéficiaire si celui que vous aviez désigné initialement décède. Autrement, le produit de l'assurance sera versé à votre succession... et peut-être à vos créanciers.

- Si vous avez divorcé, remplacez le nom de votre ex-conjoint (même s'il était bénéficiaire irrévocable). Les jugements de divorce annulent automatiquement cette désignation depuis le 1er décembre 1982.

- Nommez un bénéficiaire en sous-ordre à qui serait versé le capital-décès dans le cas où votre bénéficiaire original décéderait. Si vous aviez indiqué, après le nom du bénéficiaire, la mention « avec représentation par souche », la part du bénéficiaire décédé sera remise à ses descendants.

Une prestation versée du vivant de l'assuré

Certains contrats d'assurance vie peuvent verser une partie du capital assuré à qui souffre d'une maladie incurable. Vérifiez si votre contrat prévoit cette possibilité. Certains assureurs accepteront cet arrangement même si ce n'est pas prévu au contrat. Dans pareil cas, une fraction du capital-décès (entre 25 % et 50 % jusqu'à concurrence de 50 000 $, en général) pourrait vous être avancée libre d'impôt, sous forme de prêt à un taux inférieur à celui des banques. Les préalables ? Souffrir d'une maladie incurable et avoir moins de deux ans à vivre selon les pronostics médicaux.

Cette rentrée de fonds pourrait vous permettre de payer pour des soins qui vous rendraient la vie plus facile, par exemple, avoir un infirmier à votre chevet ou adapter votre résidence à vos besoins. Elle pourrait aussi vous permettre de régler des dettes conséquentes à votre maladie. À votre décès, l'avance et les intérêts réduiront d'autant le capital-décès à verser à vos héritiers[3].

Les escompteurs de polices d'assurance vie arrivent au Canada !

Actifs aux États-Unis depuis le début des années 90, des escompteurs de contrats d'assurance vie sont maintenant actifs au Canada. Peut-être leur publicité a-t-elle attiré votre attention ? Par exemple, ces groupes offrent à des individus atteints du cancer, du sida ou de la maladie de Lou Gehrig de racheter leur contrat d'assurance vie pour une fraction du capital-décès. Il faut cependant savoir que le montant qu'un escompteur verse à qui lui vend sa police est pleinement imposable. Au décès de l'individu, la totalité du capital-décès sera versée à l'escompteur[4].

Les escompteurs offrent aussi une formule du type « marge de crédit ». Le montant que vous utilisez n'est pas imposable, mais le taux d'intérêt des cartes de crédit s'y applique. Ouch !

L'ASSURANCE INVALIDITÉ

Le premier pas que vous pouvez faire pour réduire vos risques d'invalidité est d'adopter de bonnes habitudes de vie. Une saine alimentation, de l'exercice physique et un bon équilibre entre la vie professionnelle et la vie personnelle aident à réduire les risques d'une invalidité. Il n'y a pas meilleure police d'assurance.

Souvent appelée « assurance salaire », l'assurance invalidité est à mes yeux la plus importante de toutes. Elle pourrait remplacer votre revenu d'emploi jusqu'à vos 65 ans si vous deveniez invalide. Pour vous en convaincre, multipliez votre revenu d'emploi annuel par le nombre d'années qui vous séparent de votre premier chèque de pension de la Sécurité de la vieillesse. Voilà l'ampleur du risque que vous prenez si vous négligez de souscrire une assurance invalidité. Non seulement ce contrat remplacera-t-il votre revenu de travail, mais il vous évitera peut-être de dilapider vos économies et de vendre vos biens pour subvenir à vos besoins.

Nombreux sont ceux qui ont déjà bénéficié d'une protection contre l'invalidité mais qui, après avoir perdu leur emploi, se sont retrouvés travailleurs autonomes ou en affaires sans souscrire une telle assurance. Même si vous profitez d'un régime collectif auprès de votre employeur, peut-être n'êtes-vous pas autant protégé que vous le pensez, surtout si vous êtes un haut salarié ou qu'une partie importante de votre rémunération est versée sous forme de primes. Plusieurs régimes collectifs limitent la protection qu'ils vous offrent. Une assurance invalidité individuelle complétera votre protection collective.

Conseil éclair

Le coût d'une assurance est toujours trop élevé... tant que le risque assuré ne se matérialise pas. Lorsque mes clients s'apprêtent à contracter une assurance invalidité, je leur suggère souvent d'opter pour un délai de carence plus long. Ce délai est la période qui s'écoule entre le début de l'invalidité et le moment où la première prestation est versée. La prime peut varier énormément selon que le délai de carence est de 30, 90 ou même 120 jours. Votre fonds d'urgence aura toute sa raison d'être dans pareille situation. Si vous êtes admissible à l'assurance emploi, vous pourriez aussi recevoir après un délai de carence de deux semaines, une prestation de maladie maximale de 413 $ imposable, et ce, pour 15 semaines seulement.

Comme l'assurance invalidité est un domaine très spécialisé, je n'hésite pas à m'adjoindre un courtier spécialisé qui a la possibilité de trouver le produit approprié parmi ceux de plusieurs assureurs. Enfin, la prime dépendra du type d'emploi que vous occupez et, bien sûr, de la couverture que vous visez. Comme les prestations sont en général non imposables (selon le traitement fiscal de la prime), elles seront établies en fonction de votre revenu net.

Dans le *Guide pratique du consommateur : l'assurance sans pièges !*[5], on résume bien les six principaux aspects à considérer quand vient le temps de prendre une assurance invalidité ou de vérifier celle qu'on a déjà.

1. La définition d'invalidité a-t-elle trait à votre incapacité à effectuer votre travail habituel ou à celle d'exécuter tout travail rémunérateur ?

2. Dans le cas où vous reprendriez votre travail partiellement, recevriez-vous une partie de la prestation ?

3. Les prestations vous seront-elles versées jusqu'à 65 ans si votre invalidité persiste ou cessent-elles après un certain temps ?

4. Quel est votre délai de carence ?

5. Votre prime est-elle garantie stable et uniforme, renouvelable et non résiliable jusqu'à 65 ans ?

6. Le contrat prévoit-il une garantie d'assurabilité, peu importe ce qui vous arrive ? Par exemple, pouvez-vous augmenter votre protection mensuelle sans preuve d'assurabilité mais en démontrant que vos revenus ont augmenté ?

John Paterson était un orthodontiste réputé de Calgary avant de devenir invalide en 1988. Maintenant courtier en assurance invaliditié, il partage avec nous ce qu'il a tiré de son expérience[6].

- Ignorant qu'une convention avec ses collègues aurait pu lui permettre de leur vendre sa pratique professionnelle presque à sa valeur réelle, il a été contraint de faire une « vente de feu » après 18 mois de démarches.

- L'assurance invalidité qui le protégeait prévoyait une couverture pour payer ses frais fixes, comme le salaire de ses employés. Comme le montant excédait les dépenses et que le contrat l'autorisait, il a pu utiliser le surplus pour résilier son bail.

- L'attitude des banquiers à votre égard change lorsque vous devenez invalide. Ils n'hésiteront pas à rappeler leurs prêts à demande non assurés.

- Vous avez avantage à donner l'heure juste lorsque vous remplissez une proposition d'assurance invalidité ; entre autres, ne gonflez pas vos revenus. Déclarez aussi tout problème médical susceptible de nuire à votre travail. Les réclamations, souvent élevées, font l'objet d'une investigation sérieuse.

- Lisez attentivement toutes les clauses de votre contrat. Il arrive que des contrats ne couvrent que pour ce qui « est contracté ou suit » la mise en place de la couverture. D'autres, plus avantageux, reconnaîtraient une situation qui n'est devenue apparente qu'après la mise en place de la protection.

- Certains contrats prévoient la fin des prestations après deux années si vous pouvez occuper un emploi quelconque pour lequel vous êtes raisonnablement qualifié. Ce type de clause est basé sur votre capacité à travailler et non sur la disponibilité d'un emploi.

- Communiquez avec votre courtier dès que vous devenez invalide. S'il n'est pas disponible, faites réviser votre contrat par un avocat pour vous assurer que vous en respectez les délais et les conditions. Écrivez toujours vos réclamations... et gardez une copie !

- Assurez-vous que le médecin qui vous examine comprend bien comment votre situation vous empêche d'exécuter toutes les tâches inhérentes à votre travail.

- Une fois que votre réclamation a été approuvée, vérifiez que les médecins qui assureront le suivi disposeront d'une copie complète de votre dossier.

 **Conseil éclair**

Mon tout premier client (en juillet 1985) est devenu invalide en 1996. Il était couvert par un régime collectif d'assurance invalidité pour lequel il a payé de nombreuses années. Le moment venu de faire reconnaître son invalidité longue durée, les choses se sont compliquées. L'assureur refusait de payer malgré les rapports de divers médecins. Suivant la recommandation de mon collègue, expert en assurance invalidité, mon client a soumis son dossier à la Régie des rentes du Québec. Son invalidité totale et permanente a été reconnue par la RRQ dont les critères pour verser une rente d'invalidité sont très stricts. L'assureur du régime collectif était bien mal placé par la suite pour refuser la demande. La posi-

tion de la RRQ, combinée à la ténacité de son avocat, a permis à mon client de garder son énergie
pour sa santé, sans avoir à se soucier de sa situation
financière. Une invalidité est une épreuve assez difficile sans cela.

Devant le refus d'un assureur de reconnaître une
invalidité justifiée, ne baissez pas les bras et ayez
recours à un professionnel qui vous aidera dans vos
démarches.

L'ASSURANCE MALADIE

Le régime d'assurance maladie du Québec (RAMQ) prend en
charge (enfin pour le moment...) les médicaments et la plupart des
services médicaux reçus au Québec. Pour ce qui est de votre protection lorsque vous êtes à l'extérieur du Québec, elle dépendra de l'endroit où vous vous trouvez, soit ailleurs au Canada ou à l'étranger.
Dans ce dernier cas, elle dépendra aussi de la durée de votre séjour.
Pour avoir droit au remboursement des frais, vous ne devez pas avoir
séjourné à l'étranger plus de 183 jours, consécutifs ou non (excluant
vos séjours de 21 jours consécutifs ou moins), au cours d'une année.

Pour éviter tout problème potentiel, souscrivez toujours une
assurance maladie avant de partir à l'étranger. Peut-être une de vos
assurances vous protège-t-elle déjà ? Vérifiez-le auprès de votre
employeur, d'une association dont vous êtes membre ou par le contrat qu'un membre de votre famille pourrait avoir. Si votre protection
est assurée par une de vos cartes de crédit, vérifiez-en les modalités
et la durée. Ce type de protection est souvent limité.

Conseil éclair

Un de mes clients a dû être opéré d'urgence aux États-Unis.

Coût de l'opération :	10 000 $ US
5 jours aux soins intensifs :	110 000 $ US
Frais totaux :	près de 200 000 $ CAN en moins d'une semaine

Comme il participe au régime collectif de son employeur, la couverture de un million de dollars canadiens a suffi.

Je n'ai pu m'empêcher de penser que s'il avait dû être hospitalisé un mois aux États-Unis, dans les mêmes conditions, la totalité de son assurance aurait à peine suffi. Peut-être aurait-il même dû puiser dans ses économies ! Une protection de un million de dollars peut sembler largement suffisante, et pourtant…

Les questionnaires à remplir sont souvent compliqués ; en tout temps, vous avez avantage à déclarer votre état de santé tel qu'il est. Les contrats varient d'un assureur à l'autre, donc les clauses qui vous couvraient l'an dernier peuvent être différentes avec un nouvel assureur cette année.

Certains contrats peuvent vous protéger pour plus d'un voyage durant l'année ; cette option peut être plus économique. Une franchise plus élevée peut finalement faire baisser substantiellement la prime.

Si vous devenez malade ou que vous avez un accident à l'étranger, avisez-en l'assureur dès que possible. Ayez toujours sur vous le numéro pour joindre l'assureur. Certains contrats prévoient que, si vous n'avez pas prévenu votre assureur dans les 24 ou 48 heures de l'événement, votre couverture est automatiquement réduite, parfois jusqu'à 25 000 $.

L'ASSURANCE MALADIE GRAVE

Pour souscrire une assurance invalidité, vous devez avoir un emploi. Ce n'est pas le cas pour l'assurance maladie grave.

Cette assurance vous versera un montant forfaitaire 30 jours après que vous aurez été diagnostiqué d'une des maladies graves prévues au contrat. Ces maladies incluent le cancer, une crise cardiaque, la maladie d'Alzheimer, la maladie de Parkinson, etc. Selon Santé Canada, plus de 60 % des décès sont attribuables au cancer, aux maladies du cœur et aux accidents vasculaires cérébraux[7].

Celui qui survit à un accident vasculaire cérébral présente un risque de un sur cinq d'en subir un autre dans les deux années suivantes ; les probabilités de requérir des soins pour le reste de ses jours sont les mêmes. La Fondation des maladies du coeur prévoit que les accidents vasculaires cérébraux augmenteront de 68 % d'ici 15 ans.

Cependant, certaines maladies chroniques, comme l'anxiété, la dépression et la fatigue chronique, ne sont pas couvertes. La liste des maladies graves couvertes varie d'un assureur à l'autre ; plus cette liste est exhaustive, plus la prime sera élevée.

Vous avez le choix d'utiliser l'argent comme bon vous semble, par exemple pour :

- obtenir des traitements à l'étranger ;

- quitter votre emploi ou réorienter votre carrière ;

- obtenir des services ou des soins de santé ;

• payer vos dettes ;

• adapter votre résidence à votre condition.

Une maladie grave coûte cher. Canada-Vie nous fournit des exemples :

• Achat d'un fauteuil roulant motorisé : de 3 500 $ à 12 000 $

• Soins infirmiers privés : environ 30 $ l'heure

• Installation d'une plate-forme élévatrice : de 3 200 $ à 15 000 $

• Adaptation de la voiture : de 18 000 $ à 40 000 $

• Greffe du cœur à la réputée Clinique Mayo de Rochester, aux États-Unis, nécessitant un séjour de deux à quatre semaines : de 240 000 $ à 360 000 $.

Il existe divers types de contrats d'assurance de maladie grave et l'historique médical de votre famille est considéré dans l'analyse de votre dossier.

Le coût de la prime dépend du sexe, de l'âge, de la couverture désirée et du fait que le souscripteur fume ou non. Certains contrats prévoient un remboursement partiel des primes si aucune réclamation n'a été faite quand vous atteindrez vos 75 ans. Ne vous attendez surtout pas à un cadeau : un tel avenant aura nécessité le paiement de primes plus élevées.

Comme cette assurance est récente, l'ARC (auparavant Revenu Canada) n'a pas encore clairement établi si la somme versée après le diagnostic est imposable ou non. Du point de vue des assureurs, elle ne devrait pas l'être dans la mesure où les primes ne sont pas déductibles d'impôt. La réponse officielle reste à venir...

 **Conseil éclair**

Plusieurs personnes encore sur le marché du travail se demandent s'il est préférable d'avoir une assurance invalidité ou une assurance maladie grave. Dans le meilleur des mondes, ce serait d'avoir les deux. Si toutefois un choix doit être fait, je privilégie l'assurance invalidité, car ses prestations ne sont pas restreintes à certaines maladies. Dans ce sens, elle vous offre une protection plus étendue.

Si vous êtes déjà protégé par une assurance invalidité, méfiez-vous si on vous recommande de la remplacer par une assurance maladie grave. La seconde n'est qu'un complément de la première.

L'ASSURANCE POUR SOINS DE LONGUE DURÉE

Au cours d'une première rencontre avec des clients, je leur demande s'ils ont des personnes à charge : enfants ou… parents. Un nombre étonnant de gens se retrouvent dans cette situation. Selon une étude du Conference Board du Canada menée en 1999, 25 % des travailleurs canadiens ont affirmé qu'eux-mêmes, ou un membre de leur famille, prenaient soin d'un parent ou d'un ami âgé.

Il y a quelques années, le magazine *Fortune* a lancé l'expression « génération sandwich ». Cela décrit bien les baby-boomers qui se retrouvent entre leurs enfants encore à la maison (plusieurs y reviennent…) et leurs parents dont ils doivent prendre soin.

D'un côté, les progrès médicaux nous donnent espoir que nous profiterons de la présence de nos proches pendant plus longtemps. D'un autre côté, il faudra prendre soin d'eux et leur assurer un environnement et des soins appropriés.

Conseil éclair

Dans son fascicule *Prendre soin de vos parents*[8], la firme de gestion AIM donne ce conseil : préparez-vous dès aujourd'hui si vous prévoyez devoir fournir éventuellement des soins à un proche. Discutez-en avec les membres de la famille. Le bien-être physique de la personne, sa santé mentale et affective, les questions financières et juridiques devront aussi être discutés. Commencez par demander à vos parents ce qu'ils souhaitent et voyez ensuite les options possibles.

L'assurance pour soins de longue durée évite que les aidants ne perdent, eux aussi, la santé. Elle prévoit des versements réguliers pour couvrir les frais relatifs aux soins à la maison ou dans un établissement de soins de longue durée et complète les services offerts par la Régie de l'assurance maladie du Québec.

Conseil éclair

Il peut s'avérer difficile d'aborder les questions financières avec certains aînés. Pourtant, si vous anticipez que vous devrez éventuellement prendre soin de vos parents, il est essentiel que vous connaissiez votre marge de manœuvre. Les spécialistes consultés par AIM suggèrent que vous brisiez la glace en abordant votre propre situation financière et le rôle que vous souhaiteriez que vos parents jouent s'il vous arrivait quelque chose. Il sera ensuite plus facile de les amener à discuter de leur situation financière.

Il peut s'avérer fort utile qu'un planificateur financier d'expérience participe à cette discussion. Il vous aidera à y voir plus clair sur le plan financier, il pourra aborder des sujets délicats, comme le testament, le mandat d'inaptitude, un déménagement éventuel, etc. Aussi, n'attendez pas que le processus de vieillissement s'accélère pour soulever ces questions.

Une assurance pour soins de longue durée coûte-t-elle cher ? Oui, jusqu'à ce que vous, ou vos parents, en ayez besoin... Un nombre grandissant de titulaires ont de 55 à 75 ans, bien qu'on puisse y souscrire jusqu'à 80 ans. À cet âge, il y a une chance sur deux que vous ayez besoin de soins de longue durée.

Si vous optez pour un contrat avec un délai de carence plus long, la prime diminue sensiblement. Un délai de 90 jours réduira la prime d'environ 30 %. Les primes augmentent sensiblement vers l'âge de la retraite.

Il ne se passe pas une journée sans qu'on entende parler des problèmes de financement et d'organisation du système de santé. Nous sommes déjà en situation de crise alors que un Canadien sur 8 a 65 ans ou plus. Qui paiera croyez-vous en 2031 quand ce sera un sur quatre ? Au fait, quel âge aurez-vous en 2031 ? Moi, j'aurai 74 ans.

Même pour ceux qui ont des actifs substantiels, l'assurance pour soins prolongés peut réduire la crainte de l'assuré de manquer de capital, une préoccupation fréquente chez les aînés. Elle permet aussi de protéger le patrimoine, fruit du travail de toute une vie.

PENSER À TOUT

Un des bienfaits de l'assurance, quelle qu'en soit la forme, est le sentiment de tranquillité et de sécurité qu'elle procure. Devant autant d'options qui s'offrent dans la gestion de vos risques, il est pertinent de vous demander : «Est-ce que je vais travailler seulement pour payer des assurances ?» Tout est question d'équilibre et de choix. Je vous suggère d'établir d'abord vos priorités ; de là, avec votre conseiller en sécurité financière, bâtissez votre portefeuille d'assurances. De plus, discutez ouvertement avec vos enfants, et avec vos parents, de vos préoccupations, même de celles reliées à vos finances.

Ma mère avait raison : mieux vaut être riche et en santé que pauvre et malade. À cela j'ajouterai : mieux vaut ne rien laisser au hasard.

NOTES

[1] DIOTTE, René et Julie GOBEIL. *Guide pratique du consommateur: l'assurance sans pièges!,* Montréal, Magazine Protégez-vous, Office de la protection du consommateur : Chambre de la sécurité financière, 2000, p. 126. (Collection Protégez-vous)

[2] LEMAY, Me Yves. *La nomination d'un bénéficiaire,* Chambre de la sécurité financière.

[3] DIOTTE, René et Julie GOBEIL. *Guide pratique du consommateur: l'assurance sans pièges!,* Montréal, Magazine Protégez-vous, Office de la protection du consommateur : Chambre de la sécurité financière, 2000, p. 59. (Collection Protégez-vous)

[4] *Ibid.*, p. 60

[5] DIOTTE, René et Julie GOBEIL. *Guide pratique du consommateur: l'assurance sans pièges!,* Montréal, Magazine Protégez-vous, Office de la protection du consommateur : Chambre de la sécurité financière, 2000, p. 70. (Collection Protégez-vous)

[6] COHEN, Bruce, Bud JORGENSON et Beth MARLIN. *Financial Post Guide To Investing and Personal Finance,* Key Porter Books, révisé en 2001.

[7] YELLIN, Susan. «Critical illness and long-term care», *IE: Money*, avril-mai 2001, p. 18.

[8] Ce fascicule, produit en 2002, est publié par Gestion de Fonds Aim inc. Pour en obtenir un exemplaire, composez le 1 800 200-5376.

Chapitre 12

La planification successorale : parce que la vie continue

*en collaboration avec Me Jean Soucy,
notaire et planificateur financier
Côté & Soucy, notaires*

> *Celui qui veut faire un emploi sérieux de la vie
> doit toujours agir comme s'il avait à vivre longuement
> et se régler comme s'il lui fallait mourir prochainement.*
> **Émile Littré**

Ma mère a toujours été en avance sur son époque. Propriétaire d'un restaurant dans le Vieux-Québec dans sa jeune vingtaine, elle est ensuite devenue hôtelière à Montmagny. À une époque où les noces perdaient en popularité, les après-funérailles ont connu leur essor. À une de ces occasions, elle a dû retourner tout son personnel et rester seule, à la demande de la famille à qui le testament venait d'être lu. Combien de fois nous a-t-elle répété de ne surtout pas nous chicaner en réglant sa succession ? Je ne le sais pas, mais assez souvent pour que je m'en souvienne encore 20 ans plus tard ! Ma mère est toujours restée en avance sur son temps : elle est décédée à 65 ans.

Un sondage réalisé par Compass inc. en 1998 a établi que près de 50 % des Canadiens n'ont pas de testament et que 25 % s'attendent à une chicane de famille au moment du règlement de leur succession. Si les gens comprenaient mieux les problèmes qu'ils laissent derrière eux en mourant sans testament, ils seraient plus enclins à en préparer un. Plusieurs ont un faux sentiment de sécurité en pensant que la loi a tout prévu et que leurs proches seront protégés. Est-ce votre cas ?

Les entrepreneurs, quant à eux, semblent trop occupés par l'expansion et la gestion de leur entreprise pour planifier la transition. Au Canada, 90 % des entreprises sont familiales, mais 7 sur 10 ne passeront pas le cap de la deuxième génération. Soit qu'elles disparaîtront, soit qu'elles passeront aux mains des compétiteurs. Comment expliquer cela ? Tout simplement parce que l'entrepreneur a souvent négligé sa planification successorale ou que celle-ci a été mal faite[1]. Un grand nombre d'entrepreneurs (63 %) n'ont aucune idée de l'impact fiscal qu'aura la transmission de leur entreprise et 73 % disent n'avoir jamais discuté de leur planification successorale avec leurs enfants[2].

Conseil éclair

J'encourage fortement chacun de mes clients à faire son testament, mais certaines situations le nécessitent encore plus que d'autres. C'est le cas si vous avez des enfants mineurs, si vous êtes divorcé, si vous avez une famille reconstituée, si vous avez une personne handicapée ou des parents âgés à charge, si vous avez un conjoint de fait (de même sexe ou non) ou si vous êtes à la tête d'une entreprise familiale.

Chacun d'entre nous connaît quelqu'un qui a eu une mauvaise surprise ou une déception à la suite du décès d'un proche. Voici quelques exemples[3].

- Un couple marié depuis 28 ans avait négligé de faire un testament. Au décès de monsieur, la conjointe n'a reçu que le tiers de la succession ; les enfants se sont partagé le reste.

- Paul avait omis de nommer un liquidateur pour sa succession. Ses cinq enfants ont dû agir comme coliquidateurs : il n'y a pas meilleure façon de semer la zizanie.

- Conjointe de Marie depuis 15 ans, Ginette est décédée subitement. Ses biens sont allés à ses frères et sœurs, car elle avait négligé de les léguer par testament à Marie.

Il est important de savoir que la définition de conjoint de fait retenue par les régimes de retraite, les autorités fiscales et les autorités civiles n'est pas la même.

Le Code civil du Québec ne reconnaît aux conjoints de fait aucun droit sur le plan successoral, pas plus que le patrimoine familial ne s'applique à eux. Le testament est la seule façon de protéger votre conjoint de fait.

Conseil éclair

S'il est plus facile de s'engager dans une union de fait que dans le mariage, il n'est peut-être pas aussi simple de bien s'en sortir... Pour vous éviter des problèmes, ne retardez pas le moment où vous rédigerez une convention régissant les relations entre les conjoints de fait. Elle inclura les modalités quant à votre vie de couple, à la résidence familiale, aux enfants, aux revenus, aux responsabilités financières de chacun, etc. De plus, si vous ne l'avez pas déjà fait, rédigez votre testament et votre mandat d'inaptitude. Cela officialisera votre statut dans le cas d'un décès et facilitera la reconnaissance de vos droits par rapport aux prestations aux survivants.

UN CURIEUX MÉLANGE D'ÉMOTIONS ET DE RAISON

Il y a plusieurs raisons, autant d'ordre rationnel qu'émotif, de faire sa planification successorale[4].

- Votre raison vous dit que :

    1. Vous devez pourvoir aux besoins de votre famille et de vos proches.

    2. Vous devez vous assurer que vos biens iront à ceux que vous avez choisis, et ce, le plus vite possible après votre décès.

    3. Vous devez prévoir maintenant les mécanismes pour réduire la part de vos actifs qui ira au fisc.

- Vos émotions vous disent que :

    1. Vous aurez la satisfaction d'avoir assuré l'avenir de vos proches.

    2. Vous serez soulagé d'avoir réglé vos affaires et d'avoir évité des ennuis aux autres.

    3. Vous serez tranquille en sachant que vos biens iront à ceux que vous avez choisis.

Pourtant, ce n'est jamais facile de faire sa planification successorale. D'abord, il faut admettre qu'on n'est pas immortel. Ensuite, il faut reconnaître que la vie continue pour ceux qu'on quitte. L'exercice peut s'avérer troublant. Qui est à l'aise d'envisager sa propre mort ? La meilleure façon de faire baisser la tension (la vôtre, du moins !) est de vous préparer pour ensuite en discuter ouvertement avec les personnes concernées.

Conseil éclair

Fidelity Investments a préparé l'excellent guide *Planification successorale : prévoir, préserver, protéger,* qui contient de nombreux conseils. Consultez la section « planification successorale » dans le site www.info-conseils.ca ou commandez-le en composant le 1 800 263-4077.

PAR OÙ COMMENCER ? PAR LES GENS, PAS PAR L'ARGENT

La nouvelle réalité du monde dans lequel on vit fait en sorte que vous pouvez être responsable du bien-être (physique, moral, financier) d'une ou de plusieurs personnes, peu importe votre âge ou le leur. Vous devez d'abord vous préoccuper d'elles. Qui prendra la relève ? La famille est éclatée, ses membres sont souvent dispersés. Peut-être devrez-vous considérer des amis ?

Après avoir pensé aux autres, pensez à vous. Vous êtes-vous déjà demandé comment vous souhaitez que « cela se passe » ? Pré-arrangements ou non ? Salon funéraire ou non ? Exposition de votre dépouille ou non (désolée mais sur ce point aussi vous avez avantage à décider) ? Cérémonie religieuse ou non ? Enterrement ou incinération ? Réception ou non (ma mère serait fière de moi !) ? Voilà bien des questions à vous poser, qui devraient aussi être discutées avec vos proches. Quand vous serez parti, ce sont eux qui feront leur deuil de vous… Mais qui a dit que vous partiriez en premier ?

Il faut aussi décider qui vous mandaterez pour régler votre succession. On ne fait pas un cadeau à celui qu'on désigne comme liquidateur ; mieux vaut s'assurer qu'il en accepte la responsabilité. Cette personne de confiance devra avoir des habiletés à établir un consensus, à rallier vos proches, vos associés. Capable d'évaluer une situation financière, elle ne sera pas découragée par les formalités.

────────⟨──────── **Conseil éclair** ────────⟩────────

Combien de veuves ai-je rencontrées qui ont dû porter une véritable croix le temps de régler la succession de leur conjoint ! Votre premier réflexe serait peut-être de désigner votre conjoint comme liquidateur de votre succession ; pensez-y bien et envisagez d'autres possibilités. La fonction de liquidateur est souvent lourde, complexe et ardue. Elle requiert parfois une somme de travail importante et une expertise certaine. Sachez que vous pouvez nommer un ou plusieurs liquidateurs. Le ou les liquidateurs doivent avant tout être nommés en fonction de leur capacité, de leurs compétences, de leur disponibilité et aussi en fonction de la confiance que vous et vos proches leur portez.

Une fois que vous vous êtes soucié des gens – des autres et de vous –, vient le moment de réfléchir à l'aspect financier de votre planification successorale.

Comme on a pu le constater précédemment, mourir coûte cher. Je pense aux frais funéraires, mais aussi à la facture finale d'impôt. Plus vous en laissez au fisc, moins vos héritiers en recevront. Quand on pense qu'on vaut plus cher mort que vivant, c'est souvent qu'on a oublié de considérer le ministère du Revenu du Québec et l'Agence du revenu du Canada (ARC).

Pour déterminer si les besoins financiers de vos proches – conjoint, enfants, petits-enfants – seront comblés à la suite de votre décès, vous devez établir la charge financière qui leur incombera dans les années à venir. Ensuite, faites l'inventaire de vos actifs liquides nets de toutes dettes et des revenus qui vous survivront, par exemple :

- la rente réversible de votre employeur ;

- la rente de conjoint survivant de la Régie des rentes du Québec ;

- les revenus de placement actuels ou qui proviendront du produit d'une assurance vie à investir ;

- les revenus de location, si les immeubles sont conservés ;

- les redevances.

Une fois que vous avez une bonne idée de votre situation sur le plan successoral, abordez le sujet avec vos proches. C'est l'occasion de :

- leur faire connaître vos intentions et de voir leurs réactions ;

- valider le choix du ou des liquidateurs à qui vous avez pensé ;

- vérifier que les personnes concernées, dans la mesure où elles sont en âge ou en état de discuter, sont à l'aise avec ceux que vous avez désignés pour prendre la relève auprès d'eux ;

- déceler les conflits potentiels et d'y trouver des solutions ;

- communiquer tout legs particulier ou toute distribution inégale entre vos héritiers (par exemple, les enfants nés d'une seconde union auront eu moins de soutien financier de votre part que ceux, parfois déjà adultes, issus de votre première union : mieux vaut l'expliquer vous-même) ;

- discuter du plan de relève dans votre entreprise et de la convention d'actionnaires que vous avez établie avec vos associés (si elle n'est pas déjà faite, préparez-en une en priorité, puisque votre convention entre actionnaires et votre testament doivent être complémentaires) ;

- faire comprendre les dons prévus à des organismes de bienfaisance ;

- faire comprendre l'impact négatif que la fiscalité peut avoir sur vos héritiers[5].

Conseil éclair

C'est plus facile d'écrire sur la planification succes-sorale que d'en parler avec ses proches, j'en con-viens. Voici quelques pistes que la société Fidelity Investments vous suggère pour lancer la discus-sion... ou le débat !

- Parlez de la succession d'un ami ou d'un parent.

- Demandez conseil à ceux qui ont eu ce genre d'entretien avant vous.

- Amenez vos enfants majeurs à parler de leur propre planification successorale.

- Convoquez une réunion de famille en informant chacun du sujet de la rencontre.

Sachez que pour votre planification successorale, vous avez aussi droit à votre jardin secret. Il vous revient de limiter ou de clore la discussion. Le mot de la fin vous revient !

UN TRAVAIL D'ÉQUIPE

Votre planification successorale est susceptible de requérir la contribution de quelques professionnels. Comment évaluer la valeur de vos actifs et de votre passif, notamment de vos impôts au décès, si votre planification financière n'a pas été faite dans un premier temps ? L'occasion est idéale pour coordonner les stratégies, celles en place comme celles à implanter, touchant les aspects fiscaux et légaux, les assurances et la gestion de patrimoine.

Selon Nancy Graham, comptable agréée et spécialiste en planification successorale chez PWL Advisors inc., « la planification financière successorale implique de définir les risques financiers et d'y apporter des solutions. Les solutions « sur mesure » ne conviennent pas aux Canadiens qui ont des actifs importants, car leur planification financière successorale n'a jamais été aussi compliquée. Les professionnels impliqués dans le processus feront économiser de l'argent à leur client, éviteront les confrontations et amélioreront la sécurité financière de sa famille ».

Les plus expérimentés des planificateurs financiers savent reconnaître qu'ils n'ont pas réponse à tout. Personnellement, je n'hésite pas à collaborer avec les conseillers légaux et fiscaux de mes clients, à moins qu'ils ne préfèrent avoir recours à l'équipe multidisciplinaire qui m'entoure.

> Dans cet esprit de collaboration, j'ai invité **Mᵉ Jean Soucy, notaire et planificateur financier** (jsoucy@notarius.net), à partager avec nous certains éléments clés auxquels il s'attarde lorsqu'il conseille ses clients, souvent des gens d'affaires, sur leur planification successorale. Voici ses recommandations.

LE TESTAMENT

Le testament, souvent négligé et mal utilisé, est l'un des outils de planification qui permet d'atteindre des résultats financiers très importants.

Évidemment, le premier rôle du testament est de véhiculer les objectifs du testateur quant à la dévolution de ses biens (la façon dont les biens sont partagés entre les héritiers) et quant aux modalités de la gestion qui encadreront les biens remis à l'un ou l'autre de ses héritiers.

La première étape qui nous mènera à la rédaction d'un bon testament est donc d'établir, avec le testateur, ses objectifs quant à la dévolution de ses biens entre ses héritiers, ainsi que ses objectifs quant à l'encadrement, plus ou moins rigide, qu'il désire accorder à l'un ou à l'autre de ses héritiers pour l'administration des biens légués.

Cette étape de votre planification consistera à analyser votre situation de façon objective sur divers plans : humain, légal, fiscal, économique. Ensuite, les conseillers pourront y greffer des éléments avantageux sur le plan fiscal pour vos héritiers. Nous suggérons que cette démarche soit suivie avec rigueur. En effet, certains avantages économiques proposés peuvent être tellement alléchants que votre testament risque de ne plus véhiculer vos objectifs de base. Un testament ainsi conçu fera plus de malheureux que d'heureux.

Avant toute chose, regardons comment pourrait se faire la dévolution de vos biens en l'absence de testament.

Si votre contrat de mariage contient une clause selon laquelle vos biens sont transférés à votre conjoint au moment de votre décès, alors votre conjoint deviendra propriétaire de vos biens à votre décès. Dans ce cas, il n'y aura pas d'effets négatifs sur le plan fiscal et aucun impôt ne sera payable, en conséquence du roulement fiscal permis. Cependant, une telle disposition vous empêchera d'utiliser tous les éléments de planification bénéfiques pour vos héritiers. Ces éléments qui seront perdus dans le cadre de votre succession risquent de ne pouvoir être utilisés dans le cadre de la planification successorale de votre conjoint. Il faut tenir compte non seulement des éléments à inclure dans votre testament, mais aussi dans celui de votre conjoint et parfois, dans ceux de vos parents et de vos enfants.

En l'absence d'une telle disposition dans votre contrat de mariage selon laquelle, à votre décès, vos biens seront dévolus à votre conjoint, ou en l'absence de contrat de mariage et en l'absence de testament, la loi prévoit la dévolution de vos biens.

Le tableau suivant nous fait voir quelques cas de dévolution découlant de la loi.

Sans testament, qui a droit à quoi ?

SI VOUS DÉCÉDEZ SANS TESTAMENT, VOICI COMMENT SERONT RÉPARTIS VOS BIENS.

Si vous avez un conjoint marié et des enfants :
- conjoint marié : 1/3   vos enfants : 2/3

Si vous avez un conjoint marié, mais pas d'enfants, et que vos parents sont vivants :
- conjoint marié : 2/3   père et mère : 1/3

Si vous avez un conjoint marié, mais pas d'enfants et que vos parents sont décédés :
- conjoint marié : 2/3   frères et soeurs : 1/3

Si vous avez un conjoint de fait, mais pas d'enfants :
- Conjoint de fait : rien   père et mère : 1/2   frères et soeurs : 1/2

Si vous avez un conjoint de fait et des enfants :
- Conjoint de fait : rien   vos enfants : la totalité

Si vous n'avez ni conjoint ni enfants :
- Père et mère : 1/2   frères et soeurs : 1/2

Si vous n'avez pas de conjoint mais avez des enfants :
- Vos enfants : la totalité

Contrairement à une certaine croyance populaire, le conjoint de fait n'est pas reconnu par le Code civil du Québec. Ceci même si les conjoints ont vécu plusieurs années de vie commune et s'ils ont eu des enfants ensemble. Pour transmettre des biens à votre conjoint de fait à votre décès, vous devez le prévoir dans votre testament.

Par contre, le conjoint de fait est reconnu par les lois fiscales, si bien qu'il bénéficie des mêmes avantages que le conjoint marié. En conséquence, les biens légués par testament à votre conjoint de fait pourraient ne générer aucun paiement d'impôt à la suite de votre décès.

Une fois vos objectifs précisés, il faut examiner plusieurs scénarios quant à la transmission, à la gestion et à la fiscalité qui entoureront les legs faits à vos héritiers.

À ces fins, plusieurs véhicules sont disponibles, par exemple l'usufruit ou la substitution, qui permettent de diriger d'une part la propriété d'un bien à une personne et d'autre part les fruits, les revenus et l'usage du même bien à quelqu'un d'autre. Cependant, le véhicule le plus souvent utilisé est la fiducie testamentaire.

La fiducie testamentaire est un instrument d'une grande souplesse. Le cadre légal qui la régit nous permet de la structurer pour atteindre à peu près tous vos objectifs. La fiducie testamentaire peut cependant être conçue pour imposer un cadre des plus stricts dans son fonctionnement, tout comme elle peut donner aux fiduciaires l'entière liberté d'action dans leur administration. Il faut mettre de côté le préjugé qui veut que la fiducie testamentaire soit forcément lourde et coûteuse.

Souvent, la fiducie sert à détenir les biens dévolus à des mineurs. Son utilisation permet d'éviter la complexité des procédures prévues par la loi pour l'administration des biens des mineurs (tutelle légale ou dative).

La fiducie peut être utilisée pour de multiples raisons tant que ses objectifs sont légaux :

• pour administrer des biens légués à des mineurs ;

• pour vous permettre de choisir les personnes qui administreront les biens légués, et ce, en fonction de leurs compétences et de leurs qualités humaines ;

• pour vous permettre de choisir les personnes qui agiront comme remplaçants, en cas d'incapacité ou de refus d'agir de l'un des fiduciaires ;

• pour faire en sorte que des légataires trop jeunes, inexpérimentés ou pas assez matures ne dilapident les biens légués. Vous leur assurez ainsi la meilleure protection possible quant à la conservation de leurs biens ;

• pour prévoir que les biens seront remis aux bénéficiaires à des âges ou à l'arrivée de certains événements que vous aurez prédéterminés ;

• pour vous assurer que vos héritiers ne donneront ni ne légueront à d'autres personnes les biens reçus en héritage. Ainsi, vous pouvez prévoir que les biens que vous envisagez de léguer à votre conjoint seront remis à son décès à vos enfants, et que les biens remis à vos enfants seront à leur décès remis à vos petits-enfants ;

• pour aider et conseiller vos héritiers dans l'administration de leur héritage, sans toutefois leur enlever le pouvoir de décision ;

- pour restreindre vos héritiers d'investir leur héritage dans certains types de placements.

La loi autorise également le testateur à accorder aux fiduciaires certaines discrétions afin de rendre l'administration de la fiducie moins contraignante. Ainsi, le testateur peut prévoir que les fiduciaires puissent eux-mêmes pourvoir au mode de leur désignation ou de leur remplacement. Le testateur peut également leur conférer la faculté d'élire les bénéficiaires parmi un groupe qu'il aura nommé dans son testament. Il peut aussi permettre aux fiduciaires de déterminer la part de capital et la part de revenu qui sera attribuée à l'un ou l'autre des bénéficiaires. Enfin, le testateur peut permettre aux fiduciaires de décider à quel moment la fiducie prendra fin.

La souplesse qu'offre une fiducie testamentaire est attrayante ; d'autant plus qu'elle pourra permettre de l'ajuster à des circonstances non prévues lors du testament.

La fiducie testamentaire est aussi un outil puissant de planification fiscale. Puisqu'elle constitue, du point de vue fiscal, une personne distincte de son bénéficiaire, ses revenus seront imposés annuellement, indépendamment de ceux du bénéficiaire. La fiducie permet donc de fractionner les revenus. En l'absence de fiducie, les revenus générés par les biens transmis à votre héritier s'ajouteront à ses autres revenus. Puisque les tables d'impôts sont progressives, ils seront imposés à un taux supérieur.

Cependant, le testateur ne peut pas créer, à des fins de fractionnement de revenus, plusieurs fiducies pour un même bénéficiaire.

Il peut toutefois créer plusieurs fiducies à l'avantage de plusieurs bénéficiaires. Une même personne peut en bénéficier dans la mesure où plusieurs testateurs ont mis en place des fiducies dont elle est bénéficiaire.

Illustrons par quelques exemples l'effet de l'utilisation des fiducies en vue de fractionner le revenu de nos héritiers et de les faire bénéficier d'un avantage fiscal.

Prenons le cas de Robert, qui laissera à ses trois enfants majeurs un héritage composé de divers placements ayant une valeur nette de 3 000 000 $. Chacun des enfants, Marie, Lise et Gilles, a des revenus annuels imposables de 60 000 $. Ils ont chacun trois enfants.

L'objectif principal de Robert vise à ce que ses biens soient répartis en parts égales entre ses trois enfants.

Nous étudierons la possibilité d'utiliser ou non des fiducies pour amoindrir le fardeau fiscal annuel de ses enfants à la suite du décès de leur père. Lorsqu'utilisées, les fiducies laisseront à chaque enfant une grande latitude quant à la gestion et à l'utilisation de son héritage.

Nous supposerons qu'ils retireront des revenus annuels de 80 000 $ sur leurs investissements.

Pour différencier l'impact de diverses stratégies possibles, nous supposerons que Robert va :

- léguer 1 000 000 $ directement à Marie ;

- léguer 1 000 000 $ à une fiducie créée en faveur de Lise ;

- léguer 250 000 $ à chacune des fiducies créées en faveur de Gilles et de chacun de ses trois enfants.

Revenu imposable de chaque enfant de Robert*	60 000 $
taux d'impôt applicable	30,04 %
impôts payables	18 026 $
revenu après impôts	**41 974 $**

*avant le décès de leur père

Les tableaux qui suivent montrent le fardeau fiscal annuel qui incomberait à la souche de chacun des trois enfants, après le décès de leur père. Chaque souche inclut un des enfants de Robert, par exemple Marie, et ses trois enfants.

Charge fiscale possible
selon la stratégie considérée

LA SOUCHE DE MARIE

revenu d'emploi de Marie	60 000 $
revenu du placement de son héritage	80 000 $
revenus totaux de la souche de Marie	140 000 $
taux d'imposition	39,23 %
impôts payables	54 917 $
revenu après impôts de la souche de Marie	**85 083 $**

LA SOUCHE DE LISE

revenu d'emploi de Lise	60 000 $
taux d'imposition	30,04 %
impôts payables	18 026 $
revenu après impôts	41 974 $
revenu de Fiducie Lise	80 000 $
taux d'imposition	36,46 %
impôts payables	29 160 $
revenu après impôts	50 840 $
revenus totaux de la souche de Lise	140 000 $
impôts payables par la souche	47 186 $
taux d'imposition moyen	33,71 %
revenus après impôts de la souche de Lise	**92 814 $**

NOTE : Chiffres arrondis

LA SOUCHE DE GILLES

revenu d'emploi de Gilles	60 000 $
taux d'imposition	30,04 %
impôts payables	18 026 $
revenu après impôts	41 974 $
revenu de Fiducie Gilles	20 000 $
taux d'imposition	29,36 %
impôts payables	5 872 $
revenu après impôts	14 128 $
revenu de Fiducie Petit-Enfant -1-	20 000 $
taux d'imposition	29,36 %
impôts payables	5 872 $
revenu après impôts	14 128 $
revenu de Fiducie Petit-Enfant -2-	20 000 $
taux d'imposition	29,36 %
impôts payables	5 872 $
revenu après impôts	14 128 $
revenu de Fiducie Petit-Enfant -3-	20 000 $
taux d'imposition	29,36 %
impôts payables	5 872 $
revenu après impôts	14 128 $
revenus totaux de la souche de Gilles	140 000 $
impôts payables par la souche	41 514 $
taux d'imposition moyen de la souche	29,66 %
revenus après impôts de la souche de Gilles	**98 486 $**

NOTE : Chiffres arrondis

L'impact financier d'une planification successorale est très important. Ainsi, nous constatons que la souche de Gilles aura annuellement un revenu après impôts supérieur de 13 403 $ à celui de la souche de Marie. Ce montant, réinvesti aussi à 8 % par année et dont les revenus sont imposés à un taux de 30 %, atteindra :

- 74 952 $ après 5 ans ;

- 173 378 $ après 10 ans ;

- 302 628 $ après 15 ans.

Informez vos parents des avantages d'une telle planification et aidez-les, avec des professionnels, à mettre en place les outils qui favoriseront la transmission de leur patrimoine et sa préservation.

La mise en place de telles stratégies requiert une expertise professionnelle. Méfiez-vous des recettes toutes faites et des documents « modèles ». Une mauvaise structure de votre planification et des documents mal rédigés peuvent entraîner des conséquences financières douloureuses.

LE MANDAT EN CAS D'INAPTITUDE

Les dispositions de votre testament profiteront à vos héritiers. Cependant, le mandat en cas d'inaptitude vous profitera et vous protégera. Une sage planification doit tenir compte de votre bien-être, physique et moral, ainsi que de la protection de vos biens, si un accident ou une maladie grave devait vous priver de vos facultés intellectuelles.

S'ils sont frappés d'inaptitude intellectuelle, la plupart croient que leur conjoint, leurs enfants ou leurs parents seront automatiquement habilités à prendre les décisions qu'imposent leurs activités habituelles et leur meilleur intérêt. C'est faux !

En l'absence d'un mandat d'inaptitude, la loi prévoit qu'une assemblée de parents et d'amis sera convoquée afin que chacun donne son avis sur le choix de la personne qui devra s'occuper de vous et gérer vos biens. Dans le cas d'une famille reconstituée ou s'il y a des conflits entre vos proches, imaginez les mésententes !

Le Code civil vous permet de rédiger un mandat en cas d'inaptitude. Par ce mandat, vous désignez dès maintenant la ou les personnes qui prendront soin de vous et qui géreront vos biens. Vous pouvez choisir quels seront leurs remplaçants si elles étaient elles-mêmes incapables d'agir. Vous pouvez même nommer une personne pour prendre soin de vous et une autre pour gérer vos biens. Le mandat permet de restreindre certains pouvoirs, comme l'aliénation de certains biens, Vous pouvez fixer le cadre dans lequel certains gestes pourront être faits ou ne pas l'être. Prévoyez aussi que vos mandataires pourront et devront, à même vos biens, rendre disponibles des liquidités afin de pourvoir aux besoins quotidiens des personnes à votre charge. Ils devront être choisis en fonction de la confiance que vous leur portez et de leurs compétences à gérer vos biens.

Grâce au mandat en cas d'inaptitude, votre volonté est fidèlement écrite et vos proches sont exemptés de bien des problèmes. De plus, ce mandat peut vous faire économiser de l'argent. Il permet d'éviter le long et coûteux processus de mise en place d'un régime de protection, au terme duquel une personne est nommée pour s'occuper de vous et de vos biens. Le mandat évite les frais de surveillance imposés par la curatelle publique.

L'assurance d'avoir, pour s'occuper de vous et de vos biens, une personne de confiance de votre choix amoindrira sensiblement les inconvénients humains et économiques qui découleraient de votre inaptitude.

RÉVISEZ VOTRE PLANIFICATION SUCCESSORALE

Force est de constater qu'une planification successorale ne se limite pas à rédiger un testament. Bien qu'il en soit la pièce maîtresse, votre testament doit être le reflet de votre vie et assurer la continuité de ce que vous avez bâti. Avec les années qui passent, la vie change et vous aussi changez. Votre testament rédigé il y a plusieurs années n'est probablement plus adapté à votre réalité. Qui plus est, le nouveau Code civil au Québec, en vigueur depuis le 1er janvier 1994, est une raison majeure de réviser votre testament, à l'instar des situations suivantes[6].

- Un changement, comme un mariage, une union de fait, une naissance, une séparation ou un divorce, le décès de votre conjoint, d'un de vos héritiers ou de votre liquidateur ;

- Le lancement ou la vente de votre entreprise, l'achat d'une propriété à l'étranger, votre déménagement à l'extérieur du Québec, un héritage, un changement majeur dans votre situation financière ;

- La retraite, une maladie grave, une incapacité, votre responsabilité à l'égard de vos enfants, de vos petits-enfants ou de vos parents ;

- Des changements légaux ou fiscaux vous touchant.

Conseil éclair

Lorsque vous apportez des modifications à votre testament, informez-en votre liquidateur. Mieux il sera préparé à remplir son rôle, mieux se déroulera le règlement de votre succession. C'est ce que j'appelle savoir réussir sa sortie.

NOTES

[1] GILBERT, Glen et Cathy STAM. « Helping the owner-manager Reassess Corportate Immortality », *in* Nova Bancorp Group, *The Advisor's Guide to the High Net Worth Market*, Montréal, Maclean Hunter Financial Media, Toronto, 1999.

[2] GRAHAM, Nancy. « Financial estate planning more complex than ever », *The Lawyers Weekly*, 14 juin 2002, p. 13.

[3] HÉMOND, Élaine. « Pourquoi je ferais mon testament... », *Affaires plus*, août 2000, p. 44.

[4] Trimark^MD, « La planification successorale, 10 étapes simples » (brochure), 2001.

[5] Fidelity Investments, « Planification successorale : prévoir, préserver, protéger », 2001 (brochure).

[6] *Loc. cit.*

Chapitre 13

Faire équipe avec
un planificateur financier

B ien qu'il m'arrive souvent de dire qu'il n'y a pas de hasard, je dois vous avouer que je suis superstitieuse. Le présent chapitre, le dernier du livre, en est aussi le... treizième. Alors que le chiffre 13 en repousse plus d'un, chez moi, c'est tout le contraire. J'ai compris que ce chiffre m'était chanceux le jour où j'ai été élue présidente de mon école un vendredi 13, avec 13 voix de majorité !

Le moment étant propice aux confidences, je me permettrai dans les pages qui suivent :

- de situer le contexte qui a contribué à l'émergence de l'exercice de la planification financière ;

- de faire ressortir les tendances qui influeront sur le secteur ;

- de vous permettre de vérifier si vous avez besoin d'un planificateur financier :

- d'expliquer comment sont rémunérés les planificateurs financiers ;

- de vous suggérer une démarche dans la recherche de votre planificateur financier.

LA PLANIFICATION FINANCIÈRE : UNE PROFESSION EN MUTATION

Vous êtes-vous demandé pourquoi, depuis une dizaine d'années, il y a tellement de publicité concernant la planification de la retraite et les placements ? Personnellement, j'y vois deux raisons :

- les « boomers » approchent de la retraite ;

- il y a davantage de régimes de retraite qui imposent à chaque participant de prendre ses décisions d'investissement, tels les régimes à cotisations déterminées ou les REER collectifs.

Le concept de la planification financière s'est répandu en Amérique du Nord au moment où les baby-boomers ont atteint la mi-quarantaine. Ce n'est pas un hasard : cela correspond à la période où la majorité des individus commencent à prendre le dessus financièrement et à sentir que la retraite approche. Quand on sait que les « boomers » comptent pour près du tiers de la population, l'équation est facile à faire. Plus de gens veulent obtenir des conseils financiers. Qui plus est, ils ont davantage d'argent à investir. Cela explique non seulement une bonne partie de la croissance phénoménale des marchés boursiers durant la dernière décennie, mais aussi l'émergence d'une nouvelle profession : la planification financière.

Les sociétés de fonds communs ont vite saisi ces occasions d'affaires. Dans le but de faire connaître leurs produits par les réseaux de distribution, certaines d'entre elles ont su sensibiliser des milliers de représentants en épargne collective de partout au Canada à la pratique de la planification financière. Les compagnies d'assurances et les banques ont suivi. Il ne faut donc pas s'étonner que produits et conseils financiers aillent de pair.

Aujourd'hui, le titre de planificateur financier est réglementé au Québec (la seule province canadienne à l'avoir fait), l'encadrement de la pratique se précise et une formation continue est exigée. Malgré tout, il faut reconnaître que ce n'est pas encore la majorité de ceux qui portent le titre qui s'attardent à tous les volets d'une planification financière. Le moyen, c'est-à-dire une planification financière « allégée », sert encore trop souvent à atteindre une fin, c'est-à-dire la vente de produits financiers. Je crois qu'avec le temps les exigences des investisseurs forceront certains planificateurs financiers à revoir leurs pratiques. Notre profession y gagnera en maturité.

8 TENDANCES QUI INFLUERONT SUR L'INDUSTRIE DES SERVICES-CONSEILS FINANCIERS

Je me suis attardée à relever pour vous huit tendances qu'imposent, lentement mais sûrement, les investisseurs nantis. Ces tendances sont en voie de transformer ce que j'appellerai « l'industrie des services-conseils financiers ».

Elles reflètent la façon dont je perçois aujourd'hui notre industrie. Basées sur mes 19 années d'expérience, elles résultent aussi de conclusions que j'ai dégagées des séminaires auxquels j'assiste régulièrement au Canada et aux États-Unis, d'échanges avec mes collègues et enfin de lectures.

Comme planificateurs financiers, mes collègues et moi devons savoir relever les défis d'une profession en mutation. Il ne faut pas craindre de « mettre la barre plus haut » et de parfaire nos connaissances et nos compétences afin de répondre aux besoins de plus en plus complexes de nos clients.

Tendance n° 1

L'investisseur recherche des services intégrés fournis par une équipe de professionnels.

L'investisseur nanti souhaite que la fiscalité, la gestion de son patrimoine et sa planification successorale ne fassent qu'un. Le planificateur financier ne peut donc plus faire cavalier seul : il doit être appuyé d'une équipe de professionnels compétents. De l'interdépendance des membres de l'équipe naissent des stratégies créatives et efficaces. La notion voulant que le client fortuné veuille faire des affaires avec un seul individu est révolue. Il veut plutôt profiter de la complémentarité des compétences et s'assurer de leur continuité.

Tendance n° 2

Les investisseurs ont faim de conseils impartiaux.

Les conflits d'intérêts mis au jour dans presque tous les secteurs du domaine financier ont ébranlé pour longtemps la confiance des investisseurs. Non seulement ont-ils faim de conseils impartiaux, mais ils sont prêts à payer pour les obtenir.

Tendance n° 3

L'investisseur recherche la transparence.

En ce qui concerne les services, les produits et les frais, l'investisseur réclame de la transparence. Il veut savoir ce qu'il paie et à quoi s'attendre en retour.

Tendance n° 4

L'investisseur veut protéger son patrimoine.

L'objectif premier de l'investisseur nanti est la préservation de son patrimoine, aussi bien de son vivant qu'après son décès. Dans ce sens, il recherche moins la performance que la régularité dans le rendement de son portefeuille. Il veut aussi un conseiller capable de lui apporter des solutions efficaces en matière de planification successorale.

Tendance n° 5

L'investisseur recherche des services de pointe offrant un bon rapport qualité/prix.

L'investisseur désire recevoir des conseils d'expert, et ce, sur la base d'un bon rapport qualité/prix. Il se rend compte que les frais et les commissions ont un impact direct sur le rendement de son portefeuille.

Tendance n° 6

L'investisseur fortuné reconnaît les avantages de la gestion discrétionnaire.

L'investisseur fortuné tend davantage à faire gérer son portefeuille sur une base discrétionnaire. Cette approche, qui met en pratique un processus de gestion rigoureux, le protège de l'émotivité propre à la négociation de titres sur les marchés.

Tendance n° 7

L'investisseur recherche un conseiller expérimenté.

L'investisseur veut que son conseiller ait non seulement une formation, mais aussi du vécu. Les nouveaux venus dans la profession ont avantage, selon moi, à trouver un mentor qui saura leur transmettre ses connaissances pratiques.

Tendance n° 8

L'investisseur recherche la stabilité chez son conseiller.

La profonde crise que traverse l'industrie financière ébranle de nombreux conseillers financiers qui se résigneront à changer de domaine. Pourtant, ce qui fait la force de la relation entre un investisseur et son conseiller, c'est le temps. Au premier contact, le conseiller et son client s'apprivoisent, puis ils apprennent à se connaître, à se comprendre, à se faire confiance... Les années passent, l'investisseur prend sa retraite, a des petits-enfants, la maladie ou le décès de proches le touchent. Durant toutes ces années, il lui aura fallu naviguer. N'est-il pas rassurant d'avoir toujours le même conseiller à la barre ?

AVEZ-VOUS BESOIN D'UN PLANIFICATEUR FINANCIER ?

En 2002, j'ai été invitée à faire une présentation auprès du groupe L'Actif, dont plusieurs membres démontrent un degré de connaissance des placements supérieur à la moyenne et gèrent eux-mêmes leur portefeuille. C'était le premier jour ensoleillé et chaud du printemps, un samedi en plus ! J'ai été fort impressionnée par la curiosité intellectuelle des participants et leur motivation à en savoir davantage. Malgré un marché baissier amorcé depuis deux ans, ces investisseurs étaient encore avides d'information pour mieux gérer leurs fonds négociés en Bourse, leurs fonds communs, leurs contrats à terme, leurs options…

Un certain pourcentage de la population a les connaissances, l'expérience et le temps requis pour gérer ses investissements. Est-ce votre cas ? Si oui, il y a de bonnes chances que vous ayez du succès dans la gestion de votre portefeuille, surtout si vous êtes discipliné et que vous savez gérer vos émotions.

Les conseils qu'un investisseur autonome est susceptible de vouloir obtenir auprès d'un planificateur financier auront davantage trait à la fiscalité, à la gestion des risques (qu'il s'agisse d'une assurance invalidité, vie ou autre) ou encore à la planification successorale, selon ses besoins.

Cependant, la majorité des Québécois auraient avantage à être conseillés par un planificateur financier. Est-ce votre cas ? Si oui, avant de le choisir, vous avez du travail à faire ! Ne soyez pas de ceux qui passent plus de temps à magasiner une voiture qu'un planificateur financier…

6 bénéfices qu'un professionnel de la planification financière saura vous apporter

1. Il rédigera pour vous un véritable plan financier qui répondra à la fois à vos préoccupations actuelles (accumulation de capital, gestion de la dette, gestion des risques, fiscalité) et futures (retraite et succession).

2. Il bâtira ensuite un plan d'investissement efficace sur le plan fiscal et comportant peu de frais.

3. Il développera une stratégie de placement basée sur une répartition de votre actif et sur votre profil d'investisseur.

4. Il saura gérer vos risques, aussi bien ceux reliés aux marchés financiers qu'à une invalidité ou au décès.

5. Il vous évitera de commettre des erreurs classiques d'investissement, comme le manque de diversification, la poursuite des rendements passés, l'achat à fort prix et la vente au rabais, une mauvaise évaluation du risque, la spéculation, l'excès de confiance...

6. Il sera là au fil des ans pour s'assurer que le plan fonctionne et pour l'adapter aux étapes de votre vie.

LES MODES DE RÉMUNÉRATION DES PLANIFICATEURS FINANCIERS

Jusqu'à récemment, la majorité des planificateurs financiers touchaient des commissions résultant de la vente de produits financiers : fonds communs, valeurs mobilières, assurances.

Dans un rapport produit en 1998 (disponible sur le site www.bylo.org/gloria.html), Glorianne Stromberg, alors commissaire de la Commission des valeurs mobilières de l'Ontario, a dénoncé le manque de transparence de l'industrie des fonds communs. Elle a recommandé, entre autres, que le système traditionnel de rémunération fondé sur les transactions soit remplacé par un système d'honoraires.

Aujourd'hui, il existe quatre modes de rémunération. Pour l'investisseur, chacun est valable dans la mesure où les services et les conseils qui lui sont prodigués répondent à ses attentes et sont clairement expliqués. Voici ces quatre principaux modes de rémunération pour les planificateurs financiers au Canada.

Salaire. Les planificateurs financiers travaillant pour une banque ou une caisse populaire touchent habituellement un salaire. Ils profitent aussi d'un programme de rémunération incitative, ou bonus, pour la vente de produits financiers.

Commission. Environ 62% des planificateurs financiers sont rémunérés à commission seulement[1]. Ils touchent des commissions sur la vente de produits d'investissement ou d'assurance et offrent, en géréral, leurs conseils en planification sans frais supplémentaires. On dira de certains de ces planificateurs qu'ils sont « captifs » parce qu'ils sont limités à offrir les produits de leur société et/ou ceux d'un nombre restreint de sociétés.

Taux horaire. Quelques firmes au Canada offrent leur expertise en planification financière à taux horaire. Ce taux se situe entre 100 $ et 300 $ l'heure pour des conseils propres à la planification financière : le client confie ses investissements à une firme différente.

Honoraires. Ce mode de rémunération est fréquent pour la planification financière (à taux horaire ou à contrat forfaitaire) et pour la gestion des investissements (selon un pourcentage basé sur la valeur des actifs). Cette formule est en forte croissance en Amérique du

Nord, surtout chez les planificateurs financiers d'expérience dont les investisseurs ont des actifs substantiels. Elle dissocie les services reliés à la planification, à la gestion des investissements et aux transactions.

Avant de choisir votre planificateur financier, assurez-vous non seulement de connaître l'étendue de ses services et des produits financiers qu'il pourra vous offrir, mais aussi de comprendre son mode de rémunération.

À LA RECHERCHE D'UN PLANIFICATEUR FINANCIER ?

Soyez organisé. Voici par où commencer.

1re étape : clarifiez vos besoins.

Vos principales préoccupations sont-elles de réduire vos impôts, de planifier votre retraite, de protéger votre patrimoine pour vos héritiers ? Si vous désirez confier la gestion de votre portefeuille, comment vous décririez-vous comme investisseur ? Êtes-vous conservateur ou plutôt dynamique ? Quel est votre horizon temporel pour la gestion de ce capital ?

Voilà autant de points à discuter et pour lesquels le planificateur que vous choisirez devra vous apporter des solutions écrites.

2e étape : dressez une liste de quelques planificateurs financiers potentiels.

Je vous suggère de bâtir cette liste à partir de références obtenues auprès de personnes dont vous connaissez le bon jugement. Informez-vous auprès de gens qui ont une situation financière semblable à la vôtre.

Ayez ensuite une rencontre exploratoire avec chacun des planificateurs. Abordez vos préoccupations. Profitez-en aussi pour mieux connaître le professionnel qui est devant vous. Depuis combien d'années pratique-t-il? Quelle est sa formation? Est-il membre d'un ordre professionnel? A-t-il développé son expertise dans un domaine particulier, la planification successorale par exemple? Combien de familles conseille-t-il? Quelle est la valeur moyenne des portefeuilles qu'il gère? Peut-il vous donner une idée générale du type de portefeuille qu'il bâtit pour un investisseur du même profil que le vôtre? Peut-il compter sur des adjoints dans son travail quotidien? Si oui, quelle est leur formation et quel rôle joueront-ils auprès de vous? Demandez-lui des détails sur les services auxquels vous aurez accès et une idée approximative de la fréquence de vos contacts. Enfin, informez-vous de son mode de rémunération.

Il est essentiel que vous soyez satisfait des réponses que vous obtiendrez. Au-delà des sujets discutés, vous pourrez, dès la première rencontre, savoir si le courant passe. C'est un préalable sur lequel ni vous ni le conseiller ne devez faire de compromis. Même si le planificateur vous a fourni des réponses satisfaisantes à toutes vos questions, si la communication reste difficile, abstenez-vous et poursuivez votre recherche. Votre vie financière est trop importante pour la confier à quelqu'un avec qui vous éprouvez de la difficulté à communiquer.

3ᵉ étape : passez à l'action et faites équipe avec votre planificateur financier !

Faites équipe avec votre planificateur financier et aidez-le à bien vous conseiller. Pour cela, il faut que vos objectifs soient clairs et que vos préoccupations soient considérées. C'est dans un tel climat d'ouverture et de respect mutuel que se bâtissent les meilleures alliances. C'est sur cette base que repose la confiance.

NOTE

[1] AVARI, Sheila. « Out of commission », Advisor's Edge, juin 2002, p. 19.

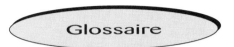

Glossaire

L a majorité des termes que vous trouverez dans ce glossaire, ainsi que leur traduction anglaise, sont extraits du Cours sur le commerce des valeurs mobilières au Canada, rédigé et publié par l'Institut canadien des valeurs mobilières (ICVM). Cet organisme a, à mon avis, bien vulgarisé ces termes financiers.

Actif (*assets*)
Rubrique du bilan d'une société ou d'une personne qui correspond à tout ce qui lui appartient et tout ce qu'on lui doit.

Action ordinaire (*common stock*)
Titre représentatif d'une part de propriété dans une entreprise. L'action ordinaire comporte des privilèges de vote et donne droit de recevoir des dividendes, s'ils sont déclarés.

Action privilégiée (*preferred stock*)

Action d'une société accordant à son détenteur le droit de recevoir un dividende fixe avant les actionnaires ordinaires et une somme fixe en cas de liquidation. Les actions privilégiées ne bénéficient normalement pas d'un droit de vote à moins qu'un nombre stipulé de dividendes n'aient pas été payés.

Action privilégiée à dividende cumulatif (*cumulative preferred*)

Action privilégiée comportant une clause selon laquelle les dividendes s'ajoutent les uns aux autres s'ils ne sont pas payés à la date prévue. Ils doivent être versés intégralement avant qu'un dividende ne puisse être distribué aux porteurs d'actions ordinaires.

Analyse fondamentale (*fundamental analysis*)

Analyse de valeurs qui repose sur des données essentielles relatives à une société que révèlent ses états financiers et sur la conjoncture économique qui influe sur ses affaires.

Analyse quantitative (*quantitative analysis*)

Étude des tendances dans l'évaluation des variables économiques et des valeurs mobilières visant à déceler des anomalies et à en tirer profit.

Analyse technique (*technical analysis*)

Type d'analyse de valeurs mobilières ou du marché dans son ensemble qui étudie l'attitude et le comportement des investisseurs à partir de graphiques illustrant les fluctuations des cours et le volume des opérations. Le but de l'analyse technique est de prévoir l'évolution du cours des actions.

Bon du Trésor (*Treasury Bill or T-Bill*)

Titre d'emprunt à court terme du gouvernement fédéral émis en coupures allant de 1 000 $ à 1 000 000 $. Il ne porte pas intérêt, mais est vendu au-dessous du pair et arrive à échéance au pair (100). La différence entre le prix payé et le pair reçu à l'échéance représente le revenu que le prêteur ou l'acheteur reçoit à la place de l'intérêt. Au Canada, ce gain est imposé comme un revenu d'intérêt.

Conseiller en placement (*investment advisor*)
Individu travaillant chez un courtier en valeurs mobilières qui doit être inscrit à la commission des valeurs mobilières de la province où il entend exercer ses activités.

Convertible (*convertible*)
Se dit d'une obligation, d'une débenture ou d'une action privilégiée que le propriétaire peut habituellement échanger contre une ou plusieurs actions ordinaires de la même société, conformément aux modalités du privilège de conversion. Une société peut forcer la conversion de ses actions en les appelant au rachat si le prix de rachat est inférieur au cours du marché.

Corrélation (*correlation*)
Mesure de liaison entre deux valeurs ou plus. Si les fluctuations des deux valeurs sont parfaitement synchronisées, on dit qu'elles ont une corrélation positive de +1. Le fait de regrouper des valeurs ayant de fortes corrélations positives ne réduit pas le risque rattaché à un portefeuille. Des valeurs qui fluctuent dans des directions diamétralement opposées sont dites en corrélation négative parfaite de -1. Le fait d'associer deux valeurs en corrélation négative parfaite réduit les risques. Très peu de valeurs, s'il en est, ont une corrélation négative parfaite. Toutefois, il est possible de limiter les risques dans un portefeuille en regroupant des valeurs ayant de faibles corrélations positives.

Cote (*quotation or quote*)
Cours acheteur le plus haut et cours vendeur le plus bas d'un titre à un moment donné. Exemple: une cote de 45,40 – 45,50 signifie que 45,40 est le prix le plus élevé qu'un acheteur consent à payer et 45,50, le prix le plus bas qu'un vendeur acceptera.

Cotisation en nature (*contribution in kind*)
Transfert de valeurs dans un REER. En règle générale, au moment du transfert du bien, il y a une disposition présumée. Tout gain de capital doit être déclaré, et les impôts doivent être payés. Toute perte de capital qui peut en résulter ne peut pas être réclamée.

Cotisation excédentaire (*over-contribution*)
Somme en sus de la limite qui peut être versée dans un REER. Une contribution excédentaire de plus de 2 000 $ est pénalisée à un taux de 1 % par mois.

Crédit d'impôt pour dividendes (*dividend tax credit system*)
Dégrèvement accordé aux Canadiens sur les dividendes reçus de sociétés canadiennes imposables pour les encourager à investir dans les actions ordinaires et les actions privilégiées de ces sociétés. Il n'existe pas de crédit d'impôt pour intérêts sur obligations. Le crédit d'impôt pour dividendes, dont le calcul se fonde sur le montant des dividendes reçus majoré d'un certain pourcentage (ex.: 25 %), est accordé aux paliers fédéral et provincial.

Cycle économique (*business cycle*)
Récurrence des périodes d'expansion et de récession de l'activité économique. Chaque cycle devrait connaître cinq phases: le creux, la reprise, l'expansion, le sommet et la contraction (récession). En raison du rapport qui existe entre le cycle économique et le cours des titres, un investisseur ou un gestionnaire de fonds doit choisir une combinaison des avoirs appropriée pour tenter d'optimiser son rendement.

Débenture (*debenture*)
Titre d'emprunt émis par un gouvernement, une municipalité ou une société, qui n'est garanti que par la réputation de crédit de l'émetteur et non par une hypothèque ou par un privilège sur un bien précis de l'emprunteur.

Dividende (*dividend*)
Fraction du bénéfice qu'une société distribue à ses actionnaires au prorata des actions qu'ils détiennent. Alors que le dividende privilégié annuel est fixe, le dividende ordinaire peut fluctuer en fonction du bénéfice réalisé par la société. Le versement de ces deux formes de dividendes ne constitue pas une obligation légale pour la société.

Facteur d'équivalence – FE (*pension adjustment – PA*)
Somme calculée en fonction des cotisations versées ou des prestations acquises pendant l'année dans le cadre d'un régime de pension d'employeur. Le FE permet au particulier de calculer la somme qu'il peut verser à son REER en sus de ses cotisations à un régime de pension agréé.

Facteur d'équivalence pour services passés (FESP) (*Past Service Pension Adjusted [PSPA]*)
Un employeur peut hausser les prestations de retraite d'un participant en accordant des prestations pour services passés à un employé dans le cadre d'un régime à prestations déterminées. Les participants du régime ayant un FESP verront leurs droits inutilisés de cotisation à un REER réduits selon le montant de ce rajustement.

Fiducie de placement immobilier (*Real Estate Investment Trust ou REIT*)
Fiducie qui se spécialise dans des placements immobiliers, notamment des hypothèques, des prêts à la construction, des terrains et divers titres de sociétés immobilières. Une fiducie de placement immobilier investit dans un portefeuille diversifié de biens immobiliers et en assure la gestion.

Fonds canadien de protection des épargnants (FCPE) (*Canadian Investor Protection Fund*)
Fonds parrainé par les Bourses et l'Association canadienne des courtiers en valeurs mobilières afin de protéger les épargnants contre les pertes qu'ils pourraient subir en cas de faillite d'une firme membre.

Fonds négociés en Bourse ou FNB (*exchange traded fund ou ETF*)
Parts de fiducie inscrites et négociées en Bourse, tout comme des titres individuels. Le Fonds achète un panier de valeurs sous-jacentes pour reproduire un indice particulier. Les parts peuvent être achetées sur marge, être vendues à découvert ou faire l'objet d'options.

Fractionnement du revenu (*income splitting*)
Stratégie de planification fiscale en vertu de laquelle un contribuable imposé à un taux élevé transfère une partie de son revenu à des membres de sa famille pour ainsi réduire son revenu imposable.

Gain de capital (*capital gain*)
Gain résultant de la disposition d'un bien à un prix supérieur à son coût d'acquisition. Dans le cas des titres non enregistrés, 50 % du gain s'ajoute au revenu et est imposé au taux marginal de l'investisseur.

Hypothèse du marché efficient (*efficient market hypothesis*)
Hypothèse selon laquelle le cours d'une action reflète toute l'information disponible sur le titre et correspond donc à sa valeur véritable.

Indice des prix à la consommation (*consumer price index*)
Indice du coût de la vie qui mesure les variations de prix d'un panier de biens et services donné.

Marché monétaire (*money market*)
Partie du marché des capitaux où se négocient les effets à court terme: bons du Trésor et autres titres émis par le gouvernement fédéral échéant dans les trois ans, papier commercial, acceptations bancaires, certificats de placement garantis et autres titres échéant dans l'année. On y négocie également les titres dont l'échéance est passée du long terme ou du moyen terme au court terme.

Moyenne Dow Jones des valeurs industrielles (*Dow Jones Industrial Average [DJIA]*)
Moyenne pondérée constituée à partir des cours de 30 valeurs de premier ordre négociées au New York Stock Exchange.

Obligation (*bond*)
Titre d'emprunt par lequel l'émetteur promet de payer au porteur un certain montant d'intérêt pendant une période déterminée et de rembourser le prêt à l'échéance. Des biens sont généralement donnés en garantie de l'emprunt, à part pour les obligations des gouvernements. Toutefois, le terme est souvent utilisé pour désigner tout titre d'emprunt.

Obligation à coupons détachés ou à coupon zéro (*strip or zero coupon bond*)
Obligation, généralement émise par un gouvernement, de bonne qualité et au porteur, dont certains coupons ou tous les coupons ont été détachés. Les coupons détachés et les obligations à coupons détachés se négocient alors séparément, bien au-dessous du pair.

Perte de capital (*capital loss*)
Perte résultant de la disposition d'un bien à un prix inférieur à son coût d'acquisition. Les pertes de capital ne peuvent être appliquées

qu'en déduction des gains de capital. Les pertes excédentaires peuvent être reportées indéfiniment et appliquées en déduction de futurs gains de capital. Seulement 50 % de la perte de capital est déductible et peut servir à contrebalancer tout gain de capital imposable.

Point de base (*basis point*)
Expression utilisée pour désigner l'écart de rendement des obligations. Un point de base représente un centième pour cent. Ainsi, si l'obligation X a un rendement de 11,50 % et l'obligation Y, de 11,75 %, la différence est de 25 points de base.

Politique de placement (*investment policy*)
Entente entre un client et le gestionnaire de portefeuille, qui contient les directives adressées à ce dernier.

Politique monétaire (*monetary policy*)
Politique mise en œuvre par le gouvernement fédéral, par le biais de la Banque du Canada, pour contrôler le crédit et la masse monétaire.

Prix de base rajusté (*adjusted cost base*)
Coût réputé d'un bien qui représente la somme du montant initialement payé auquel s'ajoute tout coût additionnel tels les frais de courtage.

Ratio cours-bénéfice (*price-earnings ratio*)
Quotient du cours de l'action ordinaire par le bénéfice net par action du dernier exercice.

Ratio de frais de gestion (*management expense ratio – MER*)
Ensemble des frais d'exploitation d'un fonds commun de placement exprimé en pourcentage de la valeur liquidative du fonds. Il comprend les frais de gestion ainsi que d'autres frais imputés directement au fonds, comme les frais d'administration, les frais de vérification, les frais juridiques, etc., mais il exclut les frais de courtage. Les taux de rendement rendus publics sont calculés après déduction du ratio de frais de gestion.

Régime à cotisations déterminées (*money purchase plan – MPP*)
Type de régime de pension agréé pour lequel les prestations annuelles se fondent sur les cotisations faites en vertu du régime et sur les sommes acquises grâce à ces cotisations pendant les années de service. On connaît donc le montant des cotisations, mais non celui des prestations.

Régime à prestations déterminées (*defined benefit plan*)
Type de régime de pension agréé pour lequel les prestations annuelles sont calculées selon une formule mathématique. Le cotisant connaît à l'avance le montant des prestations qu'il recevra et/ou le mode de calcul de ces prestations.

Répartition de l'actif (*asset allocation*)
Affectation des sommes à investir entre différentes catégories d'éléments d'actif, comme l'encaisse, les valeurs à revenu fixe et les actions. La répartition de l'actif se fait en fonction de la tolérance au risque de l'investisseur.

Revenu gagné (*earned income*)
Revenu désigné par l'Agence du revenu du Canada (ARC) aux fins du calcul des cotisations à un REER. La plupart des types de revenu sont inclus, à l'exception de toute forme de revenus de placement et de revenus de retraite.

Taux préférentiel (*prime rate*)
Taux d'intérêt demandé par une banque à charte à ses emprunteurs les plus solvables.

Titre à revenu fixe (*fixed income security*)
Titre qui rapporte un revenu fixe d'intérêt ou de dividende tel qu'une obligation, une débenture ou une action privilégiée.

Volatilité (*volatility*)
Mesure de la fluctuation quotidienne du cours d'un titre sur une période donnée. Cette mesure est généralement donnée comme écart type des fluctuations quotidiennes du cours d'un titre sur une base annuelle.